AI가 알려주는
도시부동산 투자 지도

- AI 알고리즘과 가상사례로 배우는 투자 인사이트 -

원제무

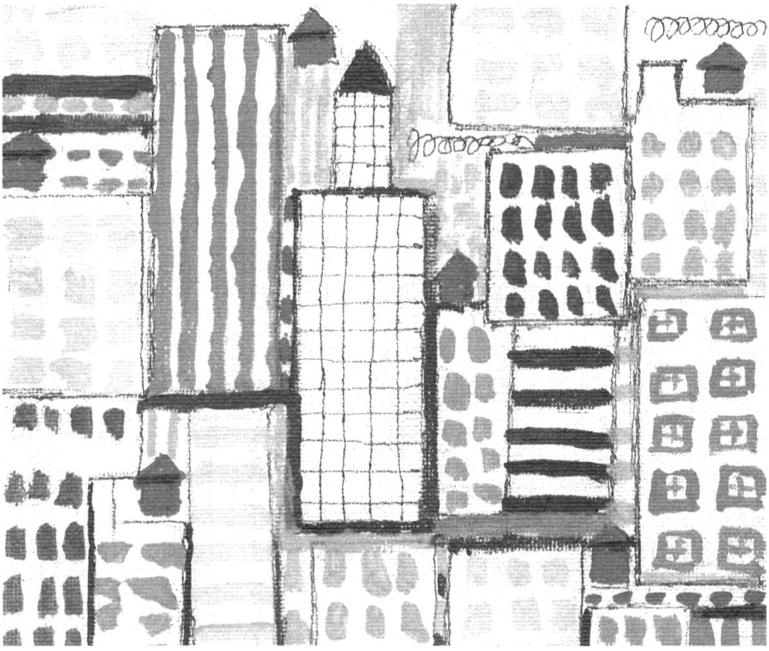

publishing and culture
피앤씨 미디어

머리말

도시는 살아있는 유기체와 같다. 끊임없이 생성하고, 변화하며, 때로는 소멸의 과정을 겪기도 한다. 이 역동적인 공간 속에서 우리는 저마다의 기회를 찾고 더 나은 미래를 꿈꾼다. 특히 도시의 뼈대를 이루는 도시부동산은 개인의 자산을 넘어 한 시대의 경제와 문화를 담아내는 그릇이 된다. 그렇다면 이 복잡하고 거대한 도시의 흐름 속에서 우리는 어떻게 도시부동산 가치의 맥을 짚고 미래의 기회를 포착할 수 있을 것인가?

과거의 투자자들은 발 품을 팔아 얻은 경험과 번뜩이는 직관에 의존해왔다. 그러나 하루가 다르게 쏟아지는 데이터의 홍수 속에서, 인간의 경험과 직관만으로는 도시의 미묘한 변화와 잠재적 가치를 온전히 읽어내기 어려운 시대가 되었다. 과거에는 오직 몇몇 전문가만이 감각으로 느낄 수 있던 투자 기회의 맥락이, 이제는 알고리즘의 언어로 해석된다. AI는 도시의 흐름을 관찰하는 천문학자의 망원경이자, 무한한 데이터의 밤하늘에 숨겨진 별자리들을 연결해주는 지도이다. 바로 이 지점에서 인공지능(AI)은 우리에게 이전과는 전혀 다른 새로운 시대의 지도 제작 도구를 제시한다. AI는 도시부동산이 내뿜는 무수한 데이터를 학습하고, 인간의 눈으로는 발견하기 어려운 패턴과 관계를 분석하여 우리에게 가장 가능성 높은 길을 안내하는 현명한 나침반이 될 수 있다.

이 책은 도시계획, 부동산, 도시건축설계, 도시경제, 부동산투자론, 프로젝트 금융, 그리고 도시공학의 경계를 허물며 AI라는 강력한 렌즈를 통해 도시부동산 투자의 새로운 지평을 열기 위해 집필되었다. 책의 여정은 AI가 어떻게 투자의 패러다임을 바꾸고 있는지 살펴보는 것에서 시작된다. 위성 이미지와 소셜 미디어의 감성 데이터부터 용도지역과 같은 공공 데이터에 이르기까지, 흩어져 있던 도시의 정보들이 어떻게 AI의 언어로 번역되는지를 따라가게 될 것이다.

우리는 랜덤 포레스트와 LSTM 같은 알고리즘을 따라가며 부동산 시장의 시간적 리듬을 읽고, CNN과 GAN을 통해 위성 이미지 속에서 미래 가치를 발견한다. 랜스포머와 확산 모델은, 마치 SF영화의 한 장면처럼, 우리가 아직 가보지 못한 도시의 모습을 그려낸다. 나아가 생성형 AI가 빚어내는 가상 개발 시뮬레이션, 메타버스에서의 새로운 부동산 가치, 블록체인이 여는 투자의 혁신은 현실과 가상의 경계를 허물며 도시투자의 미래를 재정의한다.

이 책에서는 다양한 알고리즘들이 어떻게 부동산의 잠재 가치를 평가하고, '뜨는 동네'를 예측하며, 심지어 미래의 건축물을 시각 화하는지를 생생한 가상사례를 통해 체험하게 될 것이다. 모든 이론적 논의는 독자들이 직접 투자의사결정을 내리는 것과 같은 현실감을 느낄 수 있도록 구체적인 사례를 통해 구체화된다.

우리의 탐험은 단순히 현재의 가치를 분석하는 데 그치지 않는다.

가상현실(VR)과 메타버스, 블록체인과 부동산 토큰화 등 미래 기술이 만들어갈 새로운 부동산 시장의 모습까지 조망한다. 이는 도시의 미래를 설계할 학생들에게는 깊이 있는 학문적 통찰을 현명한 투자를 통해 미래를 준비하는 일반인들에게는 실질적인 지혜를 제공하기 위함이다. 이 책은 복잡한 수식이나 난해한 코딩 지식을 요구하지 않는다. 대신, AI가 어떠한 원리로 작동하며 우리의 투자 결정에 어떻게 기여할 수 있는지에 대한 근본적인 이해와 인사이트를 제공하는 것에 집중한다.

인공지능이 도시부동산 투자의 게임 체인저가 되고 있는 이 시점에서, 본서는 독자들에게 단순한 정보 전달을 넘어선 통찰력 있는 안내자 역할을 하고자 한다. AI 알고리즘의 복잡한 수식 뒤에 숨겨진 직관적 원리를 이해하고, 이를 실제 투자 전략 수립에 활용할 수 있는 실무적 역량을 기르는 것이 본서의 궁극적 목표이다.

이 책은 단순히 기술을 설명하는 매뉴얼이 아니다. 독자를 데이터와 알고리즘의 세계로 초대하여, 새로운 투자 사고를 열어가는 안내서이다. 대학생에게는 실무에 활용 가능한 기술적 기반을, 일반 독자에게는 미래 도시와 부동산 투자의 큰 흐름을 직관적으로 보여준다.

바야흐로 데이터가 곧 자산이 되고, 알고리즘이 투자의 성패를 가르는 시대이다. 부디 이 책이 도시부동산이라는 거대한 미로 속에서 길을 찾는 독자 여러분의 손에 들린 가장 정밀하고 환상적인 'AI 도시부동산 투자 지도'가 되기를 소망한다. 이 지도를 통해 여러분 각자가 자신만의 투자 원칙을 세우고, 도시의 미래 가치를 발견하는 멋진 여정을 시작하게 될 것이라 믿는다.

도시의 미래는 데이터와 알고리즘이 그려내는 새로운 지도 위에서 펼쳐질 것이다. 이 여행에 함께하는 모든 독자들이 AI가 제시하는 무한한 가능성을 발견하고, 변화하는 부동산 투자 환경에서 새로운 기회를 포착할 수 있기를 기대한다.

차 례

주제 3 도시 데이터, AI 투자의 나침반이 되다

주제 4 머신러닝 알고리즘 기반의 도시부동산 가격예측과 시장분석

주제 5 딥러닝 알고리즘 기반 도시부동산 가치평가와 가치예측

주제 8 AI 통합 의사결정 지원 모델을 통한 포트폴리오 최적화와 투자결정

주제 9 가상현실과 메타버스가 만드는 부동산 새로운 가치

주제 10 블록체인과 부동산 토큰화 투자 혁명

주제 1

인공지능, 도시부동산 투자의 패러다임을 바꾸다

1. AI 기반 도시부동산 투자 패러다임을 변화와 가상사례

1.1. AI 기반 도시부동산 투자 패러다임의 변화와 가상사례

AI 기술의 발전은 사회 전반에 걸쳐 혁신적인 변화를 주도하고 있으며, 도시부동산 투자 분야 역시 예외는 아니다. 과거의 투자 결정이 주로 경험적 데이터와 직관에 의존했다면, 이제 AI는 방대한 도시 데이터를 실시간으로 분석하고 미래 가치를 예측함으로써 투자 패러다임의 근본적인 전환을 이끌고 있다. AI 기반의 도시부동산 투자는 데이터 기반의 객관적이고 과학적인 접근을 통해 불확실성을 최소화하고 수익 창출의 새로운 기회를 제공하는 것이다.

AI 알고리즘은 도시의 복잡다단한 시스템을 이해하는 데 탁월한 능력을 발휘한다. 인구 이동, 교통 흐름, 상권 변화, 공공 정책, 심지어 소셜 미디어의 여론과 같은 비정형 데이터까지 분석하여 특정 지역의 성장 잠재력을 다각적으로 평가한다.

예를 들어, 특정 지역에 새로운 지하철 노선이 계획된다는 정보가 입력되면, AI는 과거 유사한 사례를 학습하여 유동인구 변화, 상권 활성화 정도, 주택 가격 상승률 등을 예측하고, 이를 기반으로 최적의 투자 시점과 상품을 추천하게 된다. 이는 투자자가 개인적인 편견이나 제한된 정보에서 벗어나 데이터가 제시하는 미래 가능성에 집중하도록 돕는 것이다.

또한, AI는 단순히 개별 부동산의 가치를 평가하는 것을 넘어, 도시 전체의 공간 구조 변화와 미래 발전 방향을 예측하는 데에도 활용된다. 위성 이미지, 건축물 데이터, 용도지역 정보 등을 종합 분석하여 도시의 확장 패턴을 시뮬레이션하고, 이를 통해 미래에 유망한 새로운 투자 지역을 발굴해내는 것이다. 이처럼 AI는 거시적 관점의 도시 분석과 미시적 관점의 부동산 가치 평가를 결합하여, 이전과는 차원이 다른 정교하고 입체적인 투자 인사이트를 제공한다. 이제 AI는 도시부동산 투자에 있어 선택이 아닌 필수적인 도구가 되어가고 있으며, 이를 이해하고 활용하는 능력은 미래 투자 성공의 핵심 역량이 될 것이다.

1.2. 가상사례: AI 알고리즘이 발굴한 미래가치, '스마트 그린시티' 투자 시뮬레이션

1) 현안 과제: 여기에 AI 투자 알고리즘 'URBAN-i'가 제안하는 가상의 신도시 '스마트 그린시티'의 투자 사례를 제시한다. URBAN-i는 대한민

[스마트시티 특집] 도시 미래 바꿀 꿈의 '인공지능 신도시' 현실로 다가온다 - 매일일보

국 수도권 내 저개발 지역이었던 '그린필드'를 미래 유망 투자처로 선정했으며, 그 분석 과정과 예측 결과는 다음과 같다.

2) **데이터 분석 및 잠재력 평가:** URBAN-i는 그린필드 지역의 지난 10년간의 데이터를 종합적으로 분석했다. 초기에는 주목받지 못했던 이 지역은 수도권 광역급행철도(GTX-D) 노선 계획 발표, 정부의 탄소중립 도시 시범사업지구 선정 가능성 등 긍정적 정책 변수를 포착했다. 알고리즘은 이러한 정책 변수와 더불어, 인근 산업단지와의 연계성, 3040세대 젊은 인구의 친환경 주거 선호도 증가 데이터를 핵심 변수로 설정하여 성장 잠재력을 분석했다.

3) **미래가치 예측**(가상수치):

URBAN-i는 시뮬레이션을 통해 다음과 같은 가상 수치를 도출했다.

(1) **인구 변화 예측:** 현재 5만 명에 불과한 인구는 '스마트 그린시티' 개발 계획이 본격화되는 2년 후부터 연평균 15%씩 증가하여, 10년 후에는 25만 명에 도달할 것으로 예측된다.

(2) **지가 상승률 예측:** GTX-D 노선 착공 시점부터 지가는 연 12% 상승하며, 시범사업지구로 최종 선정될 경우 추가로 8%의 프리미엄이 발생하여, 5년 내 평균 지가가 현재 대비 180% 상승할 것으로 분석된다.

(3) **주택 수요 및 가격 예측:** 주택 수요는 10년 간 총 8만 가구가 필요하며, 특히 친환경 에너지 효율을 갖춘 스마트홈에 대한 수요가 전체의 60%를 차지할 것이다. 이에 따라 해당 유형의 주택 가격은 일반 주택 대비 평균 25% 높은 가격대를 형성할 것으로 예측된다.

(4) **상업시설 가치 예측:** 인구 유입 및 소득 수준 증가에 따라, 특히 복합 쇼핑몰 및 데이터센터 부지의 가치는 10년 후 현재 가치의 300% 이상으로 성장할 잠재력을 가진 것으로 평가된다.

구분	현재 (2025년)	5년 후 예측 (2030년)	10년 후 예측 (2035년)	비고
인구	5만 명	12만 명	25만 명	연평균 15% 증가
평균 지가 (㎡당)	100만 원	280만 원	550만 원	정책 변수 반영
주택 평균 가격 (84㎡)	5억 원	9억 5천만 원	15억 원	스마트 홈 프리미엄 포함
상업용지 가치 지수	100	210	350	복합 쇼핑몰 부지 기준

4) **투자 결론:** URBAN-i의 분석 결과, '스마트 그린시티'는 단순한 주거 공간을 넘어, 일과 삶, 여가가 어우러지는 지속가능한 미래 도시의 모델이 될 것이다. 따라서 현재 시점에서는 저평가된 상업용지, 특히 복합 쇼핑몰과 데이터센터 부지에 대한 선제적 투자가 장기적으로 가장 높은 수익률을 가져올 것으로 판단된다. 또한, 친환경 스마트 홈 기술을 적용한 주택 개발 사업 역시 안정적인 고수익을 창출할 유망한 투자 대안이 될 것이다. 이 가상사례는 AI 알고리즘이 어떻게 숨겨진 도시의 잠재력을 발견하고, 구체적인 데이터를 통해 환상적인 투자 기회를 현실로 만들어내는지를 명확히 보여주는 것이다.

2. 도시부동산 투자의 전통적 방법론의 한계 분석과 가상사례

2.1. 도시부동산 투자의 전통적 방법론의 한계 분석

오랜 기간 도시부동산 투자는 전문가의 직관과 경험, 그리고 과거의 통계 데이터에 크게 의존해왔다. 이러한 전통적 방법론은 특정 지역의 과거 가격 추이, 인구 통계, 가시적인 개발 계획 등을 중심으로 미래가치를 예측하는 방식으로, 일정 부분 성과를 거두어 온 것이 사실이다. 그러나 도시 시스템이 점차 복잡해지고 예측 불가능한 변수들이 급증하는 현대 사회에서, 이러한 방법론은 명백한 한계를 드러내고 있다.

전통적 방법론의 가장 큰 한계는 '과거 데이터의 함정'에 있다. 과거의 성공 방정식이 미래에도 유효할 것이라는 가정에 기반하지만, 도시의 유기적 변화와 사회경제적 패러다임의 전환을 온전히 담아내지 못한다. 예를 들어, 과거에는 대규모 산업단지나 관공서 이전이 부동산 가치 상승의 절대적 요인이었다면, 이제는 워라밸, 친환경, 커뮤니티 가치 등 새로운 라이프스타일 변수들이 복합적으로 작용하여 도시의 매력도를 결정한다. 전통적 분석은 이러한 정성적이고 미묘한 변화의 흐름을 계량화하고 예측하는 데 어려움을 겪는 것이다.

또한, 정보의 비대칭성과 분석의 깊이 문제 역시 중요한 한계점으로 지적된다. 투자자가 접근할 수 있는 정보는 대부분 공개된 개발 계획이나 거시 경제지표에 국한되며, 이는 이미 시장 가격에 상당 부분 반영되어 있을 가능성이 높다. 더욱이, 교통량, 유동인구, 상권의 미세한 변화, 소셜 미디어상의 지역 평판과 같은 동적인 데이터를 수집하고 이를 부동산 가치와 연관 지어 분석하는 것은 사실상 불가능에 가깝다. 결국 제한된 정보에 기반한 분석은 도시의 복잡한 역동성을 단편적으로 해석하게

해, 예기치 못한 리스크에 노출되거나 숨겨진 성장 잠재력을 놓치는 결과를 초래하게 되는 것이다.

2.2. 가상사례: '구도심 C구역' 재개발 투자의 전통적 분석과 실패

[Why+] 창신동 도시재생지역 재개발, 공공에서 민간으로 급선회 이유
https://www.updownnews.co.kr/news

1) **현안 과제:** 여기에 전통적 투자 방법론의 한계를 보여주는 가상의 '구도심 C구역' 재개발 투자 사례를 제시한다. 한 중견 건설사는 과거의 성공 경험과 거시 지표 분석에 기반하여 C구역에 대한 대규모 상업복합시설 투자를 결정했다.

2) **전통적 투자 분석 근거:** 건설사의 투자 결정은 다음과 같은 전형적인 전통적 분석에 기반을 두었다.

(1) **과거 데이터 분석:** C구역은 10년 전 유사한 재개발 프로젝트가 성공적으로 이루어진 A구역과 입지 조건이 유사하며, 지난 5년간 지가가 연평균 5%의 꾸준한 상승률을 보여 안정적인 투자처로 평가되었다.

(2) **정부 개발 계획**: 시 정부가 발표한 '구도심 활성화 계획'에 C구역이 포함되어 있었고, 이는 대규모 공공자금 투입과 인프라 개선에 대한 기대로 이어졌다.

(3) **전문가 자문**: 다수의 부동산 전문가들은 C구역이 도심 접근성이 뛰어나고, 대규모 배후 주거단지를 끼고 있어 상업시설 로서의 성공 가능성이 매우 높다고 전망했다.

3) **예측과 다른 현실**(가상수치): 그러나 착공 2년 후, 시장 상황은 예측과 전혀 다른 방향으로 전개되었다.

(1) **주요 인구의 이탈**: C구역의 핵심 소비층으로 예상했던 인근 대기업 직장인들이 재택근무 확산 및 신도시로의 이전으로 인해 C구역 내 실제 유동인구가 당초 예상치의 60% 수준에 머물렀다. 이는 전통적 인구 통계가 예측하지 못한 라이프스타일의 급격한 변화 때문이었다.

(2) **온라인 소비 패턴 변화**: 팬데믹 이후 가속화된 온라인 쇼핑 트렌드로 인해, 대규모 오프라인 쇼핑몰에 대한 소비자 선호도가 급격히 하락했다. 이로 인해 완공 후 상업시설의 초기 공실률은 예상치(5%)를 훨씬 뛰어넘는 25%를 기록하게 되었다.

(3) **경쟁 지역의 부상**: C구역에서 5km 떨어진 D구역에 자생적으로 형성된 특색 있는 골목상권과 복합문화공간이 SNS를 통해 2030세대의 새로운 핫플레이스로 급부상하며 C구역의 잠재 수요를 대거 흡수해버렸다. 이는 거시적 개발 계획만으로는 파악할 수 없는 도시의 미시적 역동성을 간과한 결과이다.

구분	당초 예측 (전통적 분석)	실제 결과	예측 실패 원인
일일 유동인구	10만 명	6만 명	재택근무 확산, 인구 이탈 미 반영
상업시설 초기 공실률	5% 이하	25%	온라인 소비 패턴 변화 미 고려
완공 2년 후 투자 수익률	연 8%	-3%(손실)	경쟁 상권 부상 등 미시 동향 간과

4) 투자 실패 결론: 결론적으로 '구도심 C구역' 투자는 막대한 손실을 기록하며 실패로 돌아갔다. 이 사례는 과거의 성공 공식과 거시적 지표에만 의존하는 전통적 투자 방법론이 얼마나 취약할 수 있는지를 명확히 보여준다. 도시의 변화 속도는 과거 그 어느 때보다 빠르고 복합적이며, 소비자 행동 패턴과 같은 미시적 변수들이 부동산 가치에 미치는 영향력은 점차 커지고 있다. 따라서 이제는 이러한 동적인 변화까지 실시간으로 포착하고 분석할 수 있는 새로운 접근법이 반드시 필요한 것이다.

3. 도시부동산 투자자의 직관에서 AI 알고리즘으로 이동과 가상사례

3.1. 투자의 무게 중심은 인간의 직관에서 데이터 기반의 AI 알고리즘으로 빠르게 이동

도시부동산 투자의 세계에서 성공적인 투자자의 '직관' 혹은 '육감'은 오랫동안 신화적인 영역으로 여겨져 왔다. 남들이 보지 못하는 도시의 잠재력을 꿰뚫어 보고, 변화의 흐름을 감지하는 능력은 소수 전문가의 전유물로 인식되었다. 이러한 직관은 수십 년간 축적된 경험과 방대한 현장 지식, 그리고 복잡한 시장 상황을 종합적으로 판단하는 통찰력의 산물이다. 그러나 이 '감'에 의존하는 투자는 본질적으로 검증이 어렵고, 개인의 주관적 편향에 치우칠 위험을 내포하며, 급변하는 도시 환경의 모든 변수를 포착하는 데 명백한 한계를 가진다.

이제 투자의 무게 중심은 인간의 직관에서 데이터 기반의 AI 알고리즘으로 빠르게 이동하고 있다. AI 알고리즘은 인간의 뇌가 처리할 수 없는 규모의 '빅데이터'를 학습하여, 도시의 숨겨진 패턴과 미래의 가능성을 객관적인 확률로 제시한다. 교통카드 사용 기록, 휴대폰 유동인구 데이터, 신용카드 매출 정보, SNS 키워드 분석, 위성사진을 통한 녹지 변화량 등 과거에는 상상할 수 없었던 데이터들이 AI의 분석 대상이 된다. 이를 통해 AI는 특정 지역 상권의 활성화 징후를 미리 포착하거나, 특정 연령대의 인구 유입이 주택 가격에 미치는 영향을 정밀하게 예측하는 것이다.

이러한 변화는 투자의사결정 과정을 '예술의 영역'에서 '과학의 영역'으로 전환시키고 있다. AI 알고리즘은 투자자의 직관을 완전히 대체하는 것이 아니라, 오히려 그 직관을 데이터로 검증하고 정교하게 다듬어주는 강력한 보조 도구의 역할을 한다. 즉, 전문가는 AI가 분석한 객관적인 데이터를 바탕으로 더욱 깊이 있는 통찰을 더하고, 최종적인 전략적 결정을 내리게 된다. 결국 직관과 알고리즘의 결합은 불확실성을 획기적으로 줄이고, 보다 높은 차원의 합리적이고 성공적인 투자를 가능하게 만드는 핵심 동력이 되는 것이다.

3.2. 가상사례: '리버뷰'와 '그린힐' 지역, 직관과 AI의 엇갈린 선택

1) 현안 과제: 유명 부동산 투자 전문가 A 씨와 AI 투자 알고리즘 'CITY-AI'가 동일한 시점에 두 개의 후보 지역, '리버뷰'와 '그린힐'의 투자 가치를 분석하는 가상 상황을 가정한다.

2) 투자 전문가 A 씨의 직관적 분석(리버뷰 선택):

탁 트인 한강조망 누리는 하이퍼 럭셔리 아파트
https://www.viva100.com/20240117010004863

A 씨는 자신의 오랜 경험과 시장에 대한 직관을 바탕으로 '리버뷰' 지역을 최적의 투자처로 선정했다.

- **분석 근거:** '리버뷰'는 전통적인 부촌으로, 강변 조망이라는 영구적인 희소 가치를 지니고 있다. 최근 대형 건설사의 고급 아파트 재건축 계획이 발표되어 시장의 관심이 집중되고 있으며, 이는 확실한 가격 상승 요인으로 작용할 것이라고 판단했다. 실제로 A씨가 현장을 방문했을 때, 고급 외제차의 통행량이 많고 주민들의 소득 수준이 높아 보이는 점 등 전형적인 부촌의 특징을 확인했다. 그는 이러한 '현장의 감'을 중요하게 여겼다.

3) AI 알고리즘 'CITY-AI'의 데이터 기반 분석(그린힐 선택):

반면 'CITY-AI'는 수백억 개의 도시 데이터를 분석하여, 인간 전문가가 간과한 '그린힐' 지역의 잠재력에 주목했다.

- **분석 근거:** 'CITY-AI'는 '그린힐' 지역의 ▲소셜미디어 데이터에서 '#숲세권', '#조용한동네', '#골목책방' 등 특정 키워드 언급량이 최근 6개

도시형생활주택 파주 그린힐 분양, 임대수익보장제 시행 - 매일경제
https://www.mk.co.kr/news/realestate

월간 300% 급증한 사실을 포착했다. 또한 ▲교통카드 데이터 분석 결과, 주말 오후 시간대 30대 IT 업계 종사자들의 대중교통 이용률이 1년 전 대비 150% 증가했음을 확인했다. ▲신용카드 매출 데이터에서는 소규모 특색 카페와 디자인 공방의 매출이 꾸준히 증가하고 있음을 발견했다. 'CITY-AI'는 이러한 데이터들을 종합하여, '그린힐'이 새로운 라이프스타일을 추구하는 고소득 전문직 청년층의 자생적 문화 중심지로 성장할 초기 단계에 진입했다고 결론 내렸다.

4) 3년 후 투자 결과 비교(가상수치):

구분	투자 전문가 A (리버뷰)	AI 알고리즘 (그린힐)	결과 분석
초기 투자금	10억 원	10억 원	동일 조건
3년 후 자산가치	12억 원	18억 원	그린힐의 압도적 수익률
연평균 수익률	6.7%	21.6%	3배 이상의 수익률 차이
주요 가격 변동 요인	재건축 기대감 선반영, 추가 상승 제한	신규 문화상권 형성, 고소득 인구 유입	숨겨진 성장 동력의 차이

정리하면, 전문가 A 씨가 선택한 '리버뷰'는 재건축 호재가 이미 가격에 상당 부분 반영되어 있어 기대만큼의 추가 상승을 보여주지 못했다.

반면 'CITY-AI'가 발굴한 '그린힐'은 새로운 트렌드의 중심지로 급부상하며 상업 및 주거 부동산 가치가 폭발적으로 상승했다. 이 사례는 눈에 보이는 대형 개발 계획이나 전통적 부촌이라는 과거의 명성보다, 도시의 미시적 변화와 새로운 라이프스타일의 등장을 데이터로 포착하는 AI 알고리즘의 분석이 미래가치를 예측하는 데 훨씬 더 강력할 수 있음을 증명하는 것이다.

4. AI와 전통적 투자 이론의 융합과 가상사례

4.1. AI는 이론과 현실의 간극을 메우는 강력한 분석 도구로 기능

AI의 등장이 도시부동산 투자의 전통적 이론들을 무용지물로 만드는 것은 결코 아니다. 오히려 AI 기술은 수십 년간 학문적으로 축적된 고전적 이론의 토대 위에서 그 진가를 발휘하며, 이론과 현실의 간극을 메우는 강력한 분석 도구로 기능한다. 입지론, 중심지 이론, 지대 이론 등 도시의 공간 구조와 부동산 가치를 설명하는 전통 이론들은 투자의 방향을 설정하는 거시적인 프레임워크를 제공하며, AI는 이 프레임워크 안에서 미처 발견하지 못했던 미시적 변수와 동태적 변화를 포착하여 예측의 정밀도를 극대화하는 것이다.

예를 들어, 폰 튀넨의 고립 국 이론이나 알론소의 입찰지대곡선 이론은 도심으로부터의 거리가 지대와 토지 이용을 결정한다는 핵심적인 통찰을 제공한다. 전통적으로 투자자들은 이 이론에 근거하여 도심 접근성이 뛰어난 지역의 잠재력을 높게 평가해왔다. 여기에 AI 기술을 융합하면, 단순히 물리적 거리를 넘어 실제 시민들이 체감하는 '시간적 거리'와 '심리적 거리'까지 변수로 활용할 수 있게 된다.

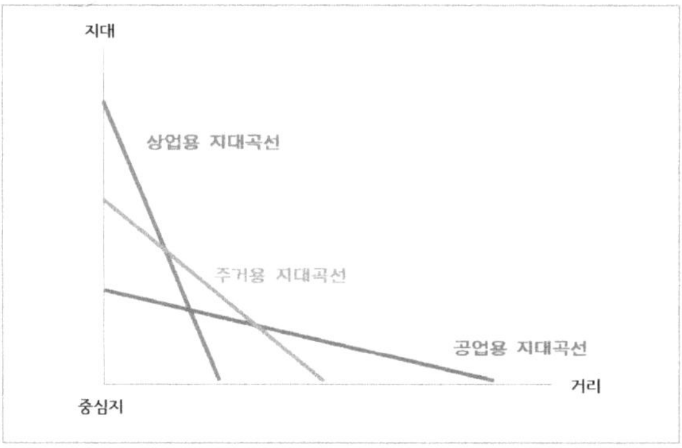

지대이론, https://brunch.co.kr/@kdh08241944/103

AI는 교통카드 데이터와 내비게이션 경로 분석을 통해 특정 지역의 실질적인 출퇴근 시간을 계산하고, 소셜미디어 분석을 통해 특정 노선에 대한 사용자 만족도나 혼잡도에 대한 인식을 파악하여 접근성의 질적 가치를 계량화하는 것이다.

결국 AI와 전통 이론의 융합은 인간의 거시적 통찰과 기계의 미시적 분석 능력이 결합하는 '하이브리드 인텔리전스(Hybrid Intelligence)'의 구현이라 할 수 있다. 전통 이론이 '왜(Why)' 이 지역이 중요한지에 대한 근본적인 질문에 답한다면, AI는 '어떻게(How)' 그리고 '얼마나(How much)' 그 중요성이 가치로 발현될 것인지를 데이터로 증명한다. 이러한 융합적 접근은 투자 결정의 논리적 기반을 강화하고 예측의 신뢰도를 높여, 더욱 안정적이고 성공적인 투자 전략을 수립하는 새로운 패러다임을 제시하는 것이다.

4.2. 가상사례: 중심지 이론과 AI의 융합, '웨스트포트' 신도시 상권 분석

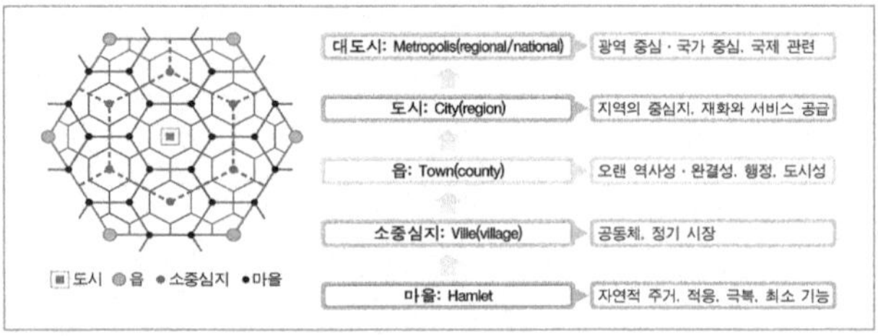

중심지이론 총정리, https://realestate-asset.tistory.com/entry

1) **중심지이론과 AI알고리즘의 융합:** 독일의 지리학자 크리스탈러가 제시한 중심지 이론은 도시의 크기와 분포, 그리고 상권의 계층 구조를 설명하는 고전적이고 강력한 이론이다. 여기에 가상의 신도시 '웨스트포트'의 상업용지 투자 분석에 중심지 이론과 AI 알고리즘을 융합한 사례를 제시한다.

2) **전통적 중심지 이론에 기반한 1차 분석:** 투자 분석팀은 먼저 중심지 이론에 입각하여 웨스트포트 신도시의 상권 계층을 분석하고 유망 입지를 선정했다.

- **분석 근거:** 웨스트포트는 인구 30만 명 규모의 중심 도시로 계획되었으며, 도시 중앙에 광역 교통 허브가 위치한다. 중심지 이론에 따르면, 재화와 서비스의 도달 범위가 가장 넓은 최고차 중심지(백화점, 대형병원 등)는 도시의 심장부인 교통 허브 인근에 입지할 때 가장 큰 배후지를 확보할 수 있다. 따라서 분석팀은 교통 허브로부터 반경 1km 이내의 'A-1 블록'을 최우선 투자 후보지로 선정했다.

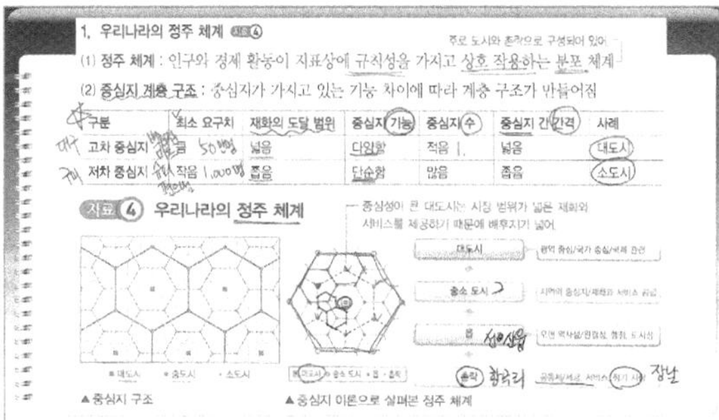

1일1문제 크리스탈러의 중심지이론 - YouTube

3) AI 알고리즘을 활용한 2차 심층 분석: 다음으로 AI 투자 알고리즘 'SPATIAL-AI'를 통해 1차 분석 결과를 검증하고, 미시적 변수를 반영한 최종 투자지를 선정했다.

- **분석 근거:** 'SPATIAL-AI'는 중심지 이론의 기본 가정을 인정하면서도, 실제 사람들의 이동 패턴과 소비 행태 데이터를 추가로 분석했다.
  - 유동인구 경로 분석: 통신사 데이터 분석 결과, 교통 허브 이용객의 70%가 환승 후 곧바로 인근 주거지역으로 이동하며, 'A-1 블록'에는 단 15%만이 체류하는 것으로 나타났다. 오히려 허브에서 도보 15분 거리지만, 대규모 호수공원과 연결되는 'B-3 블록'에서 주말 시간대 유동인구의 체류 시간이 3배 이상 길게 나타나는 '의외의 중심성'을 발견했다.
  - 소비 잠재력 분석: 신용카드 데이터 분석 결과, 'B-3 블록' 인근 아파트 단지 주민들의 온라인 배달 서비스 이용액 중 F&B(식음료) 카테고리 비중이 신도시 평균보다 40% 높게 나타났다. 이는 특색 있는 외식 공간에 대한 '잠재된 수요'가 매우 크다는 것을 시사한다.

• 미래가치 시뮬레이션: 'SPATIAL-AI'는 이 데이터를 기반으로 'B-3 블록'에 고급 레스토랑과 카페가 입점할 경우, 5년 내에 도시 전체에서 가장 높은 단위 면적당 매출을 기록하는 '생활문화 중심지'로 성장할 것이라고 예측했다.

4) 최종 투자 결정 및 결과 비교(가상수치):

구분	1차 분석(A-1 블록)	융합 분석(B-3 블록)	분석 방법
이론적 근거	중심지 이론(교통 중심)	중심지 이론 + 행동 데이터	이론 + AI
주요 분석 데이터	도시계획도, 인구분포	유동인구, 카드매출, SNS	전통적 데이터 + 빅데이터
예상 투자 수익률 (5년)	연 7%(안정적 성장)	연 15%(폭발적 성장)	예측 정밀도 차이
5년 후 실제 지가 상승률	40%	110%	AI 예측의 정확성 입증

5) 투자 결론: 최종적으로 투자사는 중심지 이론의 거시적 통찰과 AI의 미시적 분석을 융합하여 'B-3 블록'에 투자를 결정했고, 5년 후 이곳은 웨스트포트를 대표하는 '핫플레이스'로 성장하며 예측을 뛰어넘는 성공을 거두었다. 이 사례는 전통적 도시 이론이 AI라는 새로운 날개를 달았을 때, 어떻게 숨겨진 보석 같은 투자 기회를 발견하고 그 가치를 극대화할 수 있는지를 명확하게 보여주는 것이다.

5. AI 기반 투자 결정 및 인간 직관의 보완방법과 가상사례

5.1. 성공적인 투자를 위해서는 최종적으로 인간의 직관과 통찰력이 결합되어야만 한다

인공지능(AI)이 제시하는 데이터 기반의 투자 결정은 객관성과 정밀성 측면에서 인간의 능력을 압도하는 것이 사실이다. 그러나 AI 알고리즘이 만능은 아니며, 성공적인 투자를 위해서는 최종적으로 인간의 직관과 통찰력이 결합되어야만 한다.

AI는 과거의 데이터에서 패턴을 학습하기 때문에, 데이터에 기록되지 않은 미래의 급격한 사회 변화, 예측 불가능한 '블랙스완(Black Swan)' 이벤트, 혹은 인간의 미묘한 심리나 문화적 가치 변화를 예측하는 데에는 본질적인 한계를 가진다. AI의 결정은 '확률적 최선'일 뿐, 모든 변수를 고려한 '전략적 최선'이 아닐 수 있는 것이다.

바로 이 지점에서 인간 전문가의 직관이 결정적인 보완재 역할을 수행한다. AI가 분석한 정량적 데이터를 토대로, 인간은 그 이면에 숨겨진 질적 맥락을 해석하고 미래의 새로운 가능성을 탐색한다. 예를 들어, AI가 특정 지역의 인구 감소를 근거로 투자 위험을 경고할 때, 전문가는 해당 지역에 유치될 국제 예술 비엔날레의 파급 효과나, 특정 세대 사이에서 유행하는 새로운 라이프스타일의 확산 가능성과 같은 비정형적 정보를 결합하여 AI의 결론을 재평가할 수 있다. 이는 데이터를 넘어서 도시의 '서사(Narrative)'와 '정체성'을 읽어내는 인간 고유의 능력이다.

따라서 최적의 투자 의사결정 모델은 AI와 인간이 협력하는 '증강지능(Augmented Intelligence)'의 형태가 된다. AI가 방대한 데이터를 신속하게 처리하여 객관적인 분석과 유력한 후보군을 제시하는 '1차 필터링' 역할을 수행하면, 인간 전문가는 그 결과를 바탕으로 심층적인 질적 평가와 전략적 판단을 더해 최종 결정을 내리는 것이다. 기계의 냉철한 계산과 인간의 따뜻한 통찰이 결합될 때, 비로소 투자 리스크는 최소화되고 성공의 확률은 극대화될 수 있는 것이다.

5.2. 가상사례: AI의 추천과 전문가의 직관이 빚어낸 '올드타운' 재개발 성공 신화

GH, 3기신도시 '모듈러주택' 공급 확대[로컬인사이드] | 문화일보
https://www.munhwa.com/article

1) **현안 과제:** 한 자산운용사가 AI 투자 분석 시스템 '퀀텀 애널라이저'를 통해 수도권 외곽의 유망 투자 지역을 분석하는 상황을 가정한다.

2) **AI '퀀텀 애널라이저'의 1차 분석 및 추천:** '퀀텀 애널라이저'는 지난 20년간의 수도권 도시 데이터를 분석하여, 인구 유입률, 교통 개선 계획, 지가 상승률 등을 종합 평가한 결과 '노스밸리 신도시'를 A+ 등급의 최우선 투자처로 추천했다. 반면, 오래된 공장 지대였던 '올드타운'은 인구 유출, 산업 쇠퇴 등의 데이터를 근거로 D등급의 '투자 부적격' 지역으로 분류했다.

- AI의 분석 요약(올드타운):
  - 지난 10년간 인구 15% 감소
  - 제조업 공장 30% 폐업 및 이전
  - 상업시설 공실률 20% 도달
  - 결론: 성장 동력 부재, 쇠퇴 가속화 예상

3) 도시계획과 부동산 전문가의 직관적 재해석 및 보완: 그러나 이 회사의 베테랑 도시계획과 도시부동산 전문가인 김 교수는 '올드타운'에 대한 AI의 분석 결과에 의문을 제기하고 직접 현장 조사와 심층 분석에 착수했다.

- 전문가의 보완적 분석:
  - 질적 가치 발견: 김 교수는 AI가 파악하지 못한 올드타운의 붉은 벽돌 공장 건물의 독특한 건축미와 역사적 가치에 주목했다. 이는 최근 젊은 세대 사이에서 유행하는 '인더스트리얼(Industrial)' 감성과 완벽하게 부합하는 자산이었다.
  - 정책 외적 변수 포착: 정부 공식 발표는 없었지만, 국내 최대 규모의 미디어아트 비엔날레 재단이 '올드타운'을 차기 개최 후보지로 검토 중이라는 비공식 정보를 입수했다. 이는 도시의 문화적 위상을 안전히 바꿀 수 있는 핵심 변수였다.
  - 미래 서사 예측: 김 교수는 AI가 '쇠퇴'로 해석한 공장 폐업을 오히려 새로운 가능성의 공간이 열리는 '전환'의 신호로 재해석했다. 그는 이곳이 뉴욕의 소호나 런던의 테이트 모던처럼 폐공장

코리아나 상세화면, https://www.koreana.or.kr

이 문화예술 공간으로 탈바꿈하는 성공적인 도시재생 스토리를 쓸 수 있을 것이라는 직관적 확신을 가졌다.

4) **AI-인간 협업을 통한 최종 투자 결정 및 결과(가상수치):** 김 교수는 자신의 분석을 '퀀텀 애널라이저'에 새로운 변수('건축 자산 가치', '문화 이벤트 유치 가능성')로 입력하여 재 시뮬레이션을 요청했다. AI는 새로운 변수를 반영하여 '올드타운'의 잠재 성장률을 재계산했고, '문화 중심의 도시재생 성공 시'라는 조건 하에 5년 후 기대수익률이 150%에 달할 수 있다는 놀라운 결과를 도출했다.

구분	AI 단독 분석 (노스밸리)	AI-인간 협업 분석 (올드타운)	비고
분석 기반	과거 정량 데이터	정량 데이터 + 질적 직관	분석의 깊이 차이
초기 투자 등급	A+(안정적)	D → A- (조건부 고성장)	AI 재평가
실제 투자금	100억 원	100억 원	동일 조건 투자
5년 후 자산가치	130억 원	280억 원	직관적 보완의 압도적 성과
연평균 수익률	5.4%	22.8%	4배 이상의 수익률 격차

5) **투자 결론:** 회사는 이 융합 분석을 신뢰하여 '올드타운'의 폐공장 부지를 매입, 복합문화공간으로 개발하는 프로젝트에 투자했다. 2년 후, 실제로 미디어아트 비엔날레가 유치되면서 '올드타운'은 전국적인 명소로 떠올랐고, 자산 가치는 예측을 뛰어넘어 폭등했다. 이 사례는 AI의 데이터 분석 능력과 인간 전문가의 미래를 읽는 통찰력이 어떻게 서로의 한계를 보완하여 환상적인 시너지를 창출할 수 있는지를 명확히 보여주는 것이다.

6. AI에 의한 새로운 도시부동산 투자 기회의 발굴과 가상사례

6.1. AI시대에서는 '지역'에서 '기능'과 '콘텐츠' 중심으로 이동시키는 패러다임의 전환을 의미

인공지능(AI)은 단순히 기존의 투자처를 더 정밀하게 분석하는 도구를 넘어, 과거에는 인식조차 하지 못했던 새로운 차원의 도시부동산 투자 기회를 발굴하는 혁신적인 탐색 엔진이다. 전통적 분석이 주로 행정구역이나 역세권처럼 명확하게 구획된 거대 담론에 집중했다면, AI는 도시를 살아있는 유기체처럼 보고 그 안에서 꿈틀대는 미세한 변화의 맥박을 짚어낸다. 이는 투자자의 관점을 '지역'에서 '기능'과 '콘텐츠' 중심으로 이동시키는 패러다임의 전환을 의미하는 것이다.

간삼건축 40년, 지속가능한 사회를 위한 새로운 선택을 선언하다 | 동아일보, https://www.donga.com/news

AI 알고리즘은 상이한 종류의 데이터를 융합하여 이전에는 보이지 않던 기회의 영역을 가시화한다. 예를 들어, 특정 지역의 공유 자전거 이용률, 심야 시간 배달 음식 주문량, 소셜미디어에 나타난 특정 라이프스타일 키워드, 그리고 전기차 충전소 설치 밀도와 같은 데이터를 결합하여 '친환경 1인 가구의 새로운 클러스터'가 형성되고 있음을 포착할 수 있다.

이는 행정구역상으로는 주목받지 못하던 낙후된 다세대 주택 밀집 지역일 수 있지만, AI의 눈에는 미래의 '소형 스마트 주거 타운'으로 변모할 잠재력을 지닌 블루오션으로 비춰지는 것이다.

또한, AI는 도시 공간의 '기능적 공백'을 찾아내고 이를 새로운 투자 상품과 연결한다. 위성 이미지와 건축물 데이터를 분석해 도시 내 활용도가 낮은 유휴 부지나 노후 건물을 찾아내고, 주변 지역의 인구통계학적 특성과 잠재 수요 데이터를 결합하여 최적의 용도 전환을 제안한다.

가령, 고령화가 심화되는 구도심의 폐교를 '시니어 헬스케어 복합 문화센터'로, 재택근무가 확산된 오피스 밀집 지역의 공실 상가를 '단기 프로젝트형 공유 오피스'로 탈바꿈시키는 식이다. 이처럼 AI는 도시의 숨겨진 자산을 재발견하고 시대의 요구에 맞는 새로운 가치를 불어넣음으로써, 완전히 새로운 시장을 창출하는 창의적인 투자 기회를 제공하는 것이다.

6.2. 가상사례: AI가 발견한 '숨겨진 시간', 심야 경제권역 투자

1) 현안 과제: 여기에 AI 알고리즘 'NIGHT-OWL'이 서울의 전통적인 업무지구인 '센트럴 비즈니스 지구(CBD)' 내에서 발굴한 새로운 투자

야간 경제 시대, 비즈니스의 새로운 기회를 잡아라!
https://story8259.tistory.com/entry

기회, '심야 경제권역(Night-time Economy Zone)'에 대한 가상사례를 제시한다.

2) 문제 인식 및 데이터 분석: 전통적으로 CBD 지역의 부동산 가치는 주간 업무 시간의 유동인구와 접근성에 의해 평가되어 왔다. 그러나 AI 'NIGHT-OWL'은 '시간대별 도시 활동'이라는 새로운 분석 프레임을 도입하여, 주간과 야간의 데이터 격차에 주목했다.

- 데이터 분석:
  - 통신사 유동인구 데이터: 오후 10시 이후 CBD 내 체류 인구가 5년 전 대비 40% 증가했으며, 특히 20~30대 비중이 70%에 달함을 확인했다.
  - 신용카드 매출 데이터: 심야 시간대(22시~02시) 편의점, 심야식당, 스터디 카페, 소규모 피트니스센터의 매출이 연평균 15%씩 급성장하고 있음을 포착했다.
  - 교통 데이터: 심야 택시 호출 건수와 공유 자전거 심야 이용률이 CBD 특정 블록에서 집중적으로 발생하고 있음을 지도상에 시각화했다.
  - 소셜미디어 분석: '#종로야간', '#퇴근후딴짓', '#야간작업실' 등 CBD 내 심야 활동과 관련된 긍정적 키워드 버즈량이 폭발적으로 증가하는 트렌드를 발견했다.

3) 새로운 투자 기회 정의: 'NIGHT-OWL'은 이 데이터를 종합하여 CBD가 더 이상 낮 시간만의 공간이 아니며, 새로운 라이프스타일을 가진 청년 직장인들을 중심으로 '숨겨진 심야 경제권'이 자생적으로 형성되고 있다고 결론 내렸다. 낮에는 오피스 빌딩이지만 밤에는 1인 크리에이터의 작업실, 스터디 그룹의 모임 공간, 취미 활동 공간으로 기

능이 전환되는 '시간적 하이브리드 공간'에 대한 막대한 잠재 수요를 발견한 것이다.

UNIVERSE 월간, 19호 | 살아남는 오피스 빌딩의 조건: 미디어룸: 알스퀘어 RSQUARE

4) 투자 전략 및 가상수치: 이를 바탕으로 'NIGHT-OWL'은 다음과 같은 구체적인 투자 전략과 예측 수익률을 제시했다.

- **투자 대상:** CBD 내 노후화된 중소형 오피스 빌딩(공실률 15% 이상)
- **투자 전략:** 저렴하게 매입 후, 내부를 가변형 벽체와 최신 통신 설비를 갖춘 '24시간 스마트 워크 & 라이프 라운지'로 리모델링한다. 주간에는 일반 사무실로, 야간 및 주말에는 시간제 스튜디오, 세미나실, 프라이빗 라운지 등으로 임대하는 '공간 구독' 모델을 도입하는 것이다.

5) 예측 결과:

구분	전통적 오피스 임대	AI 제안 '하이브리드' 모델	비고
주요 임대 시간	주간(09시~18시)	24시간(주간+야간)	시간 자원의 활용 극대화
공간 가동률	50%(주간 기준)	85%(주야간 합산)	숨겨진 수요 발굴
예상 연간 임대수익	3억 원	5억 5천만 원	80% 이상 수익 증대
5년 후 자산가치 상승률	25%	70%	새로운 가치 창출 반영

6) 투자 결론: 이 가상사례는 AI가 도시를 24시간 살아있는 공간으로 분석함으로써, 전통적 관점에서는 '비어 있는 시간'으로 치부되던 심야 시간의 경제적 가치를 어떻게 발견해내는지를 보여준다. AI는 주간의 CBD와 야간의 CBD가 전혀 다른 잠재력을 가진 별개의 부동산 시장임을 데이터로 증명했으며, 이를 통해 낡은 오피스 빌딩을 고수익 혁신 공간으로 탈바꿈 시키는 환상적인 투자 기회를 발굴해낸 것이다.

주제 2

도시부동산 데이터의 수집과 정제

1. 도시부동산 데이터의 수집 및 정제 프로세스와 가상사례

1.1. 데이터 수집은 크게 정형, 반정형, 비정형 데이터로 구분된다.

AI 기반의 도시부동산 분석에서 '데이터는 새로운 석유'라는 말은 단순한 비유가 아니다. AI 알고리즘의 예측 정확도와 통찰력의 깊이는 전적으로 학습 데이터의 양과 질에 의해 결정되기 때문이다. 따라서 성공적인 AI 투자의 첫걸음은 도시 곳곳에 흩어져 있는 원석과도 같은 데이터를 수집하고, 분석에 적합하도록 깨끗하게 가공하는 정제 프로세스에서 시작된다. 이 과정은 눈에 잘 띄지 않지만, 최종 분석의 성패를 좌우하는 가장 핵심적인 단계라 할 수 있다.

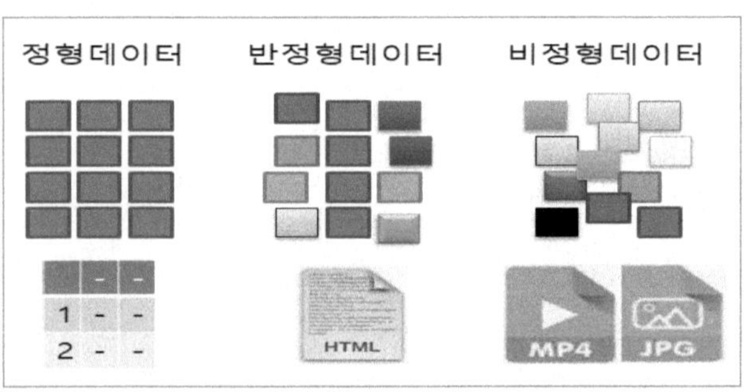

[쉽게 설명한] 정형, 비정형, 반정형 데이터, https://chankim.tistory.com/entry

데이터 수집은 크게 정형, 반정형, 비정형 데이터로 나뉘어 다각적으로 이루어진다. 정형 데이터는 국토교통부 실거래가, 인구주택총조사, 건축물대장처럼 명확한 틀을 가진 데이터를 의미한다. 반정형 데이터는 GIS(지리정보시스템)의 공간정보나 웹사이트의 HTML 문서처럼 일정한 구조는 있지만 형식이 다양한 데이터를 포함한다. 마지막으로 비정형 데이터는 소셜미디어 텍스트, 위성사진, 유튜브 영상 등 형태가 정해지지 않은 데이터로, 도시의 생생한 활력과 사람들의 인식을 파악하는 데 결정적인 역할을 한다. AI 시대의 투자자는 이러한 다양한 유형의 데이터를 목적에 맞게 수집하고 융합할 수 있는 능력을 갖추어야 하는 것이다.

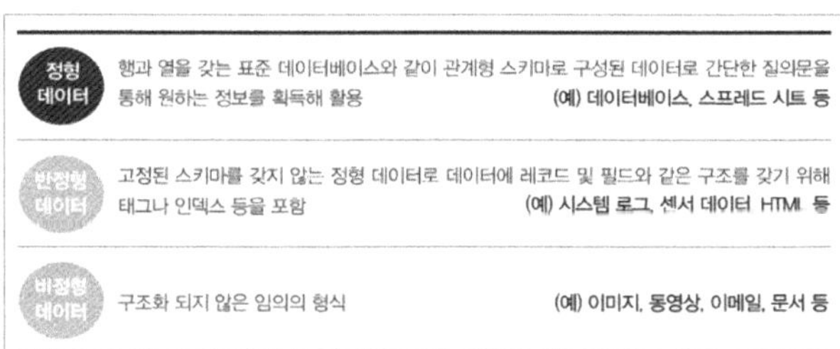

빅데이터에 대한 환상과 실체, https://blog.his21.co.kr/entry

수집된 원본 데이터(Raw Data)는 오류, 결측 치, 중복 등 수많은 노이즈를 포함하고 있어 그대로 사용할 수 없다. 데이터 정제는 이러한 '더러운 데이터'를 '깨끗한 데이터(Clean Data)'로 만드는 과정이다. 주소 표기법을 통일하고, 비어 있는 값을 합리적인 수치로 채우며(결측 치 처리), 서로 다른 데이터셋을 공통된 기준(예: 행정동 코드)으로 연결하는 작업이 여기에 해당된다. 이 고되고 정밀한 과정을 거쳐야만 비로소 데이터는 신뢰할 수 있는 분석의 재료가 되며, AI 알고리즘은 편향 없이 도시의 숨겨진 패턴을 학습하고 미래를 예측할 수 있게 되는 것이다.

coleta aleatória		dados ordenados		intervalos	frequência	classe
pacientes	HDL (mg/dL)	pacientes	HDL (mg/dL			
1	55	7	44	HDL<45	1	1
2	57	8	45	45≤HDL <50	4	2
3	53	16	46			
4	49	14	47			
5	54	4	49			
6	52	9	50	50≤HDL <55	6	3
7	44	10	52			
8	45	6	52			
9	50	13	53			
10	52	3	53			
11	55	5	54			
12	67	1	55	55≤HDL <60	4	4
13	53	11	55			
14	47	2	57			
15	65	18	59			
16	46	17	64	60≤HDL <65	1	5
17	64	15	65	65≤HDL	2	6
18	59	12	67			

미가공 데이터 - 위키백과, 우리 모두의 백과사전
https://ko.wikipedia.org

1.2. 가상사례: '망원동 상권' 분석을 위한 데이터 정제 시뮬레이션

1) 현안 과제: AI 기반 상권 분석 모델을 개발하기 위해 서울시 마포구 '망원동' 일대의 데이터를 수집하고 정제하는 가상 프로세스를 가정한다.

2) 원본 데이터 수집(Raw Data):

분석팀은 망원동 상권의 잠재력을 분석하기 위해 다음과 같은 다양한 형태의 원본 데이터를 수집했다.

A. 공공데이터: 서울시 상권분석서비스의 점포 이력, 유동인구 데이터

B. 민간데이터: 통신사의 시간대별 통화량 기반 인구 데이터(격자 단위)

C. 소셜미디어: 인스타그램의 '#망리단길' 해시태그 게시물 10만 건 (텍스트, 위치 태그)

D. 부동산 데이터: 민간 부동산 앱의 상가 매물 정보(주소, 면적, 임대료)

3) 데이터 정제 및 가공 프로세스:

수집된 각 데이터는 분석에 활용하기 위해 다음과 같은 정제 과정을 거친다.

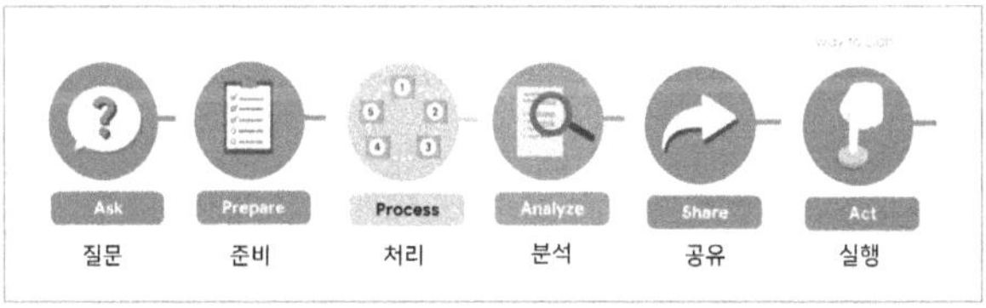

데이터 분석 프로세스 6단계, https://www.waytoliah.com

(1) Step 1: 표준화(Standardization)

- 문제점: 부동산 앱(D)의 주소 표기가 "마포구 망원동 123-45", "망원로 6길 10" 등 제각각 이라 공공데이터(A)의 표준 주소와 연결되지 않았다.
- 해결: 주소 정제 API를 사용하여 모든 주소를 표준 도로명 주소로 변환하고, 이를 고유 식별코드로 삼아 모든 데이터를 통합할 준비를 한다.

(2) Step 2: 결측 치 처리(Handling Missing Values)

- 문제점: 상가 매물 정보(D) 중 약 20%의 데이터에 월 임대료 정보가 누락('협의 후 결정')되어 있었다.
- 해결: 주변 상가의 면적, 층수, 위치를 변수로 하는 회귀분석 모델을 만들어, 누락된 임대료 값을 합리적인 예측치로 채워 넣는다. 이를 통해 데이터의 손실을 최소화하는 것이다.

(3) Step 3: 데이터 통합 및 변환(Integration & Transformation)

- 문제점: 통신사 데이터(B)는 50m x 50m 격자 단위이고, 인스타그램 데이터(C)는 위경도 좌표로 되어 있어 직접적인 비교가 불가능했다.
- 해결: 모든 위치 기반 데이터를 GIS 시스템을 통해 동일한 격자 체계로 변환(공간 조인)하여, 특정 격자 내의 '시간대별 체류 인

구', 'SNS 언급량', '평균 임대료' 등을 한눈에 볼 수 있도록 가공한다.

4) 최종 분석용 데이터셋(Clean Data) 구축 결과(가상수치):

이러한 정제 과정을 거쳐, 뒤죽박죽이던 원본 데이터는 다음과 같이 AI가 학습할 수 있는 정갈한 형태의 데이터셋으로 재탄생한다.

[Before: 원본 데이터 예시]

데이터 소스	위치정보	내용
부동산 앱	서울 마포 망원동 394	면적: 50㎡, 보증금 5천, 월세: 협의
인스타그램	(37.555, 126.905)	"여기 완전 힙플! #망리단길 #카페투어"
통신사	격자 ID: X2Y5	14:00 통화량: 2,500

[After: 정제된 분석용 데이터셋 예시]

격자 ID	평균 임대료(만원/㎡)	주말 유동인구(명)	SNS 긍정 언급량	주요 업종
X2Y5	6.5	15,200	1,250	카페, 소품샵
X2Y6	5.8	12,800	880	식당, 베이커리
...	...	...	...	...

5) 결론: 이 가상사례는 겉으로 보기에 무질서하고 불완전해 보이는 도시의 데이터 조각들이 어떻게 체계적인 정제 과정을 거쳐 강력한 투자 인사이트의 원천으로 변모하는지를 보여준다. AI 시대의 부동산 전문성은 단순히 좋은 입지를 알아보는 눈을 넘어, 이처럼 데이터의 잠재력을 알아보고 가치를 창출하는 데이터 리터러시(Data Literacy) 능력에서 출발하는 것이다.

2. 도시부동산 분야의 공공 데이터와 민간 데이터의 결합과 가상사례

2.1. 뼈대는 정부가 제공하는 공공 데이터(Public Data)에, 혈류는 민간 기업들이 수집하는 민간 데이터(Private Data)에 비유

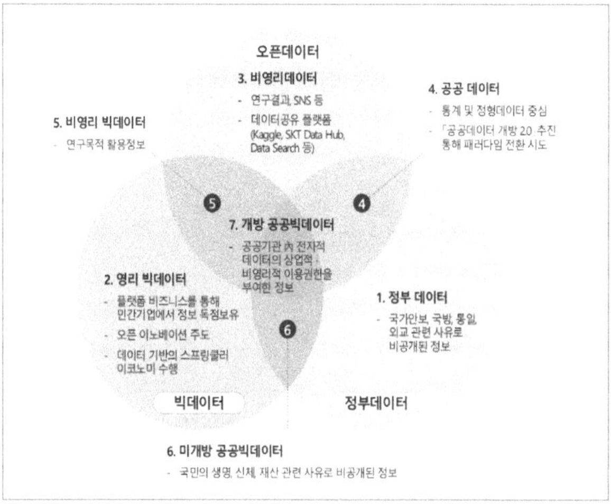

한국판 뉴딜로 알아보는 데이터 시대의 활용방안 및 전망 - Security & Intelligence 이글루코퍼레이션, https://www.igloo.co.kr

도시부동산의 미래 가치를 정확하게 예측하기 위해서는 도시의 '뼈대'와 '혈류'를 동시에 읽어내는 것이 무엇보다 중요하다. 여기서 뼈대는 정부나 지방자치단체가 제공하는 공공 데이터(Public Data)에, 혈류는 민간 기업들이 수집하는 민간 데이터(Private Data)에 비유할 수 있다. 인공지능(AI) 시대의 성공적인 투자는 바로 이 두 가지 성격이 다른 데이터를 어떻게 유기적으로 결합하여 도시를 입체적으로 해석하는지에 달려 있는 것이다.

공공 데이터는 국토계획, 인구 통계, 건축물대장, 실거래가 정보 등 도시의 물리적 구조와 제도적 기반을 설명하는 신뢰도 높은 정보다. 이는 마치 잘 그려진 도시의 청사진과 같아서, 거시적인 변화의 방향성과 잠재력을 파악하는 데 필수적인 기초 자료가 된다. 예를 들어, 새로운 지하철 노선 계획이나 용도지역 변경 고시와 같은 공공 데이터는 미래 부동산 가치 상승의 명확한 신호탄이 된다. 그러나 공공 데이터는 수집 및 공개 주기가 길어 도시의 실시간 동태적 변화를 즉각적으로 반영하지 못하는 한계를 지니는 것이다.

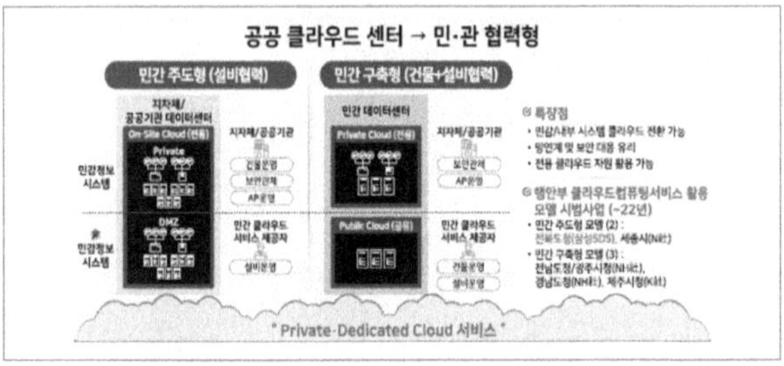

공공 디지털 혁신, 초거대 AI와 클라우드 준비 | 인사이트리포트 | 삼성SDS
https://www.samsungsds.com

반면, 민간 데이터는 통신사의 유동인구, 신용카드사의 소비 패턴, 내비게이션의 이동 경로, 소셜미디어의 여론 등 도시 안에서 살아가는 사람들의 생생한 활동을 실시간으로 보여준다. 이는 도시의 혈관을 따라 흐르는 혈액처럼, 어디가 뜨겁게 달아오르고 어디가 차갑게 식어가는지를 가장 먼저 감지할 수 있게 해준다. 민간 데이터는 공공 데이터의 빈틈을 메우고, 계획이 현실에서 어떻게 작동하는지를 검증하는 역할을 한다. 결국, 공공 데이터라는 안정적인 캔버스 위에 민간 데이터라는 역동적인 물감을 덧칠할 때, 비로소 누구도 예측하지 못했던 도시의 미래 풍경이 완성되는 것이다.

■ 공공 데이터와 민간 데이터의 개념, 기술, 역할, 장단점, 도시부동산투자 활용 예시비교 분석표

구분	공공 데이터 (Public Data)	민간 데이터 (Private Data)
개념	도시의 물리적 구조와 제도적 기반을 설명하는 '뼈대(Framework)' 와 같은 데이터이다.	도시 구성원들의 생생한 활동을 담아내는 '혈류(Blood Flow)' 와 같은 데이터이다.
작용 기술	거시적 변화의 방향성을 제시하는 '도시의 청사진' 과 같은 기술로 작용한다.	도시 공간의 활력을 실시간으로 감지하는 '도시의 혈관을 흐르는 혈액' 처럼 작용한다.
역할	도시 공간의 활력을 실시간으로 감지하는 '도시의 혈관을 흐르는 혈액' 처럼 작용한다.	공공 데이터의 빈틈을 메우고, 계획이 현실에서 어떻게 작동하는지 검증하는 보완적 역할을 한다.
장점	국토계획, 인구 통계 등 신뢰도가 매우 높으며, 투자의 안정적인 근거가 된다.	유동인구, 소비 패턴 등 실시간성과 역동성을 바탕으로 시장 변화를 가장 먼저 포착하게 해준다.
단점	수집 및 공개 주기가 길어, 도시의 실시간 동태적 변화를 반영하기 어렵다는 한계를 가진다.	데이터의 수집 주체에 따라 편향이 발생할 수 있으며, 데이터 확보에 비용이 발생될 수 있다.
도시부동산 투자 활용 예시	신설 지하철 노선 계획, 용도지역 변경 고시 등을 통해 미래 개발 계획을 예측하는 데 활용된다.	통신사 유동인구, 카드사 소비 패턴, SNS 여론 등을 분석하여 실질적인 상권의 활성화 정도를 파악하는 데 활용된다.

2.2. 가상사례: '서해안 스마트밸리' 배후 주거지 선정 프로젝트

[도약하는 서해안] 서산테크노밸리, '첨단 자동차 산업 클러스터 만든다' | 서울경제
https://www.sedaily.com/NewsView

1) 현안 과제: 정부의 '서해안 스마트밸리' 산업단지 조성 계획 발표 이후, 한 투자사가 AI 분석을 통해 최적의 배후 주거지를 발굴하는 가상 프로젝트를 가정한다.

2) 공공 데이터 기반 1차 후보지 선정: 투자 분석팀은 먼저 공공 데이터를 활용하여 거시적인 입지 조건을 만족하는 3개의 후보 지역을 선정했다.

(1) **분석 기준:**

- 물리적 거리: 스마트밸리 부지로부터 반경 10km 이내
- 교통 계획: 신설 예정인 광역도로 IC와의 접근성
- 도시 계획: 주거용지 개발이 가능한 용도지역으로 지정된 곳

(2) **1차 후보지:** A지구(기존 소도시), B지구(농경지), C지구(저층 주거 밀집지)

3) 민간 데이터 결합을 통한 2차 심층 분석: 다음으로 AI 분석 시스템 'URBAN-PULSE'를 통해 3개 후보지에 대한 민간 데이터를 결합, 실질적인 성장 잠재력을 심층적으로 분석했다.

(1) **분석 데이터:**

- 통신사 데이터: 주말 시간대 수도권에서 3개 후보지로 유입되는 차량의 출발지 분석
- 소셜미디어 데이터: 각 후보지 관련 키워드('카페', '맛집', '자연')의 언급량 및 감성 분석
- 온라인 검색 데이터: '서해안 스마트 밸리'와 각 후보지 지명이 함께 검색된 빈도수 분석

(2) **분석 결과:**

- A지구: 스마트 밸리와의 거리는 가깝지만, 유입 인구 대부분

이 50대 이상이며, 온라인상의 관심도도 가장 낮게 나타났다.

- B지구: 현재는 농경지이지만, 주말에 수도권 서남부(IT 기업 밀집 지역)에서 출발하는 30대 차량 유입이 꾸준히 관찰되었다. 이는 인근 저수지와 소규모 카페촌의 영향으로 분석되었다. 또한, '스마트 밸리'와 'B지구 전원주택' 키워드의 동시 검색 량이 3개월 만에 500% 급증한 것을 발견했다.
- C지구: 저렴한 주택 가격으로 인해 관심은 있으나, '교통 불편', '편의시설 부족' 등 부정적인 연관어가 다수 출현했다.

4) 최종 투자 결정 및 가상 결과:

공공 데이터만으로는 세 후보지의 우열을 가리기 어려웠으나, 민간 데이터는 스마트 밸리에 입주할 젊은 IT 직장인들의 잠재적 선호도가 B지구에 압도적으로 쏠리고 있음을 명확히 보여주었다.

구분	공공 데이터 분석(1차)	민간 데이터 결합 분석(2차)	비고
A지구 평가	유력 후보 (기반 시설 양호)	잠재력 낮음 (인구 고령화)	현재가치 〉 미래가치
B지구 평가	보통 (기반 시설 전무)	최우선 유망주 (잠재 수요 폭발)	현재가치 〈 미래가치
C지구 평가	가능성 있음 (지가 저렴)	위험도 높음 (부정 인식)	개발 난이도 상

최종 투자 (B지구)	초기 투자액	5년 후 예상 자산가치	주요 상승 요인
가상 결과	200억 원 (토지 매입)	750억 원	스마트 밸리 종사자 대상 고급 타운하우스 개발 성공

5) 투자 결론: 투자사는 AI의 융합 분석을 바탕으로 B지구의 토지를 선점 매입했고, 2년 후 스마트 밸리 분양이 시작되자 예상대로 젊은 직장인들의 주거 수요가 B지구로 몰리면서 막대한 개발 이익을 거두었다.

이 사례는 공공 데이터가 제시한 '가능성의 땅' 위에, 민간 데이터가 '확실한 성공의 길'을 그려 주었음을 명확히 보여준다. 이처럼 두 데이터의 화학적 결합은 미래 도시의 잠재력을 발견하는 가장 강력한 나침반이 되는 것이다.

3. 크롤링(Crawling)과 IoT 센서 데이터의 도시부동산 분야 활용과 가상사례

3.1. 도시부동산 관련 데이터를 수집하려면 웹 크롤링(Web Crawling)과 사물인터넷(IoT) 센서 데이터라는 두 가지 강력한 기술이 필요하다.

AI 시대의 도시부동산 분석은 더 이상 정적인 통계에 머무르지 않고, 살아 숨 쉬는 도시의 모든 순간을 포착하는 방향으로 진화하고 있다. 이러한 변화의 중심에는 웹 크롤링(Web Crawling)과 사물인터넷(IoT) 센서 데이터라는 두 가지 강력한 기술이 존재한다. 이 기술들은 기존의 데이터 수집 방식을 뛰어넘어, 도시의 가장 미시적이고 생생한 정보를 실시간으로 수집함으로써 부동산의 잠재 가치를 새로운 차원에서 조명하는 것이다.

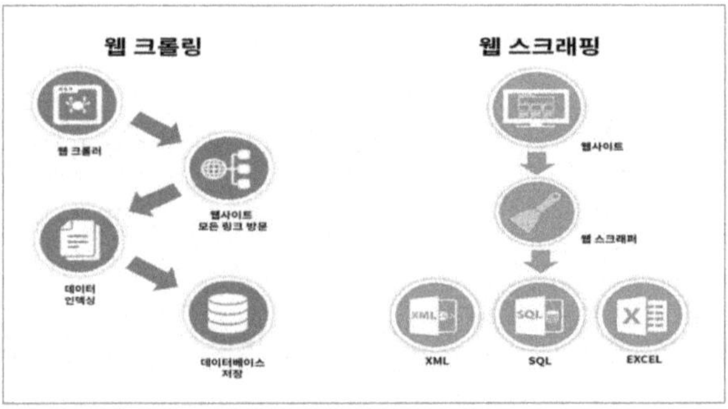

[Python] 웹 크롤링(Web Crawling)이란? : 네이버 블로그
https://m.blog.naver.com

■ [학습코너: 웹 크롤링(Web Crawling)이란?]

웹 크롤링(Web Crawling)은 자동화된 프로그램(크롤러 또는 스파이더라고도 함)을 사용하여 월드 와이드 웹(WWW)의 웹 페이지를 체계적으로 탐색하고 정보를 수집하는 과정이다. 이는 마치 거미가 거미줄을 타고 다니며 정보를 모으는 것과 유사하다고 볼 수 있다.

I. 크롤링의 주요 목적

- 웹 페이지의 콘텐츠 수집
- 웹 사이트의 구조 파악
- 웹 페이지 간의 링크 관계 분석
- 특정 정보의 추출 및 분석

II. 웹 크롤링의 작동 원리

- 시드 URL 설정: 크롤링을 시작할 초기 URL을 설정한다.
- 웹 페이지 다운로드: 해당 URL의 웹 페이지를 다운로드한다.
- 콘텐츠 파싱: 다운로드한 페이지의 HTML을 파싱하여 필요한 정보를 추출한다.
- 링크 추출: 페이지 내의 다른 링크들을 추출한다.
- URL 큐에 추가: 추출한 링크들을 URL 큐에 추가한다.
- 반복: 2~5 단계를 URL 큐가 비거나 정해진 조건을 만족할 때까지 반복한다.

웹 크롤링은 자동화된 로봇(bot)을 이용해 인터넷에 공개된 방대한 데이터를 수집하는 기술이다. 부동산 포털 사이트의 매물 정보, 지역 커뮤니티의 게시글, 블로그나 소셜미디어의 지역 관련 리뷰, 뉴스 기사 등을 주기적으로 수집하여 텍스트 데이터베이스를 구축한다.

AI는 이 데이터를 분석하여 특정 지역에 대한 사람들의 평판, 관심사의 변화, 새로운 상권의 형성 징후, 잠재적인 개발 호재나 리스크 등을 감지해낸다. 이는 공식 발표 이전에 시장의 미묘한 분위기 변화를 가장 먼저 포착할 수 있는 강력한 무기가 되는 것이다.

IoT 센서 데이터는 도시 곳곳에 설치된 센서를 통해 물리적 환경 정보를 직접 수집한다. 유동인구 측정 센서, 소음 및 공기 질 측정 센서, 스마트 가로등의 조도 센서, 주차장의 만차 여부를 감지하는 센서 등이 이에 해당한다. 이러한 데이터는 특정 거리나 건물의 실제 환경적 쾌적성, 안전성, 활력도를 객관적인 수치로 증명해준다. 예를 들어, 동일한 역세권이라도 실제 보행 량이 많고, 야간 조도가 밝으며, 소음이 적은 거리가 더 높은 상업적 가치를 지닌다는 것을 데이터로 입증할 수 있는 것이다.

결국 크롤링이 도시의 '온라인 여론'과 '사회적 맥락'을 수집한다면, IoT 센서는 '오프라인 현실'과 '물리적 환경'을 계량화한다. 이 두 가지 데이터의 융합은 특정 부동산의 가치를 다각적이고 현미경 수준으로 분석하여, 이전에는 결코 발견할 수 없었던 새로운 투자 인사이트를 제공하는 핵심 동력이 된다.

3.2. 가상사례: '성수동 골목길' 상권 가치 재발견 프로젝트

성수동의 시간이 뒤섞여 있는 골목: 문화 일반 서울, https://www.seouland.com

1) 크롤링과 IoT 센서 데이터 결합 발굴 과제: 한 데이터 기반 부동산 스타트 업이 전통적인 상권 분석 기법으로는 저평가되어 있던 서울 성수동의 한적한 골목길(가칭 '브루어리 로드')의 숨겨진 상업적 가치를 크롤링과 IoT 센서 데이터를 결합하여 발굴하는 가상 사례를 가정한다.

2) 데이터 수집(크롤링 & IoT 센서):

(1) 웹 크롤링:

- 대상: 인스타그램, 지역 블로그, 부동산 커뮤니티, 뉴스 기사
- 수집 데이터: '#성수동수제맥주', '#브루어리로드', '#성수팝업' 등 특정 키워드가 포함된 게시물 5만 건과 관련 텍스트, 위치 태그, 게시 시간 등을 3개월간 수집했다.
- 분석: 텍스트 마이닝을 통해 '힙하다', '새로운', '숨겨진' 등의 긍정적 감성 키워드가 특정 골목길 위치 태그와 함께 급증하고 있음을 발견했다. 또한, 주말 오후 시간대에 게시물이 집중되는 패턴을 확인했다.

(2) IoT 센서 데이터:

- 설치: 해당 골목길 주요 지점에 유동인구 측정 센서, 체류시간 분석용 와이파이 센서, 소음 측정 센서를 3개월간 시범 설치했다.
- 수집 데이터: 시간대별 보행 량, 평균 체류 시간, 주간/야간 소음 레벨(dB) 데이터를 수집했다.
- 분석: 공식적인 유동인구 통계에는 잡히지 않지만, 금요일 저녁부터 주말 오후까지 20-30대 보행 량이 폭발적으로 증가하며, 평균 체류 시간이 인근 대로변보다 2.5배 길다는 사실을 확인했다. 또한, 생활 소음이 아닌 기분 좋은 대화와 음악 소리가 주를 이루는 '긍정적 소음' 패턴을 발견했다.

3) **융합 분석 및 가치 재평가:** AI 모델을 통해 두 데이터를 융합 분석한 결과, '브루어리 로드'는 단순히 지나가는 길이 아니라, 특정 취향을 가진 소비자들이 의도적으로 찾아와 오랜 시간 머무는 '목적지형 상권'의 초기 특징을 명확히 보여주고 있었다.

4) **투자 전략 및 가상 결과:** 이 분석 결과를 바탕으로, 스타트 업은 저평가된 1층 소형 상가들을 선제적으로 매입하거나 임차하여, 개성 있는 소규모 브루어리, 편집샵, F&B 브랜드들을 유치하는 '골목길 큐레이팅' 전략을 실행했다.

분석 지표	대로변 상권 (A급지)	브루어리 로드 (초기)	브루어리 로드 (1년 후)	비고
공식 유동인구(일)	50,000명	5,000명	15,000명	IoT 데이터로 숨겨진 유동인구 발견
SNS 긍정 언급량(월)	1,200건	3,500건	9,800건	크롤링으로 '힙스터' 관심도 포착
평균 체류 시간	15분	40분	60분	와이파이 센서로 '목적지' 특성 증명
상가 공실률	5%	20%	2%	가치 재평가 후 공실률 급감
평균 임대료 (3.3㎡)	30만 원	12만 원	25만 원	저평가 자산의 가치 상승 실현

5) **결론:** 이 가상사례는 눈에 보이는 지표만으로는 파악할 수 없는 도시의 미시적 활력과 잠재력을 크롤링과 IoT 센서 데이터가 어떻게 발굴해내는지를 명확히 보여준다. AI는 온라인상의 버즈(buzz)와 오프라인상의 발걸음(footprint) 데이터를 결합하여, 버려진 골목길을 모두가 주목하는 보석으로 재 탄생시키는 환상적인 투자 기회를 현실로 만들어 낸 것이다.

4. 위성 이미지와 빅데이터를 활용한 상권 분석 기법과 가상 사례

4.1. 위성 이미지는 지역의 물리적 변화를 주기적이고 광범위하게 포착하는 능력을 제공

하늘에서 본 서울사진 공개, '여기'서 보세요! | 서울시 - 내 손안에 서울
https://mediahub.seoul.go.kr

과거의 상권 분석이 발 품을 팔아 유동인구를 세고, 주변 경쟁업체를 일일이 기록하는 아날로그 방식에 의존했다면, AI 시대의 상권 분석은 '하늘의 눈'인 위성 이미지와 도시의 모든 활동을 기록하는 빅데이터를 결합하여 신의 시점에서 상권을 조망하는 방식으로 진화하고 있다. 위성 이미지는 특정 지역의 물리적 변화를 주기적이고 광범위하게 포착하는 독보적인 능력을 제공하며, 여기에 이동통신, 신용카드, 소셜미디어 빅데이터를 겹쳐 분석함으로써 눈에 보이지 않는 상권의 활력과 잠재력을 정확하게 측정하는 것이다.

위성 이미지는 더 이상 군사적 목적이나 지도 제작에만 머무르지 않는다. 고해상도 위성 이미지를 시계열로 분석하면, 특정 상권의 건물 밀도 변화, 신축 건물의 수, 주차장의 차량 점유율, 옥상 녹화 면적, 심지어 야간의 불빛 밝기(야간 조도) 변화까지 정량적으로 측정할 수 있다. 예를 들어, 특정 골목의 야간 조도가 1년 사이에 눈에 띄게 밝아졌다면, 이는 새로운 가게들이 들어서고 영업시간이 길어졌다는 명백한 증거가 된다. 이처럼 위성 이미지는 현장에 가보지 않고도 상권의 물리적 성장과 쇠퇴를 객관적인 데이터로 파악하게 해주는 것이다.

여기에 빅데이터가 결합되면 분석의 깊이는 비약적으로 향상된다. 위성 이미지로 포착한 물리적 변화가 '결과'라면, 빅데이터는 그 '원인'과 '과정'을 설명해준다. 통신사 데이터는 어떤 연령대의 사람들이, 어디에서 와서, 얼마나 머무는지를 알려주고, 신용카드 데이터는 어떤 업종에서, 얼마만큼의 소비가 일어나는지를 증명한다. 소셜미디어 데이터는 사람들이 그 상권에 대해 어떤 감정과 이미지를 가지고 있는지를 보여준다. 결국, 위성 이미지를 통해 상권의 '그릇'이 어떻게 변하는지를 보고, 빅데이터를 통해 그 그릇에 무엇이, 어떻게 담기고 있는지를 파악할 때, 비로소 상권의 진정한 가치와 미래 성장성을 완벽하게 이해할 수 있게 되는 것이다.

■ 위성 이미지를 활용한 도시부동산 분석의 목표, 분석방법, 역할, 도시부동산 활용예시

구분	내용
목표	특정 지역의 물리적 변화를 주기적이고 광범위하게 포착하는 것을 목표로 한다.
분석 방법	고해상도 위성 이미지를 시계열로 분석하여 변화를 정량적으로 측정하는 방법을 사용한다.
역할	현장 방문 없이 상권의 물리적 성장과 쇠퇴를 객관적인 데이터로 파악하게 하는 역할을 수행한다.
도시부동산 활용 예시	특정 지역의 야간 조도(불빛 밝기) 변화를 통해 상권 활성화 정도를 간접적으로 추정하는 데 활용된다.

■ **위성 이미지와 빅데이터 결합을 통한 도시부동산 분석의 목표, 분석방법, 역할, 도시부동산 활용예시**

구분	내용
목표	물리적 변화와 인구 동태를 결합하여 눈에 보이지 않는 상권의 활력과 잠재력을 정확하게 측정하는 것을 목표로 한다.
분석 방법	위성 이미지로 포착한 물리적 변화(결과)에 이동통신, 신용카드 등 빅데이터를 겹쳐 그 원인과 과정을 분석하는 방법을 사용한다.
역할	위성 이미지가 상권이라는 '그릇'의 변화를 보여준다면, 빅데이터는 그 안에 담기는 '콘텐츠'를 설명하는 상호 보완적 역할을 수행한다.
도시부동산 활용 예시	신축 건물의 증가(위성 이미지)와 특정 연령대 유동인구의 유입(빅데이터)을 결합하여 상권의 성격 변화를 입체적으로 파악하는 데 활용된다.

3.2. 가상사례: 위성 데이터가 예측한 '망월지구'의 부상

하늘에서 본 서울사진 공개, '여기'서 보세요! | 서울시 - 내 손안에 서울, https://mediahub.seoul.go.kr

1) **위성 이미지와 빅데이터를 결합하여 분석:** 수도권의 오래된 공업 지역이었던 '망월지구'가 신흥 상권으로 부상하는 과정을 위성 이미지와 빅데이터를 결합하여 분석하는 가상 사례를 제시한다.

2) **위성 이미지 분석**(물리적 변화 포착):

AI 기반 위성 이미지 분석 플랫폼 'GEO-AI'를 통해 지난 3년간 망월지구의 변화를 분석했다.

(1) **야간 조도(Night Light) 분석:** 망월지구 중심부의 야간 조도 평균 밝기가 3년 전 대비 120% 증가한 것을 확인했다. 특히, 과거에는 암흑에 가까웠던 폐공장 주변 지역이 새로운 광원(光源) 클러스터로 변모한 것이 뚜렷하게 관측되었다.

(2) **건물 변화 탐지(Building Change Detection):** 3년간 총 57개의 낡은 공장 건물이 멸실되고, 그 자리에 78개의 새로운 저층 상업용 건물(카페, 레스토랑, 스튜디오 등)이 들어선 것을 탐지했다. 또한, 건물 옥상 녹화 면적이 300% 이상 증가한 것을 통해, 상업 공간의 질적 변화가 동반되고 있음을 확인했다.

(3) **주차 차량 분석:** 주말 오후 시간대, 위성 이미지에 포착된 주차 차량의 수가 3년 전 200여 대에서 최근 1,500여 대로 7배 이상 급증한 것을 통해, 외부 방문객의 폭발적 증가를 시각적으로 증명했다.

3) **빅데이터 융합 분석(변화의 동인 해석):**

'GEO-AI'의 물리적 변화 분석 결과에 통신사 및 카드사 데이터를 결합하여 변화의 성격을 규명했다.

(1) **방문객 프로파일링:** 망월지구를 방문하는 유동인구 중 20-30대 비중이 3년 전 25%에서 현재 65%로 역전되었으며, 이들의 주된 출발지가 강남, 판교 등 고소득 직장인이 밀집한 지역임을 확인했다.

(2) **소비 패턴 분석:** 전체 카드 매출액은 400% 증가했으며, 특히 F&B(식음료) 업종과 패션/디자인 관련 업종의 매출 비중이 70%를 차지하여, 망월지구가 단순 유흥 상권이 아닌 '라이프스타일 소비 중심 상권'으로 발전하고 있음을 입증했다.

4) 투자 결정 및 가상 결과:

이러한 융합 분석을 통해, 한 자산운용사는 망월지구의 성장 잠재력을 초기에 인지하고, 낡은 창고 건물을 매입하여 복합문화공간으로 리모델링하는 투자를 결정했다.

분석 지표	3년 전 (망월지구)	현재 (망월지구)	2년 후 예측 (투자 후)	분석 기술
야간 조도 지수	40	88	130	위성 이미지
주말 방문 차량(대)	200	1,500	3,500	위성 이미지
2030 유동인구 비율	25%	65%	75%	통신사 빅데이터
월평균 카드 매출액	10억 원	50억 원	120억 원	카드사 빅데이터
평균 임대료(3.3㎡)	8만 원	18만 원	35만 원	시장가치 변화

5) 결론: 이 가상사례는 하늘에서 내려다본 물리적 변화의 단서(위성 이미지)와 사람들의 실제 활동 데이터(빅데이터)가 어떻게 결합하여 아무도 주목하지 않던 잿빛 공장지대의 잠재력을 황금빛 기회로 바꾸어 놓았는지를 보여준다. AI를 통한 위성과 빅데이터의 융합 분석은 이제 도시의 숨겨진 보물 지도를 찾아내는 가장 혁신적이고 강력한 도구가 된 것이다.

5. 유동 인구 데이터로 예측하는 '뜨는 동네'의 조건 탐색과 가상사례

5.1. AI는 통신 기지국, 대중교통 카드, 와이파이 접속 기록 등에서 생성되는 유동 인구 데이터를 분석하여 도시의 활력을 실시간으로 측정하고 미래의 '뜨는 동네'를 예측한다.

도시의 흥망성쇠는 결국 사람의 발걸음에 의해 결정된다. 과거에는 특정 지역의 잠재력을 파악하기 위해 현장에서 직접 사람들의 움직임을 관찰하는 아날로그 방식에 의존했지만, 이제 AI는 통신 기지국, 대중교통

카드, 와이파이 접속 기록 등에서 생성되는 방대한 유동 인구 데이터를 분석하여 도시의 활력을 실시간으로 측정하고 미래의 '뜨는 동네'를 예측한다. 유동 인구 데이터는 단순히 얼마나 많은 사람이 오가는지를 넘어, 그들이 '누구이며', '어디에서 와서', '얼마나 머물고', '무엇을 하는지'에 대한 깊이 있는 정보를 담고 있기 때문이다.

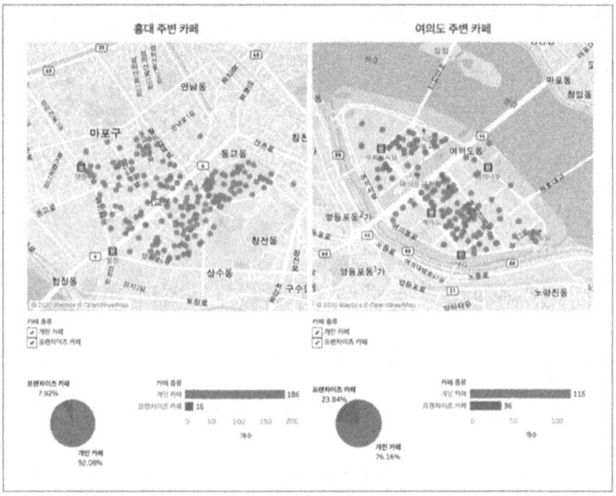

AI는 유동 인구 데이터에서 특정한 패턴을 발견함으로써 잠재력 있는 지역을 식별한다. 첫째, '체류 시간의 증가'는 가장 중요한 신호이다. 단순히 스쳐 지나가는 인구가 아닌, 특정 목적을 가지고 방문하여 오랜 시간 머무는 인구가 늘어난다는 것은 그 지역에 사람들을 끌어당기는 매력적인 콘텐츠(가게, 공원, 문화시설 등)가 생겨나고 있다는 강력한 증거가 된다.

둘째, '방문객의 다양성 확대'이다. 특정 연령대나 인근 주민 위주로 구성되었던 방문객 프로필이, 다양한 지역에서 찾아오는 다양한 연령층으로 다변화된다면 이는 해당 지역의 매력도가 특정 그룹을 넘어 보편적으로 확산되고 있음을 의미한다.

마지막으로 '활동 시간대의 변화' 역시 중요한 관찰 지점이다. 주중 낮 시간에만 붐비던 오피스 상권이 주말이나 저녁 시간에도 활기를 띠기 시작한다면, 이는 해당 지역의 기능이 단일 목적에서 복합적인 생활문화 공간으로 진화하고 있다는 청신호이다. 이처럼 AI는 유동 인구 데이터의 양적 변화 뿐만 아니라 질적 패턴의 변화를 입체적으로 분석하여, 이제 막 활력이 움트기 시작하는 '뜨는 동네'의 초기 징후를 과학적으로 포착하는 것이다.

5.2. 가상사례: 데이터로 발견한 '서부 능선마을'의 잠재력

1) **낙후주거지역의 재생과정:** 서울의 낙후된 주거지역으로 인식되던 '서부 능선마을'이 새로운 라이프스타일 중심지로 부상하는 과정을 유동 인구 데이터 기반 AI 분석 모델 'Flow-Caster'가 예측하는 가상 사례를 제시한다.

2) **분석 개요 및 데이터 수집:** 'Flow-Caster'는 지난 1년간 서울 전역의 행정동 단위 유동 인구 데이터를 분석했다. 분석 대상 데이터는 통신

[新택리지] 북한산 큰 숲·사람의 마을 은평, 서울 은평구 - 경향신문
https://www.khan.co.kr/article

사 기지국 데이터(성별, 연령, 거주지), 교통카드 데이터(이용 경로), 소셜미디어 위치 태그 데이터 등을 포함했다. 분석 결과, 대부분 지역의 데이터가 정체 상태를 보인 반면, '서부 능선마을'에서 통계적으로 유의미한 이상 신호(Anomaly)가 집중적으로 발견되었다.

3) **'서부 능선마을'의 유동 인구 패턴 변화(가상수치):** 체류 시간의 극적인 증가: 1년 전 '서부 능선마을'의 평균 체류 시간은 45분으로, 전형적인 통과형 주거지역의 특성을 보였다. 그러나 최근 3개월간 주말 오후 시간대(13시~18시) 평균 체류 시간이 150분으로 3배 이상 급증한 것이 확인되었다.

   (1) **방문객 프로필의 다변화:** 과거에는 반경 2km 이내 거주 40-50대 인구가 방문객의 80%를 차지했다. 하지만 최근에는 강남, 서초, 판교 등 원거리 고소득 지역에서 유입되는 20-30대 방문객 비중이 40%까지 치솟은 것으로 나타났다. 이는 목적성을 가진 '원정 방문객'이 급증하고 있음을 시사한다.

   (2) **주말 활동 인구의 폭증:** 평일 주간 대비 주말 유동인구 비율이 1년 전 70% 수준에서 최근 250% 수준으로 역전되는 현상이 발생했다. 이는 해당 지역이 일과 삶의 균형을 중시하는 젊은 세대의 새로운 주말 여가 공간으로 선택 받기 시작했음을 의미한다.

4) **예측 및 투자 전략:** 'Flow-Caster'는 이러한 데이터 변화를 종합하여 '서부 능선마을'이 자생적인 문화 콘텐츠(소규모 카페, 독립서점, 디자이너 공방 등)를 바탕으로 새로운 상권이 형성되는 초기 단계, 즉 '젠트리피케이션'의 극 초기 단계에 진입했다고 결론 내렸다.

분석 지표	1년 전 (서부 능선마을)	현재 (서부 능선마을)	2년 후 예측	데이터 소스
주말 평균 체류 시간	45분	150분	240분	통신사 데이터
원거리 방문객 비율	10% 미만	40%	60%	통신사 데이터
평일 대비 주말 인구	70%	250%	400%	교통카드 데이터
상업용지 공실률	18%	12%	3% 미만	시장 데이터
상가 임대료 지수	100	140	250	시장 데이터

5) 결론: 이 분석은 유동 인구 데이터의 미세한 변화가 어떻게 한 지역의 운명을 바꾸는 전조가 되는지를 명확히 보여준다. AI는 사람들의 발걸음이 남긴 데이터의 흔적 속에서 도시의 미래 지도를 먼저 읽어내고, 아무도 주목하지 않던 낡은 동네를 모두가 선망하는 '뜨는 동네'로 재 탄생시킬 환상적인 기회를 찾아내는 것이다.

6. 소셜 미디어 감성 분석(Sentiment Analysis)을 통한 지역 평판 및 선호도 변화와 가상사례

6.1. '소셜 미디어 감성 분석'은 블로그, 인스타그램, 유튜브 댓글 등에서 특정 지역과 관련된 키워드를 추출하고, 자연어 처리(NLP) 기술을 통해 그 내용의 가치를 판별하는 기술

도시의 가치는 단순히 물리적인 건물과 인프라의 총합이 아니라, 그곳을 경험하고 이야기하는 사람들의 '인식'과 '평판'에 의해 크게 좌우된다. 과거에는 이러한 무형의 자산을 측정하기 어려웠지만, AI 시대에는 소셜 미디어에 쏟아지는 수십억 개의 텍스트를 분석하여 지역에 대한 대중의 감정과 선호도 변화를 과학적으로 측정하는 것이 가능 해졌다.

소셜 미디어 감성분석을 통한 주가 예측 - Hello, world! I'm JunPyoPark
https://junpyopark.github.io

'소셜 미디어 감성 분석(Sentiment Analysis)'은 블로그, 인스타그램, 유튜브 댓글 등에서 특정 지역과 관련된 키워드를 추출하고, 자연어 처리(NLP) 기술을 통해 그 내용이 긍정적인지, 부정적인지, 혹은 중립적인지를 판별하는 기술이다.

고객 감성 분석이란 무엇인가? 용도와 응용, https://www.delve.ai/ko/blog

AI 감성 분석은 도시의 보이지 않는 '매력 자본'을 수치 화한다. 예를 들어, 특정 동네에 대해 '힙 하다', '분위기 좋은', '살고 싶다'와 같은 긍정적 표현이 급증한다면, 이는 해당 지역의 선호도가 높아지고 있다는 명백한 신호가 된다. 반대로 '치안 불안', '교통 지옥', '시끄러운' 등의 부정적 단어가 증가한다면 잠재적인 리스크를 감지할 수 있다. 이러한 분석은 단순한 언급 량(buzz)을 넘어, 여론의 질적 변화를 추적함으로써 부동산 가치 변동의 선행 지표 역할을 수행하는 것이다.

특히, 감성 분석은 정부의 공식 발표나 통계 데이터보다 한발 앞서 변화의 미세한 흐름을 포착하는 데 탁월한 능력을 보인다. 새로운 카페나 문화 공간이 생긴 후 사람들의 반응이 어떻게 변하는지, 특정 개발 계획에 대한 주민들의 실제 여론은 어떠 한지 등을 실시간으로 파악할 수 있다. 결국, 소셜 미디어 감성 분석은 도시의 물리적 공간을 넘어 그곳에 담긴 사회적, 문화적 맥락을 읽어내는 강력한 도구이며, 이를 통해 투자자는 데이터에 기반하여 지역의 미래 평판을 예측하고 새로운 기회를 선점할 수 있게 되는 것이다.

■ **소셜 미디어 감성 분석(Sentiment Analysis)의 목표, 분석방법, 역할, 도시부동산 활용예시**

구분	내용
목표	특정 지역에 대한 대중의 감정과 선호도 변화를 과학적으로 측정하고, 도시의 보이지 않는 '매력 자본'을 수치 화하는 것을 목표로 한다.
분석 방법	소셜 미디어 텍스트에서 지역 관련 키워드를 추출하고 자연어 처리(NLP) 기술을 통해 해당 내용의 긍정, 부정, 중립을 판별하는 방법을 사용한다.
역할	여론의 질적 변화를 추적하여 부동산 가치 변동의 선행 지표 역할을 수행하며, 도시의 사회·문화적 맥락을 읽어내는 강력한 분석 도구가 된다.
도시부동산 활용 예시	'힙하다', '살고 싶다' 등 긍정 표현의 급증을 통해 지역 선호도 상승 신호를 포착하거나, '치안 불안' 등 부정 표현 증가로 잠재 리스크를 감지하는 데 활용된다.

6.2. 가상사례: 낡은 공업도시 '회색 시'의 변신을 감지한 AI

1) **감성분석모델 분석:** 과거 대한민국 경제 성장을 이끌었지만 이제는 쇠락한 공업도시로 인식되던 '회색 시'의 평판 변화를 AI 감성 분석 모델 'ECHO-AI'가 포착하는 가상 사례를 제시한다.

대한민국 핵심 공업도시들이 가라 앉는다. YouTube도시연구소

2) **초기 평판 분석(2년 전):** 'ECHO-AI'가 2년 전 '회색시' 관련 소셜 미디어 데이터 100만 건을 분석한 결과, 도시의 평판은 매우 부정적이었다.

(1) **주요 연관 키워드:** '매연', '공장', '노잼도시', '칙칙한', '떠나고 싶은' 등 부정적 단어가 전체의 75%를 차지했다.

(2) **감성 점수:** 긍정(15%), 부정(75%), 중립(10%)으로, 도시 전반에 대한 비관적인 인식이 지배적이었다.

3) **변화의 신호 포착(최근 6개월):** 그러나 최근 6개월간의 데이터를 분석한 'ECHO-AI'는 의미 있는 변화의 흐름을 감지했다. 시 정부의 공식적인 도시재생 발표 이전에, 자생적인 변화가 시작되고 있었던 것이다.

(1) **긍정 키워드의 출현:** 폐공장을 개조한 카페나 갤러리가 들어선 특정 지역('용광로 1길')을 중심으로 '#레트로감성', '#인생샷명소', '#공단뷰카페', '#숨겨진맛집' 등의 새로운 긍정 키워드가 급증하기 시작했다.

(2) **감성 주체의 변화:** 과거에는 '회색시' 출신 40-50대의 향수 어린 글이 대부분이었으나, 최근에는 서울 및 수도권에 거주하는 20-30대 방문객들의 긍정적 후기가 전체 트래픽의 50%를 차지하게 되었다.

(3) **감성 점수의 반전:** 특히 '용광로 1길' 지역에 대한 감성 분석 결과는 긍정(65%), 부정(15%), 중립(20%)으로, 도시 전체의 부정적 평판과 완전히 상반된 양상을 보였다.

4) **투자 전략 수립 및 가상 결과:** 이 분석을 통해, 한 투자사는 '회색 시' 전체가 아닌 '용광로 1길'의 성장 잠재력에 집중했다. AI는 이 지역의 긍정 평판이 확산될 경우, 3년 내 도시 전체의 이미지를 견인하는 핵심 상권으로 성장할 것이라 예측했다.

분석 지표	2년 전 (회색 시 전체)	최근 6개월 (용광로 1길)	2년 후 예측 (용광로 1길)	분석 기술
긍정 감성 비율	15%	65%	80%	자연어 처리(NLP)
핵심 긍정 키워드	(없음)	레트로, 인생샷, 힙스터	문화, 예술, 로컬	텍스트 마이닝
주요 관심 그룹	4050 지역 연고자	2030 수도권 방문객	전국적 방문객	소셜 네트워크 분석
부동산 가치 지수	100	110(저평가)	220	시장 데이터 연동

5) **결론:** 투자사는 '용광로 1길'의 낡은 상가 건물을 저렴하게 매입하여 아티스트 레지던시 및 복합문화공간으로 개발했다. 1년 후, 이곳이 소셜 미디어를 통해 '힙스터들의 성지'로 알려지면서 부동산 가치는 예측치를 상회하여 급등했다. 이 사례는 사람들이 온라인에 남긴 감정의 조각들이 어떻게 도시의 운명을 바꾸는 거대한 파도의 시작을 알리는지를 명확히 보여준다. AI 감성 분석은 바로 그 파도를 가장 먼저 발견하는 가장 정밀한 레이더인 것이다.

주제 3

도시 데이터, AI 투자의 나침반이 되다

1. 용도지역, 건폐율, 용적률 등 도시부동산 정보의 데이터화 과정과 가상사례

1.1. 도시부동산 정보의 데이터화 과정의 첫 단계는 텍스트로 된 법규를 구조 화하는 것이다

도시부동산의 잠재적 가치를 결정하는 가장 근본적인 요소는 눈에 보이지 않는 '규제'에 있다. 특히 용도지역(zoning), 건폐율(building coverage ratio), 용적률(floor area ratio)과 같은 도시계획과 도시부동산 정보는 특정

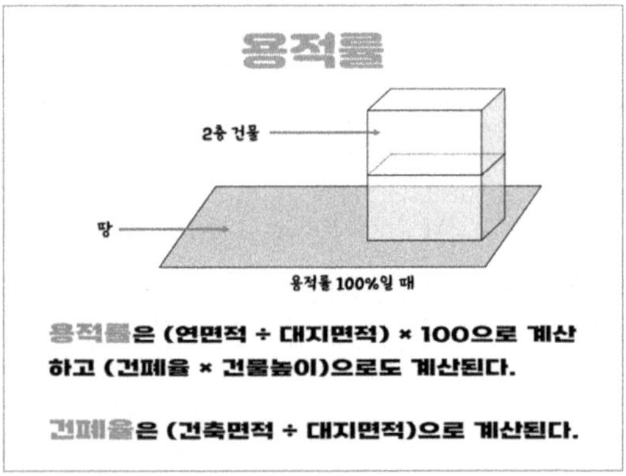

용적률, 대지지분 중요한 이유, 계산: 네이버 블로그, https://m.blog.naver.com

토지에 지을 수 있는 건물의 종류와 규모를 규정하는 핵심적인 법적 제약 조건이다. AI를 활용한 부동산 분석의 진정한 힘은 바로 이러한 복잡하고 파편화된 규제 정보들을 체계적인 '데이터'로 변환하고, 이를 통해 숨겨진 개발 잠재력을 정량적으로 계산해내는 데서 발현되는 것이다.

서울시 용도지역별 용적률 현황 단위: %

분류		용적률 상한
전용주거지역	1종	100
	2종	120
일반주거지역	1종	150
	2종	200
	3종	250
준주거지역	-	400
상업지역	일반	800
	중심	1000

제1종/2종/3종 일반주거지역 용적률 건폐율 차이: 네이버 블로그
https://m.blog.naver.com

데이터화 과정의 첫 단계는 텍스트로 된 법규를 구조화하는 것이다. '국토의 계획 및 이용에 관한 법률'과 각 지방자치단체의 도시계획조례에 흩어져 있는 용도지역별 건축 가능 행위, 건폐율 및 용적률의 상한선 등을 추출하여 컴퓨터가 이해할 수 있는 형태의 데이터베이스로 구축한다. 예를 들어, '제2종 일반주거지역'이라는 텍스트는 '주거지역'이라는 상위

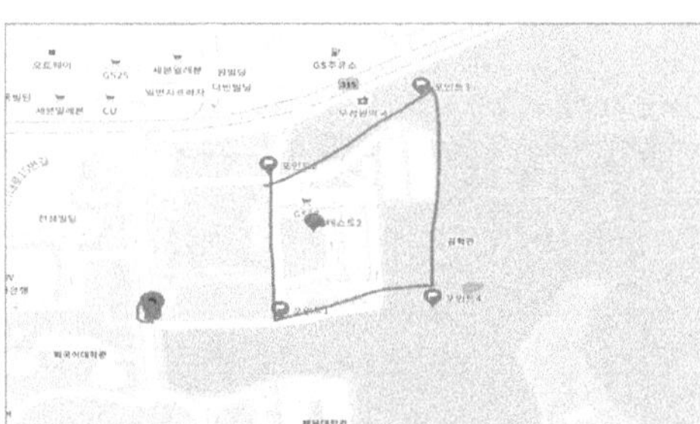

[python] 위도 경도 좌표 polygon 안/밖 유무 확인하기, shapelyhttps://incastle-study.tistory.com

카테고리와 '아파트 건축 가능'이라는 속성, '건폐율 60% 이하', '용적률 250% 이하'라는 구체적인 수치 제약과 연결되는 방식으로 구조화된다.

다음 단계는 도형 형태의 지도를 디지털 좌표로 변환하는 작업이다. 도시관리계획 결정도면에 그려진 각양각색의 용도지역 경계선을 GIS(지리정보시스템)를 통해 위경도 좌표를 가진 디지털 폴리곤(polygon) 데이터로 변환한다.

이렇게 생성된 디지털 지도 위에 토지의 고유 식별 번호인 필지 데이터를 겹치면, 대한민국 모든 토지는 자신이 어떤 용도지역에 속하며, 어떤 규제를 받는지를 명확한 데이터로 갖게 된다. 이처럼 법규의 텍스트와 지도의 도형이 만나 하나의 완결된 데이터셋으로 통합될 때, AI는 비로소 특정 부지의 개발 잠재력을 0.1%의 오차까지 계산해낼 수 있는 것이다.

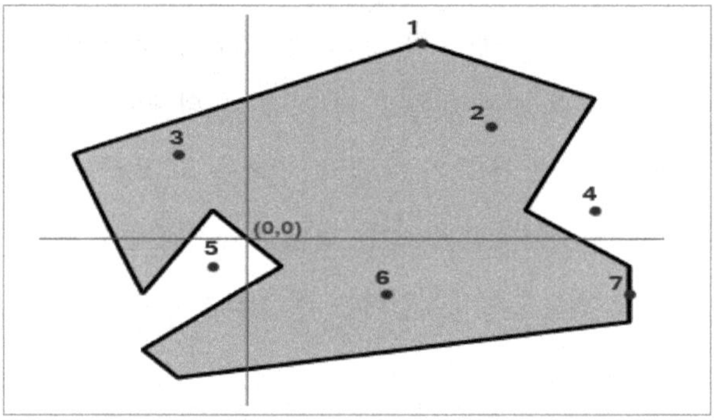

폴리곤 좌표와 검색할 좌표를 비교하여 해당 좌표가 폴리곤안에 들어와있는지 확인하는 PHP & Javascript함수 (point-in- polygon 알고리즘), https://burndogfather.com

■ **도시부동산 정보의 데이터화 과정 단계별 목표, 분석방법, 역할, 도시부동산 활용예시**

구분	1단계: 법규 텍스트의 구조화	2단계: 지도 도형의 디지털화
목표	복잡한 도시계획 법규를 컴퓨터가 이해할 수 있는 체계적인 데이터베이스로 변환하는 것을 목표로 한다.	도형 형태의 용도지역 지도를 위경도 좌표를 가진 디지털 데이터로 변환하는 것을 목표로 한다.
분석 방법	법률 및 조례 텍스트에서 용도지역별 행위 제한, 건폐율, 용적률 상한선 등을 추출하여 데이터베이스로 구축한다.	GIS를 활용하여 용도지역 경계선을 디지털 폴리곤으로 만들고 필지 데이터와 중첩 시키는 방법을 사용한다.
역할	각 필지에 적용될 법적 제약 조건을 정량적인 데이터로 정의하는 foundational 역할을 수행한다.	모든 토지의 위치와 규제 정보를 명확하게 연결하여 완결된 데이터셋을 구축하는 역할을 한다.
도시부동산 활용 예시	'제2종 일반주거지역'이라는 명칭만으로 '용적률 250% 이하'라는 구체적인 수치 제약을 자동으로 연결하는 데 활용된다.	특정 필지의 위치를 기반으로 적용되는 용도지역을 자동으로 식별하고 개발 잠재력을 정밀하게 계산하는 데 활용된다.

1.2. 가상사례: AI가 계산한 '종로구 노후 단독주택'의 숨겨진 가치

노후 빌라촌 정비' 뉴빌리지 사업, 종로 옥인동 등 전국 32곳 선정 | 연합뉴스

1) 현안 과제: 서울시 종로구에 위치한, 겉보기에는 평범한 대지 200㎡의 노후 단독주택 필지에 대한 데이터화 및 잠재력 분석 가상사례를 제시한다.

서울시, 도시계획 조례 전면 손본다…"시민 이해 쉽게 재정비" | 아주경제
https://www.ajunews.com

2) 규제 정보의 데이터화: AI 분석 시스템 'LAND-AI'는 해당 필지의 주소(종로구 OO동 123-45)를 기반으로 관련 규제 정보를 데이터베이스에서 자동으로 추출하고 결합했다.

(1) Step 1: 용도지역 식별

- GIS 공간 분석을 통해 해당 필지가 '제2종 일반주거지역' 경계선 내에 완전히 포함됨을 확인하고, 'Zoning_Code: R2'로 데이터를 할당한다.

(2) Step 2: 법규 데이터 매칭

- 'Zoning_Code: R2'를 기준으로 서울특별시 도시계획조례 데이터베이스를 조회한다.
- 해당 용도지역의 건폐율 상한('BTL_Max: 60%')과 용적률 상한('FAR_Max: 250%') 데이터를 필지 정보에 결합시킨다.

(3) Step 3: 현황 데이터 입력

- 건축물대장 데이터를 연동하여 현재 건물의 건축면적('BTL_Current: 80㎡')과 연면적('FAR_Current: 150㎡') 데이터를 입력한다.

3) 개발 잠재력 정량 분석(데이터 기반 계산): 데이터화가 완료되자, 'LAND-AI'는 저장된 수치를 바탕으로 해당 필지의 최대 개발 가능 규모와 현재 상태의 격차, 즉 '숨겨진 잠재력'을 1초 만에 계산해냈다.

분석 항목	법적 상한 (데이터 화된 규제)	현재 상태 (데이터 화된 현황)	개발 잠재력 (AI 계산 결과)
용도지역	제2종 일반주거지역	제2종 일반주거지역	
대지면적	200㎡	200㎡	-
건폐율	60% (최대 120㎡까지 건축 가능)	40%(80㎡)	추가 확보 가능 면적: 40㎡
용적률	250% (최대 500㎡까지 건축 가능)	75%(150㎡)	추가 확보 가능 면적: 350㎡

4) 투자 인사이트 도출:

'LAND-AI'는 이 분석 결과를 바탕으로 다음과 같은 투자 인사이트를 제시했다.

(1) 결론: 현재 이 주택은 법적으로 허용된 용적률의 단 30%만을 사용하고 있어, 재건축 시 현재보다 3.3배(500㎡/150㎡) 더 넓은 연면적을 확보할 수 있는 엄청난 잠재력을 가지고 있다.

(2) 투자 전략: 이 부지를 매입하여 기존 주택을 허물고, 최대 용적률을 적용하여 5층 규모의 다세대주택 또는 상가주택(근린생활시설 포함)을 신축하는 것이 최적의 투자 전략이 된다. 이는 단순한 리모델링과는 차원이 다른, 폭발적인 가치 상승을 기대할 수 있는 기회인 것이다.

5) 결론: 이 가상사례는 복잡한 법률과 지도가 어떻게 명료한 숫자로 데이터 화되고, 이를 통해 AI가 낡은 주택의 잠재 가치를 정확히 계산해내는지를 보여준다. 도시계획 정보의 데이터화는 바로 잠들어 있는

도시의 자산을 깨워 새로운 가치를 창출하는 가장 과학적이고 강력한 첫걸음이 되는 것이다.

2. 3D 도시 모델링을 활용한 일조권, 조망권 분석과 가상사례

2.1. 조망권과 일조권과 같은 3차원적이고 환경적인 요소가 삶의 질과 자산 가치에 지대한 영향을 미친다.

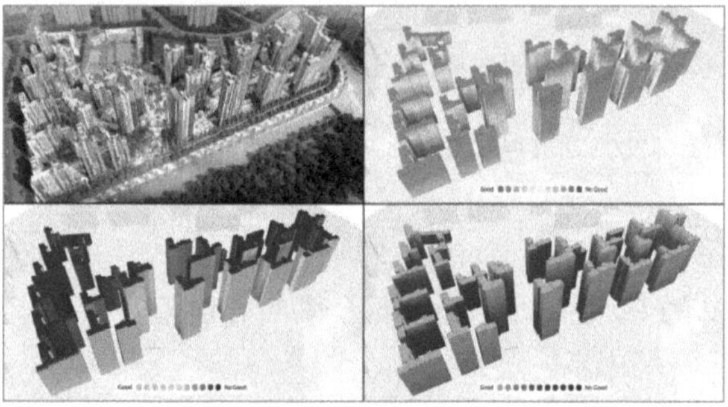

GS건설 1호 사내벤처, 아파트 조망·일조권 분석 앱 '스택' 출시 - 뉴스핌, https://www.newspim.com

부동산의 가치는 단순히 면적이나 위치와 같은 2차원적 정보만으로 결정되지 않는다. 창밖으로 어떤 풍경이 펼쳐지는지(조망권), 하루에 햇빛이 얼마나 들어오는지(일조권)와 같은 3차원적이고 환경적인 요소가 삶의 질과 자산 가치에 지대한 영향을 미친다.

과거에는 이러한 요소들을 경험적이고 주관적으로 판단할 수밖에 없었지만, AI시대에는 3D 도시 모델링 기술을 통해 도시 전체를 가상 공간에 정밀하게 복제하고, 빛과 시야를 과학적으로 시뮬레이션 하여 보이지 않던 가치를 객관적인 데이터로 증명하는 것이 가능 해졌다.

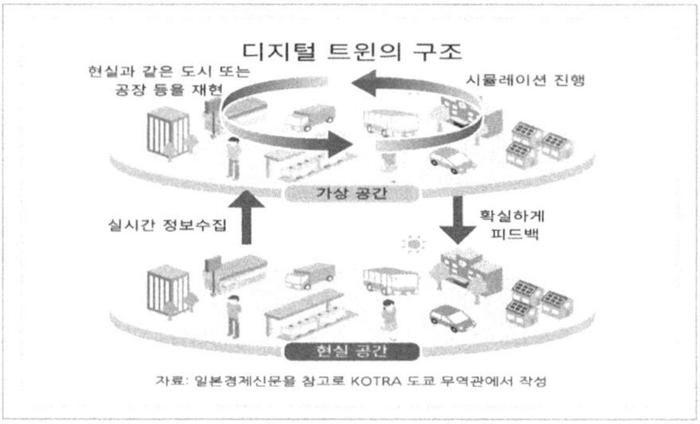

디지털 트윈(Digital Twin)이란?, https://catchkorea.com

3D 도시 모델링은 항공 라이다(LiDAR) 측량 데이터, 지적도, 건축물 대장 정보 등을 결합하여 실제 도시와 똑같은 모습의 디지털 트윈(Digital Twin)을 구축하는 기술이다. 이 가상의 도시 속에서는 실제 세계와 동일한 태양의 궤적을 시뮬레이션 할 수 있다. 예를 들어, 동지를 기준으로 특정 아파트의 특정 세대에 하루 총 몇 시간의 직사광선이 들어오는지, 주변 건물의 그림자에 의해 햇빛이 가려지는 시간은 언제 인지를 분 단위까지 정확하게 계산해낼 수 있다. 이는 일조권 침해 여부를 사전에 예측하고, 건물의 배치나 설계를 최적화하여 자산 가치를 극대화하는 강력한 도구가 된다.

사이버 공간서 조망권 분석"…가상공간에 서울시 탄생 | 중앙일보
https://www.joongang.co.kr/article

조망 권 분석 역시 마찬가지이다. 가상 도시 모델 안에서 특정 세대의 창문 위치를 시점(View Point)으로 설정하고, 시야를 가로막는 건물이나 지형지물을 분석하여 실제와 동일한 조망을 시뮬레이션 한다. 이를 통해 '파노라마 한강 뷰', '영구 녹지 조망' 등의 추상적인 마케팅 문구를 '총 시야 각 180도 중 수평선 조망 확보율 75%', '주요 조망 지점까지의 개방 거리 2km'와 같이 구체적인 수치로 정량 화할 수 있다. 이처럼 3D 도시 모델링은 일조권과 조망권이라는 무형의 가치를 정량적 데이터로 전환하여, 부동산의 잠재력을 더욱 과학적이고 정밀하게 평가하는 새로운 기준을 제시하는 것이다.

■ **3D 도시 모델링을 활용한 일조권 및 조망권의 목표, 분석방법, 역할, 도시부동산 활용예시 비교표**

구분	일조권 분석 (Insolation Rights Analysis)	조망권 분석 (View Rights Analysis)
목표	특정 세대의 일조량을 분 단위까지 정확하게 계산하고, 일조권 침해 여부를 사전에 예측하는 것을 목표로 한다.	'파노라마 뷰' 등 추상적인 조망 가치를 객관적이고 구체적인 수치로 정량 화하는 것을 목표로 한다.
분석 방법	디지털 트윈 내에서 실제 태양의 궤적을 시뮬레이션 하여 특정 시점의 직사광선 유입량과 그림자 영향을 계산한다.	가상 모델 내 특정 창문을 시점(View Point)으로 설정하고 시야를 가로막는 장애물을 분석하여 가시 영역을 도출한다.
역할	건물의 배치나 설계를 최적화하여 자산 가치를 극대화하고, 법적 분쟁을 예방하는 과학적 예측 도구의 역할을 한다.	무형의 조망 가치를 정량적 데이터로 전환하여, 부동산의 잠재력을 정밀하게 평가하는 새로운 기준을 제시하는 역할을 한다.
도시부동산 활용 예시	동지를 기준으로 신축 건물이 주변 건물의 총 일조 시간을 얼마나 감소시키는지 시뮬레이션 하는 데 활용된다.	'한강 조망 확보율 75%'와 같이, 특정 세대에서 주요 조망 대상이 시야에서 차지하는 비율을 수치 화하는 데 활용된다.

2.2. 가상사례: 신축 주상복합 '더 스카이'의 조망 권 가치 정량화

마포 더힐 스카이 이대역 대흥동 아파트 공급정보: 네이버 블로그
https://blog.naver.com

1) **현안 과제:** 서울 마포구에 새롭게 들어설 40층 규모의 주상복합 아파트 '더 스카이'의 특정 호실(2501호)에 대한 조망권 가치를 3D 도시 모델링 AI 'VIEW-AI'로 분석하는 가상 사례를 제시한다.

2) **3D 가상 도시 구축 및 시뮬레이션:** 'VIEW-AI'는 서울시의 3D 공간정보 데이터를 기반으로 '더 스카이'가 들어설 위치 주변 반경 3km의 모든 건물과 지형을 포함한 디지털 트윈을 생성했다. 이후, '더 스카이'의 3D 설계 모델을 가상 도시에 배치하고, 분석 대상인 2501호의 거실 창문 중앙을 시점으로 설정하여 조망 분석을 실행했다.

3) **조망 권 정량 분석(가상수치):** 'VIEW-AI'는 2501호의 창문을 통해 보이는 풍경을 여러 지표로 나누어 정량 화했다.

  (1) **개방 감 지수(Openness Index):** 전체 시야 각(120도) 중 다른 건물이나 산에 의해 가려지지 않는 하늘의 비율을 계산한 결과 '85%'로, 매우 우수한 수준으로 평가되었다.

(2) 주요 조망 대상 분석(Target View Analysis):

- 한강 조망 확보율: 창문 좌측에서 한강이 보이기 시작하여 우측까지 이어지는 수평 각도가 총 35도를 차지하는 것으로 분석되었다. 이는 전체 시야의 약 29%에 해당하며, '파노라마 리버뷰'로 평가할 수 있는 근거가 된다.
- 공원 조망 확보율: 전면에 위치한 월드컵공원의 녹지 조망이 수평 각도 40도, 수직 각도 15도를 차지하여, 안정적인 '그린뷰'를 영구적으로 확보하고 있음을 확인했다.
- 도심 야경 조망: 여의도 방면의 스카이라인이 시야에 포함되어, 야간 조망의 가치가 높을 것으로 예측되었다.

4) 조망 가치의 화폐화 및 결론:

'VIEW-AI'는 유사 입지에서 조망권 여부에 따른 과거 부동산 실거래가 빅데이터를 학습한 모델을 통해, 2501호의 조망권이 분양가에 미치는 영향을 화폐 가치로 환산했다.

분석 지표	2501호 (고층, 한강 뷰)	501호 (저층, 건물 뷰)	가치 차이	분석 기술
개방감 지수	85%	30%	+55%p	3D Vistashed Analysis
한강 조망 확보율	29%	0%	+29%p	3D Ray-casting
녹지 조망 확보율	33%	5%	+28%p	3D Ray-casting
조망권 프리미엄 (AI추정)	분양가의 18% (약 3억 6천만 원)	분양가의 2% (약 4천만 원)	약 3억 2천만 원	Hedonic Price Model

5) 결론: 이 가상사례는 3D 도시 모델링 기술이 어떻게 '전망 좋다'는 막연한 표현을 '3억 2천만 원'이라는 구체적인 자산 가치로 증명해내는지를 명확히 보여준다. AI는 가상의 공간에서 빛과 시야를 미리 계산

함으로써, 미래에 지어질 건물의 보이지 않는 가치를 정확하게 예측하고, 투자자와 소비자에게 가장 과학적이고 신뢰도 높은 의사결정의 근거를 제공하는 것이다.

3. 도시 인프라(도로, 지하철, 공원) 데이터가 투자 수익률에 미치는 영향 분석과 가상사례

3.1. 도시 인프라는 도시의 혈관이자 뼈대로, 부동산의 가치를 결정하는 가장 강력하고 직접적인 변수다.

도로·철도 활용 선형공원···지역 활성화, 부지 매입비 절감 .. [라펜트 조경뉴스]
https://www.lafent.com/inews

도시 인프라는 도시의 혈관이자 뼈대로, 부동산의 가치를 결정하는 가장 강력하고 직접적인 변수다. 특히 도로, 지하철과 같은 교통 인프라는 접근성(Accessibility)을 획기적으로 개선하여 도시 공간의 가치를 재편하고, 공원과 같은 녹지 인프라는 쾌적성(Amenity)을 높여 삶의 질과 주거 선호도를 결정한다. 인공지능(AI) 시대의 부동산 투자는 이러한 인프라 데이터를 정밀하게 계량화하고, 인프라의 신설 및 확충이 미래 투자 수익률에 미칠 영향을 과학적으로 예측하는 것에서부터 시작된다.

지리정보(GIS) 활용한 토지분석 개발 플랫폼 -토지프로- - 매경부동산+
https://re.mk.co.kr/news

AI는 GIS(지리정보시스템)를 기반으로 특정 부동산과 주요 인프라 간의 관계를 다각적으로 분석한다. 지하철역과의 관계는 단순히 직선거리만을 측정하는 것을 넘어, 실제 도보 경로, 경사도, 횡단보도 대기 시간까지 고려한 '실질 도보 시간'을 계산하여 접근성의 가치를 세밀하게 평가한다. 도로 데이터의 경우, 상습 정체 구간, 교차로 신호 체계, 주요 업무지구까지의 평균 이동 시간 등을 분석하여 차량 접근성의 효율성을 측정한다.

공원과 같은 녹지 인프라의 영향력 또한 정량적으로 분석된다. 특정 주거지에서 공원까지의 거리 뿐만 아니라, 공원의 전체 면적, 내부 시설(산책로, 호수, 운동 시설 등)의 다양성, 그리고 창문을 통해 공원을 직접 조망할 수 있는지(녹지 조망 권) 여부까지 데이터 화하여 가치를 산정한다. 이처럼 AI는 도시 인프라를 단순한 유무의 개념이 아닌, 다 차원적인 속성을 가진 데이터로 해석하고, 이러한 데이터들이 복합적으로 작용하여 부동산 가치, 나아가 최종 투자 수익률에 어떤 영향을 미치는지에 대한 정밀한 예측 모델을 구축하는 것이다.

3.2. 가상사례: 신설 '테크노파크역' 주변 다세대주택 투자 수익률 예측

낙후된 주거지역 언론사뷰, https://v.daum.net

1) 현안 과제: 수도권 외곽의 낙후된 주거지역이었던 '중앙동'에 신규 지하철역인 '테크노파크역'이 들어서는 상황을 가정하고, AI 분석 모델 'INFRA-VALUE'가 인프라 개선 효과를 예측하는 가상 사례를 제시한다.

2) 분석 대상 및 데이터 입력:

(1) 분석 대상: 테크노파크역 예정지로부터 500m 반경 내에 위치한 대지면적 150㎡, 연면적 250㎡의 20년 된 다세대주택

(2) 인프라 데이터 입력(Before → After):

- 지하철 접근성: 가장 가까운 '구도심역'까지 버스로 20분 소요 → '테크노파크역'까지 도보 5분으로 변경
- 업무지구 접근성: 강남 업무지구(GBD)까지 대중교통 70분 소요 → 환승 없이 35분으로 단축
- 공원 접근성: 역 신설과 함께 20,000㎡ 규모의 역세권 공원이 조성되는 계획을 추가 입력

3) AI의 수익률 영향 분석(가상수치):

'INFRA-VALUE'는 과거 유사한 조건(수도권, 비역세권→역세권)의 인프라 개선 사례 1만 건을 학습한 회귀분석 모델을 통해, 각 인프라 요소

가 부동산 가치 상승에 기여하는 정도를 개별적으로 계산하고 이를 종합했다.

인프라 개선 요소	세부 내용	AI 예측 가치 상승 기여도	비고
지하철 접근성 개선	비역세권 → 초역세권(도보 5분)	+25%	가장 결정적인 상승 요인
업무지구 접근성 개선	GBD까지 소요 시간 50% 단축	+15%	직주근접 수요층 유입 효과
녹지 인프라 확충	역세권 공원 (2만㎡) 신설	+8%	주거 쾌적성 및 삶의 질 향상
종합 예측	-	총 48%의 가치 상승	각 요소의 시너지 효과 반영

4) 최종 투자 수익률 예측 및 결론:

이를 바탕으로 'INFRA-VALUE'는 향후 5년간의 투자 수익률을 시뮬레이션 했다.

분석 항목	현재 (역 개통 전)	5년 후 (역 개통 및 안정화)	분석 결과
대상 주택 가치	5억 원	7억 4천만 원 (48% 상승)	AI 예측치 반영
예상 취득/보유/양도세	-	약 8천만 원	-
최종 투자 수익금	-	1억 6천만 원	(7.4억 - 5억 - 0.8억)
연평균 투자 수익률	-	6.4% (1.6억/5억/5년)	안정적 고수익 투자로 평가

5) 결론: 이 가상사례는 도시 인프라 계획이라는 공공 데이터가 AI의 정량적 분석을 통해 어떻게 구체적인 투자 수익률 예측으로 이어지는지를 명확히 보여준다. AI는 지하철, 도로, 공원 등 개별 인프라가 가

진 잠재 가치를 숫자로 변환하고, 이들이 결합했을 때 발생하는 시너지 효과까지 계산해낸다. 결국, 미래 도시의 청사진 속에 숨겨진 부의 기회를 가장 먼저 발견하고 선점하는 능력은 바로 이 인프라 데이터를 얼마나 과학적으로 해석하는가에 달려 있는 것이다.

4. AI 기반 최적의 개발 밀도 및 용도 배분 시뮬레이션과 가상사례

4.1. '생성적 설계(Generative Design)'로 알려진 AI 기술은 특정 부지에 대한 최적의 개발 밀도와 용도 배분을 결정하는 데 있어 탁월한 통찰력을 제공한다.

과거의 도시개발이 제한된 정보와 소수 전문가의 직관에 의존하여 최적의 안을 '찾아가는(searching)' 방식이었다면, AI시대의 도시개발은 주어진 목표와 제약 조건 속에서 수만 가지의 가능성을 스스로 '생성하고(generating)' 그중 가장 뛰어난 대안을 '선택하는(selecting)' 방식으로 진화하고 있다. 특히 '생성적 설계(Generative Design)'로 알려진 AI 기술은 특정 부지에 대한 최적의 개발 밀도와 용도 배분을 결정하는 데 있어 인간의 한계를 뛰어넘는 통찰력을 제공한다.

생성적 설계 AI는 개발 목표와 핵심 제약 조건을 입력 받는 것으로 분석을 시작한다. 목표는 '최대 개발 이익 실현', '공공 기여 면적 최대화', '에너지 효율 최적화' 등 다각적으로 설정될 수 있다. 제약 조건으로는 해당 부지의 용도지역, 건폐율, 용적률과 같은 법적 규제는 물론, 일조권, 조망 권, 예상 공사비, 그리고 주변 지역의 주거, 상업, 업무시설에 대한 시장 수요 데이터 등이 포함된다.

이러한 입력 값을 바탕으로, AI 알고리즘은 수만, 수십만 개의 각기 다른 개발 시나리오를 순식간에 생성하고 각각의 결과를 시뮬레이션 한다. 어떤 건물 형태가 용적률을 최대로 활용하면서도 우수한 일조권을 확보하는지, 주거와 상업 시설을 어떤 비율로 배분해야 예상 임대 수익이 극대화되는지 등을 다각적으로 평가하는 것이다. 결국 AI는 수많은 대안들 중에서 설정된 목표를 가장 효율적으로 달성하는 최적의 조합, 즉 인간의 머리로는 상상하기 어려웠던 창의적이면서도 가장 합리적인 개발의 청사진을 제시하게 되는 것이다.

4.2. 가상사례: '세운지구' 재개발 부지의 AI 최적화 프로젝트

녹지 품은 맨해튼처럼… 세운지구, 56년만에 다시 세운다
https://www.chosun.com/nationa

1) **현안 과제**: 서울 도심의 노후화된 '세운지구' 내 5,000㎡ 규모의 재개발 부지를 대상으로, AI 설계 알고리즘 'OPTIMA-BUILD'를 활용하여 최적의 개발 계획을 도출하는 가상 사례를 제시한다.

2) **목표 및 제약 조건 입력**: 개발사는 'OPTIMA-BUILD'에 다음과 같은 목표와 핵심 제약 조건을 입력했다.

(1) **최우선 목표:** 총 개발 이익(분양 및 임대수익 - 총사업비)의 최대화

(2) **부가 목표:** 부지 면적의 15% 이상을 일반 시민에게 개방되는 공공 녹지로 확보할 것

(3) **제약 조건:**

- 용도지역: 일반상업지역
- 법적 상한: 건폐율 60% 이하, 용적률 800% 이하
- 시장 수요(AI 예측): 오피스(상), 주거(중), 리테일(상)
- 예상 공사비: 용도별, 층수별 차등 적용

3) AI의 시나리오 생성 및 평가:

'OPTIMA-BUILD'는 입력된 조건 내에서 수십만 개의 건물 형태, 높이, 용도 배합 시나리오를 생성하고, 각 시나리오별 예상 수익과 공공 녹지 면적을 계산하여 아래와 같은 다차원 평가 그래프를 도출했다.

- X축: 총 개발 이익(억 원)
- Y축: 공공 녹지 면적(㎡)
- 각 점(dot): AI가 생성한 개별 설계 대안

그래프상에서 우측 상단에 위치한 대안일수록 두 가지 목표(수익, 공공성)를 동시에 가장 잘 만족시키는 '파레토 최적해(Pareto Optimal Solution)'에 해당한다.

4) 최적 대안 선정 및 분석(가상수치):

개발사는 AI가 제시한 최적 대안 중 하나를 최종안으로 선택했다. 이는 인간 전문가가 초기에 구상했던 안(수익 중심의 단일 고층 오피스 빌딩)과 비교했을 때 훨씬 더 균형 잡히고 수익성 높은 결과였다.

구분	인간 전문가 초기 구상 안	AI 최적화 추천 안	결과 비교
건물 구성	40층 오피스 빌딩 1개 동	35층 오피스, 25층 주거 분리형 2개 동	복합 용도 개발
용도 배분 (연면적)	오피스 100%	오피스 55%, 주거 30%, 리테일 15%	시장 수요 최적 반영
최대 용적률	780%	795%(최적화)	+15%p (수익 증대)
공공 녹지 면적	500㎡(10%)	750㎡(15%)	+250㎡ (공공성 확보)
예상 총 개발 이익	1,200억 원	1,350억 원	+150억 원 (수익 극대화)

5) 결론: 이 가상사례는 AI가 어떻게 복잡한 제약 조건 속에서 인간의 편견을 뛰어넘어 수익성과 공공성이라는 두 마리 토끼를 모두 잡는 창의적인 해법을 찾아내는지를 명확히 보여준다. AI 기반의 시뮬레이션은 단순히 정답을 알려주는 것을 넘어, 수많은 가능성을 탐색하게 함으로써 개발자가 더 넓은 시야에서 최상의 의사결정을 내릴 수 있도록 돕는 가장 강력한 파트너가 되는 것이다.

5. 노후 주택가의 '젠트리피케이션' 가능성을 AI로 예측하는 모델과 가상사례

5.1. AI 예측 모델은 젠트리피케이션을 단일 현상이 아닌 여러 전조 증상(leading indicators)의 복합적인 결과물로 간주한다

'젠트리피케이션(Gentrification)'은 낙후된 구도심 지역이 활성화되면서 외부인과 자본이 유입되고, 이로 인해 기존의 저소득층 주민이 밀려나는 복합적인 도시 변화 현상이다. 이는 투자자에게는 막대한 부의 기

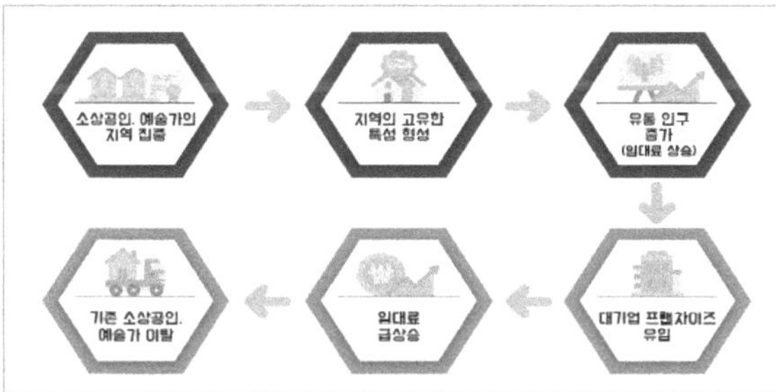

우리 골목에 일어난 변화, 젠트리피케이션 | 경제로 세상 읽기 | KDI 경제교육·정보센터, https://eiec.kdi.re.kr

회를, 도시계획가에게는 섬세한 정책적 대응을 요구하는 양날의 검과 같다. 인공지능(AI)은 바로 이 젠트리피케이션이라는 거대한 파도가 밀려오기 전, 가장 미세한 물결의 움직임을 포착하여 그 시작과 방향을 예측하는 강력한 예측 모델을 제공한다.

AI 예측 모델은 젠트리피케이션을 단일 현상이 아닌 여러 전조 증상(leading indicators)의 복합적인 결과물로 간주한다. 이를 위해 AI는 과거 젠트리피케이션이 발생했던 수많은 지역의 다차원적 데이터를 학습하여 성공적인 예측 방정식을 구축한다. 예를 들어, 인구통계학적 변화(20-30대 1인 가구 및 예술가 직업 군 비율 증가), 상업 활동의 변화(독립서점, 스페셜티 커피 전문점, 디자인 공방 등 특정 업종의 사업자 등록 증가), 물리적 환경의 변화(노후 주택의 리모델링 허가 건수 증가, 소셜미디어 상의 특정 골목길 사진 게시물 급증) 등을 핵심 변수로 활용하는 것이다.

특히, AI는 인간의 눈으로는 파악하기 힘든 데이터 간의 비선형적 관계를 발견하는 데 탁월하다. 예를 들어, 특정 지역의 주말 유동인구 체류시간이 10% 증가하고, SNS에서 '레트로' 관련 키워드 언급 량이 20% 증가했을 때, 3년 이내에 상업용 부동산 임대료가 50% 이상 상승할 확률을 계산해낸다. 이처럼 AI 모델은 젠트리피케이션의 초기 신호를 정량적으로 분석하고 그 잠재력을 확률적으로 제시함으로써, 투자자와 정책 결정자 모두에게 미래를 대비할 수 있는 객관적이고 과학적인 근거를 제공하는 것이다.

5.2. 가상사례: AI 'G-predictor'가 예측한 '은하수 마을'의 미래

젠트리피케이션 스톡 일러스트
https://www.istockphoto.com/kr/search/2/image?mediatype

1) **현안 과제:** 서울의 잊힌 동네였던 '은하수 마을'의 젠트리피케이션 가능성을 AI 예측 모델 'G-predictor'가 분석하는 가상 사례를 제시한다.

2) **데이터 수집 및 초기 분석:**

'G-predictor'는 '은하수 마을'의 지난 3년간의 데이터를 분석했다. 공식적인 통계상으로는 인구가 소폭 감소하고 평균 소득도 정체 상태였으나, AI는 데이터의 이면에서 다음과 같은 미세한 변화의 징후들을 포착했다.

(1) **상업 데이터:** 지난 1년간 '은하수 마을'에 신규 등록된 사업자 50개 중, 15개가 '카페', 8개가 '독립서점 및 소품샵', 5개가 '1인 디자인 스튜디오'로, 특정 감성을 지닌 소규모 창업이 집중되는 현상을 발견했다.

(2) **소셜미디어 데이터:** 인스타그램에서 '#은하수마을' 해시태그는 거의 없었으나, '#은하수골목', '#시간이멈춘동네' 등 특정 공간과 감성을 나타내는 키워드 게시물이 최근 6개월간 500% 이상 폭증한 것을 확인했다.

(3) **유동 인구 데이터:** 평일 유동인구는 변화가 없었으나, 금요일 저녁 및 주말 오후에 20대 후반에서 30대 초반의 외부 방문객(거주지: 마포구, 성동구 등)이 차지하는 비중이 1년 전 5%에서 25%로 급증한 것을 포착했다.

3) AI의 젠트리피케이션 확률 예측:

'G-predictor'는 과거 성공적인 젠트리피케이션 사례(성수동, 연남동 등)의 초기 데이터 패턴과 '은하수 마을'의 현재 데이터 패턴의 유사도를 비교 분석하여, 향후 5년 내 젠트리피케이션이 본격화될 확률을 계산했다.

분석 지표	과거 성공 사례 (초기)	은하수 마을 (현재)	젠트리피케이션 예측 확률
특정 업종 창업 비율	25% ~ 35%	28%	유사도 높음(85%)
SNS 특정 키워드 증가율	400% ~ 600%	500%	유사도 매우 높음(95%)
특정 연령대 외부 유입률	20% ~ 30%	25%	유사도 높음(90%)
노후주택 리모델링 허가	5% ~ 10% 증가	8% 증가	유사도 높음(88%)
종합 예측	-	-	5년 내 본격화 확률: 82%

4) 투자 전략 및 결론:

'G-predictor'는 82%라는 높은 확률을 근거로, 현재 '은하수 마을'이 젠트리피케이션의 초기 단계를 지나 성장기에 진입하기 직전의 '티핑 포인트(Tipping Point)'에 도달했다고 진단했다. 이에 따라 다음과 같은 투자 전략을 제시했다.

(1) **최적 투자 대상:** 대규모 프랜차이즈가 들어서기 힘든 이면도로의 소형 꼬마빌딩 및 단독주택.

(2) **투자 전략:** 저렴하게 매입 후, 지역의 고유한 감성을 해치지 않는 선에서 리모델링하여 특색 있는 로컬 브랜드나 아티스트에게 장기 임대하는 전략이 높은 수익과 안정성을 동시에 확보할 수 있을 것이다.

5) **결론:** 이 가상사례는 AI가 어떻게 흩어져 있는 데이터 속에서 '젠트리피케이션'이라는 도시의 거대한 변화를 미리 읽어내는지를 보여준다. AI는 사람들의 발걸음과 온라인상의 속삭임, 그리고 조용한 건축허가 서류 한 장에서 미래의 기회를 발견하며, 투자자에게는 황금알을 낳는 거위의 위치를, 도시에게는 다가올 변화에 대비할 시간을 알려주는 가장 현명한 조언자가 되는 것이다.

주제
4

머신러닝 알고리즘 기반의 도시부동산 가격예측과 시장분석

1. 랜덤 포레스트(Random Forest)를 활용한 부동산 가치평가 및 주요 변수 식별과 가상사례

1.1. '랜덤 포레스트(Random Forest)'는 다 차원적이고 비 선형적인 관계를 분석하여 부동산의 적정 가치를 예측한다.

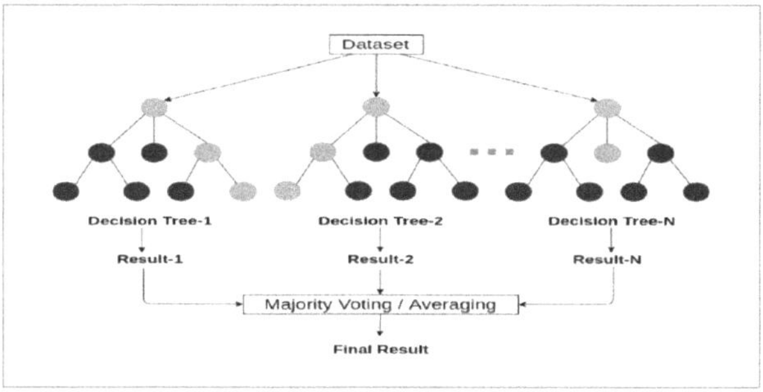

랜덤 포레스트(Random Forest) [도리의 디지털라이프], https://blog.skby.net

부동산의 가치는 면적, 층수, 건축 연도와 같은 단순한 요소들의 합으로 결정되지 않으며, 지하철과의 거리, 학군, 주변 공원, 심지어는 범죄율과 같은 수십, 수백 개의 변수들이 복잡한 상호작용을 통해 영향을 미친다. '랜덤 포레스트(Random Forest)'는 바로 이처럼 다 차원적이고 비 선형적인 관계를 분석하여 부동산의 적정 가치를 예측하고, 나아가 어떤 변수가 가격 결정에 가장 큰 영향력을 미치는지 알려주는 강력한 머신 러닝 알고리즘이다.

랜덤 포레스트는 이름 그대로 '무작위 숲'을 만드는 방식으로 작동한다. 이는 수백, 수천 개의 개별적인 '의사결정나무(Decision Tree)'들을 무작위로 생성하고, 각 나무가 내놓은 예측치를 종합하여 최종 결론을 내리는 앙상블(Ensemble) 기법이다. 각각의 나무는 전체 데이터의 일부와 전체 변수 중 일부만을 무작위로 선택하여 학습하기 때문에, 개별 나무가 가질 수 있는 편향이나 과적합(overfitting)의 위험을 크게 줄일 수 있다. 수많은 나무들이 각자의 관점에서 가격을 예측한 뒤, 이를 민주적인 투표처럼 종합(평균)하여 최종 가격을 산출하므로 매우 안정적이고 신뢰도 높은 예측이 가능한 것이다.

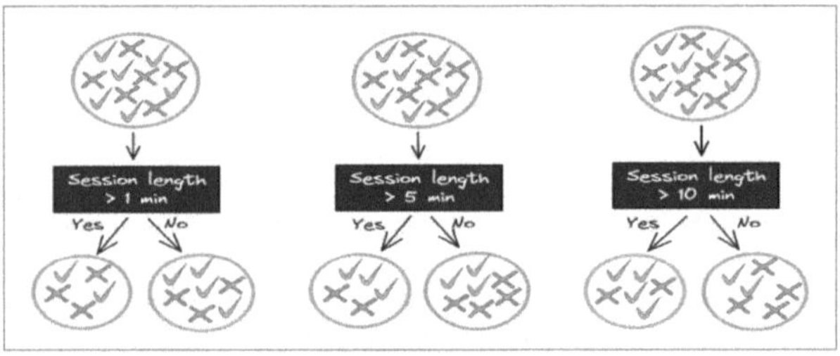

파이썬으로 랜덤 포레스트 직접 구현하는 방법 | TIL
https://13akstjq.github.io

랜덤 포레스트의 또 다른 강력함은 '변수 중요도(Feature Importance)'를 측정할 수 있다는 점에 있다. 모델은 특정 변수가 가격 예측의 정확도에 얼마나 기여했는지를 평가하여 모든 변수의 영향력 순위를 매길 수 있다. 예를 들어, '지하철 도보 5분'이라는 조건이 '대형마트 인접'이라는 조건보다 가격에 3배 더 중요한 영향을 미친다는 식으로 그 영향력을 수치

화하여 보여준다. 이는 투자자가 수많은 정보 속에서 어떤 요소에 집중해야 하는지, 특정 부동산의 가치를 결정하는 핵심 동인이 무엇인지를 꿰뚫어 볼 수 있는 날카로운 통찰력을 제공하는 것이다.

■ **랜덤 포레스트(Random Forest) 분석 기법의 목표, 분석방법 및 기술, 역할, 장단점, 도시부동산 활용예시**

구분	내용
목표	다차원적이고 복잡한 변수들의 상호작용을 분석하여 부동산의 적정 가치를 정밀하게 예측하고, 가격 결정의 핵심 요인을 식별하는 것을 목표로 한다.
분석 방법 및 기술	수백 개의 개별 의사결정나무(Decision Tree)를 무작위로 생성하고, 각 나무의 예측치를 종합하여 최종 결론을 도출하는 앙상블(Ensemble) 기법을 사용한다.
역할	개별 모델의 편향을 줄여 안정적이고 신뢰도 높은 가치 예측을 수행하며, 각 변수가 예측에 기여한 정도인 '변수 중요도(Feature Importance)'를 측정하는 역할을 한다.
장점	여러 모델의 예측을 평균하므로 과적합(Overfitting)의 위험이 적고 예측 정확도가 높다. 또한, 각 변수의 영향력을 수치 화하여 객관적인 비교가 가능하게 한다.
단점	수백 개의 나무가 결합된 모델이라 내부 작동 방식이 복잡하여, 결과가 도출되는 과정을 직관적으로 해석하기는 어렵다는 단점이 있다.
도시부동산 활용 예시	아파트의 학군, 교통, 재건축 기대감 등 수십 개 변수를 동시에 고려하여 적정 시장가격을 예측하거나, 어떤 요소가 가격에 가장 큰 영향을 미치는지 순위를 매기는 데 활용된다.

1.2. 가상사례: '강남구 아파트' 가치평가 랜덤 포레스트 모델

1) 현안 과제: 서울시 강남구 아파트의 실거래가 빅데이터 10만 건을 학습한 AI 가치평가 모델 'RF-Valuator'가 특정 아파트의 적정 가격을 예측하고, 주요 가격 결정 요인을 분석하는 가상 사례를 제시한다.

2) 분석 대상 및 데이터:

(1) 분석 대상: 강남구 대치동 '은마아파트' 전용면적 84㎡, 10층, 1979년식

대치동 은마 아파트에 '주식 고수' 많이 사네
https://www.chosun.com/economy/money

(2) **입력 변수:** 면적, 층수, 건축 연도 외에도 지하철역까지의 도보 시간, 학업성취도 평가 점수, 한강 조망 가능 여부, 인근 공원 면적, 범죄율 등 총 50개의 변수를 사용했다.

3) **랜덤 포레스트 모델의 가치 예측:**

'RF-Valuator'는 500개의 의사결정나무로 구성된 랜덤 포레스트 모델을 통해 해당 아파트의 적정 가치를 예측했다. 각 나무들은 미세하게 다른 예측치를 내놓았지만, 모델은 이들의 평균값을 계산하여 최종 예측치를 도출했다.

(1) **개별 나무 예측치 예시:** [나무 1: 24.8억 원], [나무 2: 25.5억 원], [나무 3: 25.1억 원] ... [나무 500: 24.9억 원]

(2) **최종 예측 가치:** 모든 나무 예측치의 평균값인 25억 1천만 원으로 산출되었다. 이는 현재 시장 호가인 26억 원보다 약 9천만 원 낮은 수준으로, 약간의 고평가 가능성을 시사한다.

4) **변수 중요도 분석**(가격 결정 요인 식별):

'RF-Valuator'는 모델링 과정에서 각 변수가 가격 예측에 미친 영향력을 분석하여 상위 5개 핵심 변수를 다음과 같이 도출했다.

순위	주요 변수	변수 중요도 (Feature Importance)	분석
1	학군 (초중고 학업성취도)	0.35(35%)	강남구 부동산 가치의 제1 요인은 학군임을 명확히 증명한다.
2	지하철역까지 도보 시간	0.20(20%)	대중교통 접근성이 두 번 째로 중요한 핵심 변수로 작용한다.
3	재건축 기대감 (용적률)	0.15(15%)	노후 아파트의 경우, 미래 개발 잠재력이 현재 가치에 크게 반영된다.
4	전용 면적	0.12(12%)	부동산의 물리적 크기 자체도 여전히 중요한 요소이다.
5	주변 상권 활성도	0.08(8%)	생활 편의성 역시 무시할 수 없는 가격 결정 요인이 된다.

5) 결론: 이 가상사례는 랜덤 포레스트 모델이 어떻게 수많은 변수를 종합하여 아파트의 적정 가격을 정밀하게 예측하고, 나아가 그 가격을 결정하는 핵심 DNA가 무엇인지를 명확히 밝혀내는지를 보여준다. AI는 '강남 불패'라는 막연한 신화를 '학군이 35%, 교통이 20%, 재건축이 15%의 지분을 가진다'는 식의 과학적인 공식으로 풀어낸다. 이는 투자자가 감이나 소문이 아닌 데이터에 기반하여 가장 현명한 의사결정을 내리도록 돕는 가장 강력하고 신뢰할 수 있는 나침반이 되는 것이다.

2. 공간정보시스템(GIS)과 결합한 XGBoost 기반 투자 유망 지역 도출과 가상사례

2.1. '공간정보시스템(GIS)'은 바로 이러한 부동산의 입지적 가치를 데이터로 변환하는 강력한 도구이다.

부동산의 가치는 개별 건물의 특성 뿐만 아니라 주변 환경과의 공간적 관계 속에서 결정된다. '공간정보시스템(GIS)'은 바로 이러한 부동산의

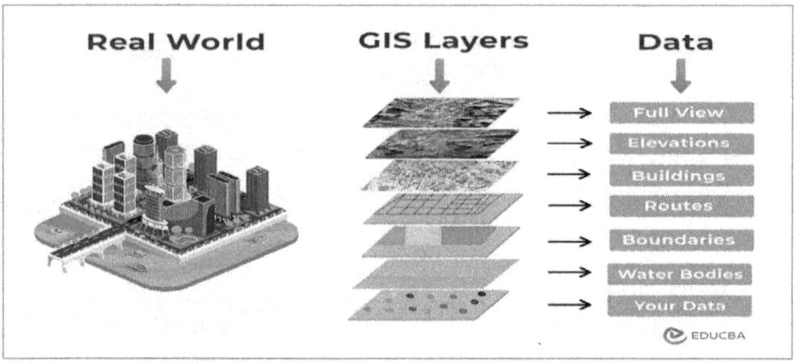

Applications of GIS | Top 12 Applications of Geographic Information System
https://www.educba.com

입지적 가치를 데이터로 변환하는 강력한 도구이며, 여기에 수많은 변수 속에서 핵심 패턴을 찾아내는 탁월한 예측 모델인 XGBoost 알고리즘을 결합하면, 투자 유망지역을 발굴하는 정밀도를 극한까지 끌어올릴 수 있다. 이 융합 모델은 도시 전체를 하나의 거대한 데이터 필드로 보고, 잠재력이 가장 높은 지점을 과학적으로 예측하는 '보물찾기 지도'를 그리는 것과 같다.

[학습코너: XGBoost]

XGBoost(eXtreme Gradient Boosting)는 경사하강법을 활용하는 지도 학습 부스팅 알고리즘인 그레이디언트 부스트 Decision Trees를 사용하는 분산형 오픈 소스 머신 러닝 라이브러리이다.

결정나무(Decision Trees)는 머신 러닝에서 분류 또는 회귀 작업에 사용된다. 내부 노드는 기능을, 분기는 의사 결정 규칙을, 각 리프 노드는 데이터 세트의 결과를 나타내는 계층적 트리 구조를 사용한다. Decision Trees는 과적합되기 쉽기 때문에 부스팅과 같은 앙상블 방법을 사용하여 더 견고한 모델을 만들 수 있다. 부스팅은 여러 개의 개별 약한 트리, 즉 무작위 확률보다 약간 더 나은 성능을 보이는 모델을 결합하여 강한 학습기를 형성한다. 각 약한 학습기는 이전 모델에서 발생한 오류를 수정하기 위해 순차적으로 학습한다. 수백 번의 반복 후 약한 학습기는 강한 학습기로 변환된다.

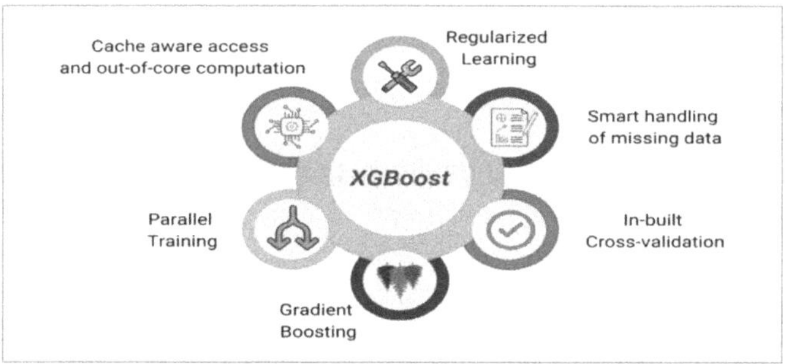

KAGGLE WINNERS ALGORITHM XGBOOST. What is XGBoost? | by Shubham Koli | Medium

GIS는 위성, 항공사진, 전자지도 등을 통해 수집된 지리적 정보를 데이터베이스화하고, 이를 시각적으로 표현하며 분석하는 시스템이다. GIS를 활용하면 특정 부동산으로부터 가장 가까운 지하철역까지의 실제 도보 거리, 반경 500m 이내의 스타벅스 개수, 인근 초등학교의 학업성취도 평균, 주변 공원의 녹지 면적 비율 등 눈으로는 파악하기 힘든 수많은 공간적 변수(Spatial Feature)들을 정량적으로 추출할 수 있다. 이는 부동산의 가치를 단순한 주소 이상으로, '공간적 맥락' 속에서 입체적으로 이해하게 만드는 과정이다.

'XGBoost(Extreme Gradient Boosting)'는 머신러닝 경진대회에서 압도적인 성능을 보이며 널리 알려진 알고리즘으로, 랜덤 포레스트와 같이 다수의 의사결정나무를 사용하지만, 이전 나무의 예측 오차를 다음 나무가 보완하며 학습하는 '부스팅(Boosting)' 방식을 사용한다.

이 때문에 복잡한 데이터 속에서도 매우 빠르고 정확하게 핵심 패턴을 학습하는 능력이 뛰어나다. GIS를 통해 추출된 수백 개의 공간 변수와 부동산의 고유 특성 변수를 XGBoost 모델에 입력하면, 모델은 과거 데이터를 학습하여 어떤 공간적 특성의 조합이 미래의 가격 상승을 이끌어냈는지를 파악하고, 이를 바탕으로 도시 내 모든 지역의 잠재적 가치 상승률을 점수화하여 보여주는 것이다.

■ **랜덤 포레스트와 XGBoost 알고리즘의 목표, 분석방법 및 기술, 역할, 장단점, 도시부동산 활용예시**

구분	랜덤 포레스트 (Random Forest)	XGBoost (Extreme Gradient Boosting)	융합 모델 (RF + XGBoost)
목표	다차원적 변수들 속에서 안정적인 예측과 함께, 각 변수의 상대적 중요도를 파악하는 것을 목표로 한다.	이전 모델의 오차를 보완하는 학습을 통해, 현존하는 모델 중 가장 빠르고 높은 예측 정확도를 달성하는 것을 목표로 한다.	랜덤 포레스트로 핵심 변수를 먼저 식별하고, 이를 XGBoost 모델에 적용하여 예측 성능과 해석력을 동시에 극대화하는 것을 목표로 한다.
분석 방법 및 기술	다수의 의사결정나무를 독립적으로 생성하고 그 결과를 평균 내는 배깅(Bagging) 기반 앙상블 기법을 사용한다.	이전 나무의 오차를 보완하는 방식으로 순차적으로 나무를 생성하는 부스팅(Boosting) 기반 앙상블 기법을 사용한다.	1단계에서 랜덤 포레스트로 변수 중요도를 추출하고, 2단계에서 상위 중요 변수만을 XGBoost 모델의 입력값으로 사용한다.
역할	안정적인 예측 모델을 제공하며, 각 변수가 예측에 미치는 영향력 순위를 명확히 제시하여 의사결정의 근거를 제공하는 역할을 한다.	복잡한 데이터 속에서 최고 수준의 예측 성능을 내는 핵심 예측 모델의 역할을 수행하며, 결과물의 정확도를 담보한다.	랜덤 포레스트가 '해석'과 '통찰'의 역할을, XGBoost가 '예측'과 '성능'의 역할을 분담하여 시너지를 창출하는 역할을 한다.
장점	과적합(Overfitting) 위험이 적고 안정적이며, 변수 중요도를 해석하기 용이하다는 장점을 가진다.	현존하는 알고리즘 중 가장 예측 성능이 뛰어나고 데이터 처리 속도가 빠르다는 압도적인 장점을 가진다.	모델의 예측 성능(XGBoost)과 결과의 해석 가능성(RF)을 동시에 향상시킬 수 있다는 장점을 가진다.

단점	XGBoost에 비해 예측 성능이 다소 낮을 수 있고, 모델의 규모가 커지면 학습 속도가 느려진다는 단점이 있다.	랜덤 포레스트보다 과적합 가능성이 다소 높고, 최적의 성능을 위해 파라미터 튜닝이 민감하다는 단점이 있다.	분석 과정이 2단계로 복잡해지고 더 많은 컴퓨팅 자원이 필요하게 되며, 설계가 정교해야 한다는 단점이 있다.
도시부동산 활용 예시	특정 지역 아파트 가격에 학군, 교통, 재건축 기대감 중 어떤 변수가 가장 큰 영향을 미치는지 순위를 매기는 데 활용된다.	GIS 데이터와 결합하여 도시 내 모든 지역의 미래 가치 상승 잠재력을 점수화하고 히트맵으로 시각 화하는 데 활용된다.	신규 지하철역 개통 시, "핵심 요인을 먼저 선별(RF)"하고, 이를 바탕으로 가장 정교한 역세권 가격 예측 모델(XGBoost)을 구축하는 데 활용된다.

2.2. 가상사례: GIS와 XGBoost가 찾아낸 '용산구 해방촌'의 재발견

쉼이 있는 정원마을… 남산 아래 해방촌 그린벨리 탈바꿈-국민일보
https://www.kmib.co.kr

1) 현안 과제: 서울시 용산구의 노후 주거지인 '해방촌' 일대를 대상으로, GIS와 XGBoost를 결합한 AI 모델 'Geo-Booster'가 새로운 투자 유망지역을 도출하는 가상 사례를 제시한다.

2) GIS 기반 공간 변수 생성: 'Geo-Booster'는 먼저 해방촌 일대를 50m x 50m 격자(Grid)로 나누고, 각 격자 셀마다 다음과 같은 100여 개의 공간 변수를 GIS 분석을 통해 생성했다.

(1) **접근성 변수**: 가장 가까운 지하철역(녹사평역)까지의 도보 시간, 주요 도심(광화문, 강남)까지의 대중교통 소요 시간, 남산공원 입구까지의 거리 등

(2) **상권 변수**: 반경 300m 이내 신규 카페/레스토랑 개수, 외국인 대상 업종 밀도, SNS 기반 맛집 평점 평균 등

(3) **환경 변수**: 해발고도 및 경사도, 남산 조망 가능 면적 비율, 미세먼지 농도 평균, 범죄율 등

(4) **인구 변수**: 20-30대 1인 가구 비율, 외국인 거주자 비율, 생활인구 체류 시간 등

3) XGBoost 모델 학습 및 잠재력 예측: 'Geo-Booster'는 서울시 전체의 과거 5년간 부동산 실거래가 데이터와 위에서 생성한 공간 변수들을 결합하여, '어떤 공간 특성을 가진 지역의 가격이 많이 상승했는가'를 XGBoost 모델로 학습시켰다. 이후, 학습된 모델을 해방촌 격자 데이터에 적용하여 각 셀의 '향후 3년간 기대 가치 상승률'을 예측하고, 이를 지도 위에 히트맵(Heat Map)으로 시각 화했다.

4) 투자 유망지역 도출 및 분석(가상수치): 히트맵 분석 결과, 전통적인 상권 중심지가 아닌, 남산공원과 가까운 고지대의 특정 블록(가칭 '그린테라스 존')이 가장 높은 잠재력 점수(95점/100점)를 기록했다. 이는 인간의 직관과는 다소 다른 결과였다.

구분	전통적 상권 중심 (A블록)	AI 추천 유망지역 (B블록)	AI의 판단 근거
GIS 주요 변수	역 접근성(상), 상업 밀도(상)	남산 조망(최상), 녹지 접근성(최상)	최근 가격 상승 패턴은 교통보다 쾌적성을 더 중요하게 반영
XGBoost 잠재력 점수	75점	95점	조망권, 녹지 변수가 타 변수보다 높은 가중치를 획득

예상 임대료 상승률(3년)	20%	45%	고소득 1인 가구 및 외국인 대상 고급 주거 수요 집중 예상
예상 지가 상승률(3년)	25%	55%	희소성 높은 환경 가치로 인한 자산 가치 급등 예측

5) 결론: 이 가상사례는 GIS가 도시 공간의 숨겨진 속성들을 데이터로 추출하고, XGBoost가 그 데이터들 사이의 복잡한 관계를 학습하여 미래의 가치를 어떻게 예측하는지를 보여준다. AI는 접근성이 다소 떨어지더라도 탁월한 조망권과 자연환경을 갖춘 지역이 새로운 라이프스타일 트렌드 속에서 더 높은 잠재력을 가질 수 있음을 과학적으로 증명했다. 이처럼 GIS와 XGBoost의 결합은 투자자의 시야를 넓혀, 누구도 주목하지 않던 땅에서 미래의 황금을 캐낼 수 있는 가장 정교한 디지털 삽이 되는 것이다.

3. 시계열 분석을 위한 LSTM(Long Short-Term Memory)기반 부동산시장 동향예측과 가상사례

3.1. 딥러닝 기술인 'LSTM'은 인간의 기억처럼 과거의 중요한 정보를 장기간 기억하고, 이를 바탕으로 미래 시장의 흐름을 예측하는 혁신적인 방법론을 제시

부동산 시장은 과거의 가격, 금리, 정책, 그리고 투자 심리 등 수많은 변수들이 시간을 축으로 서로 영향을 주고받으며 움직이는 복잡한 시계열(Time-series) 데이터의 집합체이다. 과거의 분석 기법들이 최근 몇 개월의 단기적인 패턴이나 계절적 요인을 파악하는 데 그쳤다면, AI의 딥러닝 기술인 'LSTM(Long Short-Term Memory)'은 인간의 기억처럼 과거의 중요한 정보를 장기간 기억하고, 이를 바탕으로 미래 시장의 흐름을 예측하

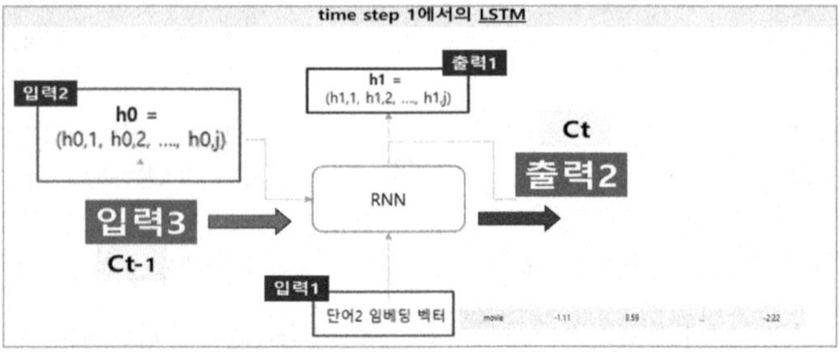

https://velog.io

는 혁신적인 방법론을 제시한다.

LSTM은 인간의 뇌가 정보를 선택적으로 기억하고 잊어버리는 방식을 모방한 순환 신경망(RNN)의 일종이다. 일반적인 신경망이 과거의 정보를 쉽게 잊어버리는 '단기 기억'의 한계를 가진다면, LSTM은 내부에 '셀 상태(Cell State)'라는 장기 기억 장치를 가지고 있어 수년 전의 금리 인상 충격이나 특정 정책 발표가 현재 시장에 미치는 영향을 기억하고 분석에 반영할 수 있다. 또한, 어떤 정보를 기억하고 어떤 정보를 잊을지를 스스로 학습하는 '게이트(Gate)' 구조를 통해, 불필요한 노이즈는 걸러내고 시장의 방향성을 결정하는 핵심적인 과거의 사건들 만을 선택적으로 활용하는 것이다.

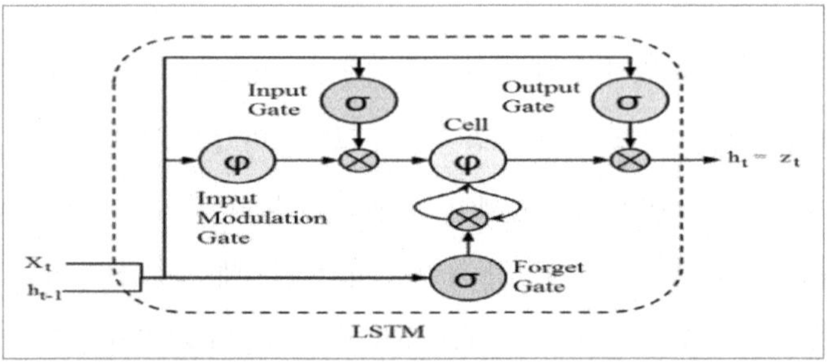

Long Short-Term Memory: artificial neural networks which are able to read, hear and see - Blog Ateliware

이러한 특성 덕분에 LSTM 모델은 부동산 가격, 거래량, 미분양 물량 등 주요 지표의 미래 추세선을 예측하는 데 매우 강력한 성능을 보인다. 모델에 과거 수십 년간의 시장 데이터와 금리, GDP 성장률, 인구 이동과 같은 거시 경제지표를 함께 학습시키면, 모델은 이들 변수 간의 복잡한 시차적 인과관계를 스스로 파악한다. 그 결과, '향후 6개월간 아파트 가격이 3% 상승할 확률 70%'와 같이, 단순한 추세 예측을 넘어 확률적 신뢰도까지 포함된 정교한 미래 시장 시나리오를 제시할 수 있게 되는 것이다.

[학습코너: LSTM(Long Short-Term Memory)]

LSTM은 과거 정보를 더 잘 기억하도록 돕는 '게이트' 메커니즘을 가진 순환 신경망(RNN)의 한 종류이다. RNN이 long-term dependency 문제로 과거 정보를 잃어버리는 것을 보완하기 위해, LSTM은 망각 게이트(Forget Gate), 입력 게이트(Input Gate), 출력 게이트(Output Gate) 세 가지 게이트를 통해 정보를 선택적으로 기억하고 잊으며, 셀 상태를 관리하여 과거의 중요한 정보를 장기간 유지하고 필요한 정보를 출력한다.

[LSTM의 등장 배경]

- RNN의 한계:

  기존의 RNN은 긴 시퀀스 데이터의 과거 정보를 처리할 때, 기울기 소실(Vanishing Gradient) 또는 폭발(Exploding Gradient) 문제로 인해 중요한 과거 정보를 잃어버리기 쉬웠다.

- Long-term dependency 문제:

  시간이 지날수록 이전 입력 값과의 연관성이 약해져, 중요한 정보가 제대로 전달되지 못하는 문제점을 보완하기 위해 LSTM이 제안되었다.

■ **LSTM(Long Short-Term Memory) 알고리즘의 목표, 분석방법 및 기술, 역할, 장단점, 도시부동산 활용예시**

구분	내용
목표	과거의 중요한 정보를 장기간 기억하여, 복잡한 시계열 데이터 속에서 미래 부동산 시장의 동향과 추세선을 예측하는 것을 목표로 한다.
분석 방법 및 기술	순환 신경망(RNN)의 일종으로, 장기 기억을 위한 '셀 상태(Cell State)'와 정보의 취사선택을 학습하는 '게이트(Gate)' 구조를 사용하는 딥러닝 기술이다.
역할	과거 시장 데이터와 거시 경제지표 간의 복잡한 시차적 인과관계를 스스로 파악하고, 확률적 신뢰도를 포함한 정교한 미래 시나리오를 제시하는 역할을 한다.
장점	수년 전의 주요 사건(금리 인상 등)도 기억하여 분석에 반영하는 장기 기억 능력을 가지며, 불필요한 정보는 걸러내고 핵심 패턴만을 학습하는 장점이 있다.
단점	모델 구조가 복잡하여 학습에 많은 시간이 소요되고, 방대한 양의 시계열 데이터가 확보되어야만 높은 예측 성능을 기대할 수 있다는 단점이 있다.
도시부동산 활용 예시	과거 수십 년간의 가격, 금리, 정책 데이터를 학습하여 '향후 6개월간 아파트 가격 상승 확률 70%' 와 같이 구체적인 수치로 미래 시장을 예측하는 데 활용된다.

3.2. 가상사례: LSTM 모델 'Market-LSTM'의 서울 아파트 시장 예측

1) 현안 과제: 과거 20년간의 서울 아파트 매매가격지수, 기준금리, 주택담보대출 증감률, 거래량 데이터를 학습한 LSTM 기반 시장 예측 모

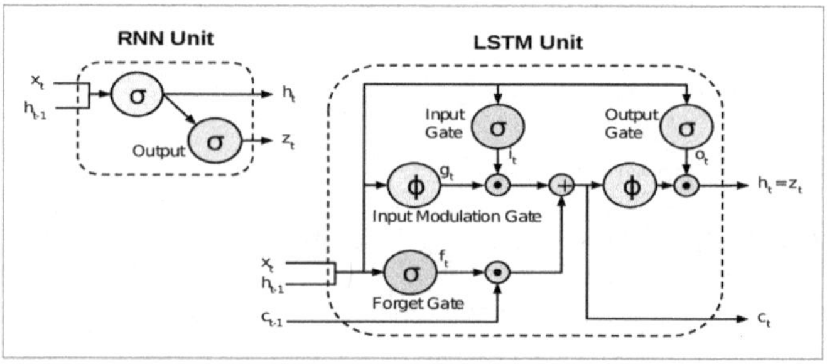

딥러닝(LSTM)을 활용하여 삼성전자 주가 예측을 해보았습니다 - 테디노트
https://teddylee777.github.io/

델 'Market-LSTM'이 향후 1년간의 시장 동향을 예측하는 가상 사례를 제시한다.

2) 데이터 학습 및 패턴 인식:

'Market-LSTM'은 20년간의 시계열 데이터를 학습하며 다음과 같은 과거의 주요 패턴들을 '장기 기억' 속에 저장했다.

- 패턴 1(금리 충격): 기준금리가 6개월 내에 1% 이상 급등했을 때, 이후 1년간 주택 거래량이 평균 20% 감소하고, 가격 상승률은 12개월에서 18개월의 시차를 두고 둔화되는 패턴을 기억한다.
- 패턴 2(정책 효과): 특정 지역에 대한 강력한 대출 규제(LTV/DTI 강화) 정책이 발표되면, 해당 지역의 거래량은 즉각적으로 감소하지만, 인근 비규제 지역으로 수요가 이동하는 '풍선효과'가 약 3개월의 시차를 두고 나타나는 패턴을 학습한다.

3) 미래 예측 시뮬레이션(가상수치):

현재 시점에서, 'Market-LSTM'은 '향후 6개월간 기준금리가 0.5% 추가 인상되고, 정부의 추가 규제 정책은 없을 것'이라는 시나리오를 입력 보다 향후 12개월의 서울 아파트 매매가격지수를 예측했다.

- 예측 결과: 모델은 과거의 '금리 충격' 패턴을 기억하여, 단기적으로 거래량이 감소하고 가격 상승세가 둔화될 것으로 예측했다. 하지만, 과거 데이터에서 금리 인상기에도 불구하고 유동성이 풍부했던 특정 시기의 패턴과의 유사성을 발견하여, 가격이 급격한 하락세로 전환되지는 않고 일정 기간 보합세를 유지하다가 연말에 소폭 반등할 것이라는 미세한 흐름까지 예측해냈다.

시점	실제 매매 가격지수	LSTM 예측 지수	예측 신뢰도 (95% 구간)	예측 근거
현재 (2025.08)	100.0	-	-	-
3개월 후	-	100.2	(99.5 ~ 100.9)	금리 인상 충격으로 인한 단기 보합세
6개월 후	-	100.1	(99.2 ~ 101.0)	거래량 감소 지속, 가격 약보합 전환
9개월 후	-	100.5	(99.4 ~ 101.6)	금리 인상 영향력 약화, 저가 매수세 유입
12개월 후	-	101.2	(99.8 ~ 102.5)	완만한 상승세로의 복귀 예상

4) 결론: 이 가상사례는 LSTM 모델이 어떻게 과거의 기억(데이터 패턴)을 바탕으로 미래 시장의 복잡한 궤적을 그려내는지를 명확히 보여준다. AI는 단순히 과거의 추세를 연장하는 것이 아니라, 여러 변수들이 엮어내는 역동적인 인과관계를 이해하고, 이를 통해 인간의 직관으로는 포착하기 어려운 시장의 미묘한 변곡점까지 예측한다. 이는 투자자가 시장의 거대한 파도에 휩쓸리지 않고, 한발 앞서 다음 파도를 준비할 수 있도록 돕는 가장 지혜로운 등대가 되는 것이다.

4. 서포트 벡터 머신(SVM: Support Vector Machine)을 이용한 부동산 시장 분류 및 안정성 분석과 가상사례

4.1.'서포트 벡터 머신(SVM)'은 부동산 시장의 복잡한 국면을 명확하게 분류하고, 현재 시장이 어디에 속하는지를 판별하여 그 '안정성'을 측정하는 데 탁월한 성능을 보이는 머신 러닝 알고리즘이다.

부동산 시장은 상승과 하락이라는 단순한 이분법으로 나뉘지 않으며, '안정적 성장기', '과열기', '조정기', '침체기' 등 다양한 국면이 존재한다.

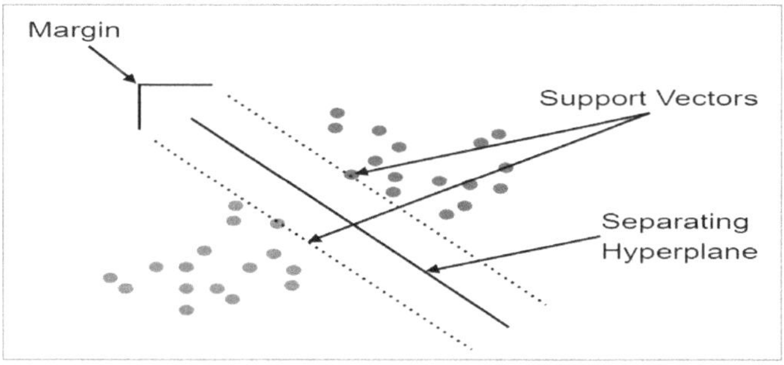

서포트 벡터 머신(Support Vector Machine, SVM), https://machineindeep.tistory.com/

'서포트 벡터 머신(Support Vector Machine, SVM)'은 바로 이러한 시장의 복잡한 국면을 명확하게 분류하고, 현재 시장이 각 국면 중 어디에 속하는지를 판별하여 그 '안정성'을 측정하는 데 탁월한 성능을 보이는 머신러닝 알고리즘이다. SVM은 데이터들을 가장 잘 구분하는 최적의 경계선(결정 경계, Decision Boundary)을 찾아내는 것을 목표로 한다.

SVM의 핵심 아이디어는 단순히 데이터를 나누는 선을 긋는 것을 넘어, 각 데이터 그룹과 경계선 사이의 거리가 가장 멀어지도록, 즉 마진(Margin)을 최대화하는 경계선을 찾는 데 있다. 이 마진은 일종의 '안전지대'나 '완충지대'로 해석될 수 있다. 예를 들어, '안정 시장'과 '불안정 시장'을 나누는 경계선이 있다면, 현재 시장의 데이터 포인트가 이 경계선으로부터 멀리 떨어져 안정 시장 영역 깊숙이 위치할수록 외부 충격에도 쉽게 불안정 시장으로 넘어가지 않을 것이므로 '안정성이 높다'고 판단할 수 있는 것이다. 반대로 경계선에 아슬아슬하게 걸쳐 있다면, 작은 변수에도 쉽게 시장의 성격이 바뀔 수 있는 '안정성이 낮은' 상태로 평가된다.

SVM은 주택가격 변동률, 거래량 변화율, 소득 대비 주택가격 비율(PIR), 미분양 재고율 등 시장의 상태를 나타내는 여러 변수들을 종합적으로 고려하여 다차원 공간에서 최적의 경계면을 찾아낸다. 이를 통해 특정 지역이나 특정 시점의 부동산 시장이 과거의 데이터를 기반으로 어떤 국면에 속하는지를 명확하게 분류하고, 결정 경계까지의 거리를 계산하여 그 안정성을 점수 화한다. 이는 투자자에게 지금이 공격적으로 투자할 시점인지, 아니면 보수적으로 리스크를 관리해야 할 시점인지를 알려주는 객관적인 지표가 되는 것이다.

[학습코너: 서포트 벡터 머신(SVM)]

머신 러닝분야 중 하나로 패턴인식, 자료분석을 위한 지도학습 모델분류와 회귀분석을 위해 사용한다.

1. 두 카테고리 중 어느 하나에 속한 데이터 집합이 주어졌을 때,
2. 주어진 데이터집합을 바탕으로 새로운 데이터가 어느 카테고리에 속하는지 판단하는 비확률적 이진 선형분류모델을 만든다.
3. 만들어진 분류모델은 데이터가 사상된 공간에서 경계로 표현되는데 SVM알고리즘은 그 중 가장 큰 폭을 가진 경계를 찾는다.

이러한 정의와 SVM의 패턴인식순서는 글로 읽었을 때는 도무지 이해가 안 된다. 그러니 예를 통해 이해해보자. 간단한 SVM모델을 예를 들어 설명하자면, 짜장면인지 짬뽕인지 직선을 그어서 구분하는 것이다. 국물의 양과 고춧가루의 양이 많으면 짬뽕 아니면 짜장으로 구분할 수 있을 것이다.

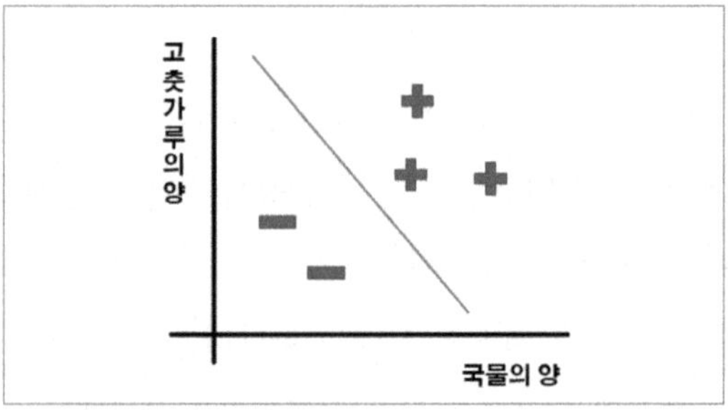

어떤 이는 그 짜장면과 짬뽕사이의 여백이 가장 넓어지면(둘이 가장 떨어져 있으면(=margin최대화)) 그 둘을 가장 잘 분류했다고 생각할 것이다. 이러한 철학을 따라서 SVM은 "여백이 가장 넓어지는 저 빨간 선을 찾는 것"을 목표로 한다. 그림과 같이 빨간 직선(선형모델)으로 그 둘을 구분할 수도 있고 문제가 복잡해짐에 따라서 때로는 직선이 아닌 구불구불한 곡선으로(비선형모델)으로 둘을 구분할 수 있을 것이다.(출처: https://sanghyu.tistory.com/7)

■ **서포트 벡터 머신(SVM) 알고리즘의 목표, 분석방법 및 기술, 역할, 장단점, 도시부동산 활용예시**

구분	내용
목표	데이터들을 가장 잘 구분하는 최적의 결정 경계(Decision Boundary)를 발견하고, 이를 통해 복잡한 부동산 시장의 국면을 명확하게 분류하는 것을 목표로 한다.
분석 방법 및 기술	각 데이터 그룹과 결정 경계 사이의 거리, 즉 마진(Margin)을 최대화하는 최적의 경계면을 다차원 공간에서 찾아내는 분류 기법을 사용한다.
역할	현재 시장이 과거 데이터 기반으로 어떤 국면에 속하는지 판별하고, 결정 경계까지의 거리를 계산하여 시장의 질적인 안정성을 점수 화하는 역할을 한다.
장점	명확한 분류 성능을 보이며, 특히 '마진'이라는 개념을 통해 분류 결과의 안정성 또는 리스크 수준까지 측정할 수 있다는 독보적인 장점을 가진다.
단점	대규모 데이터셋에서는 학습 속도가 느려질 수 있으며, 어떤 커널 함수를 사용하는가에 따라 성능이 크게 좌우되어 정교한 설계가 요구된다는 단점이 있다.
도시부동산 활용 예시	가격 변동률, 거래량 등 여러 지표를 종합하여 특정 신도시 시장을 '안정 성장' 또는 '과열 위험'으로 분류하고, 리스크 관리 지표로 활용된다.

4.2. 가상사례: SVM으로 분석한 수도권 신도시 시장 안정성 진단

1) 현안 과제: 수도권 5개 신도시(A, B, C, D, E)의 최근 1년간 시장 데이터를 기반으로, SVM 분류 모델 'Market-Stabilizer'가 각 도시의 시장 안정성을 진단하는 가상 사례를 제시한다.

[그래픽] 수도권 주요 신도시 현황 | 연합뉴스, https://www.yna.co.kr/view

2) **데이터 학습 및 분류 기준 설정:** 'Market-Stabilizer'는 과거 20년간의 수도권 부동산 데이터를 학습하여, '안정 성장' 시장과 '과열 위험' 시장의 특성을 정의했다.

(1) **주요 분석 변수:** ① 연간 가격 상승률, ② 전년 대비 거래량 증가율, ③ 소득 대비 주택가격 비율(PIR), ④ 단기 투자자(1년 내 재매도) 비율

(2) **분류 기준:** 이 변수들을 종합하여 두 시장을 가장 잘 구분하는 최적의 결정 경계(Hyperplane)를 SVM 알고리즘으로 도출했다.

3) **신도시 시장 데이터 분석 및 분류:** 'Market-Stabilizer'는 5개 신도시의 현재 데이터를 SVM 모델에 입력하여 각 도시가 어떤 시장으로 분류되는지를 판별하고, 결정 경계로부터의 거리를 계산하여 '안정성 점수'를 산출했다. 안정성 점수는 경계선과의 거리를 의미하며, 점수가 높을수록 안정적임을 의미한다.

신도시	가격 상승률	거래량 증가율	PIR	단기 투자자 비율	시장 분류	안정성 점수
A	15%	40%	12	25%	과열 위험	-1.8
B	7%	10%	8	8%	안정 성장	+2.5
C	12%	35%	11	22%	과열 위험	-1.2
D	6%	5%	9	10%	안정 성장	+1.5
E	9%	25%	10	18%	과열 위험	-0.3

4) 분석 결과 및 투자 인사이트:

(1) **가장 안정적인 시장(B신도시)**: B신도시는 적절한 가격 상승과 거래량을 보이며, PIR과 단기 투자자 비율이 낮아 '안정 성장' 그룹의 중심에 위치한다(안정성 점수 +2.5). 이는 시장이 외부 충격에 상대적으로 강한 건강한 상태임을 의미하며, 장기적인 관점에서 꾸준한 자산 가치 상승을 기대할 수 있는 투자처로 평가된다.

(2) **가장 위험한 시장(A신도시)**: A신도시는 모든 지표가 과열 양상을 보이며, '과열 위험' 그룹의 경계선에서 가장 멀리 떨어져 있다(안정성 점수 -1.8). 이는 시장이 매우 불안정하며, 작은 금리 인상이나 정책 변화에도 가격이 급격히 조정될 수 있는 높은 리스크를 내포하고 있음을 시사한다.

(3) **주목해야 할 시장(E신도시)**: E신도시는 '과열 위험'으로 분류되었지만, 결정 경계에 매우 가깝게 위치한다(안정성 점수 -0.3). 이는 현재 시장이 과열과 안정의 기로에 서 있음을 의미한다. 향후 거래량이 안정화되거나 정책적 지원이 있다면 '안정 성장'으로 전환될 가능성도 있어, 지속적인 관찰이 필요한 '요주의' 시장으로 분석된다.

5) 결론: 이 가상사례는 SVM이 어떻게 복잡한 시장 데이터를 명쾌한 두 그룹으로 분류하고, '마진'이라는 개념을 통해 시장의 질적인 안정성까지 측정하는지를 보여준다. AI는 단순히 '오른다/내린다'를 넘어, 지금의 상승이 '건강한 성장'인지 '위험한 버블'인지를 과학적으로 진단함으로써, 투자자가 시장의 거시적 흐름 속에서 자신의 자산을 안전하게 지키고 성장시킬 수 있는 현명한 판단을 내리도록 돕는 것이다

5. K-최근접 이웃(K-NN: K-Nearest Neighbors) 알고리즘을 활용한 유사 부동산 비교분석과 가상사례

5.1. 내가 궁금해하는 부동산과 가장 비슷한 조건의 다른 부동산들이 최근 얼마에 거래되었는지 가치를 추정하는 방법이 K-최근접 이웃(k-NN: K-Nearest Neighbors) 알고리즘이다.

부동산 가치평가의 가장 기본적이면서도 핵심적인 방법은 '비교'이다. 내가 궁금해하는 부동산과 가장 비슷한 조건의 다른 부동산들이 최근 얼마에 거래되었는지를 아는 것은 그 가치를 추정하는 가장 합리적인 출발점이다. K-최근접 이웃(k-NN: K-Nearest Neighbors) 알고리즘은 바로 이 '가

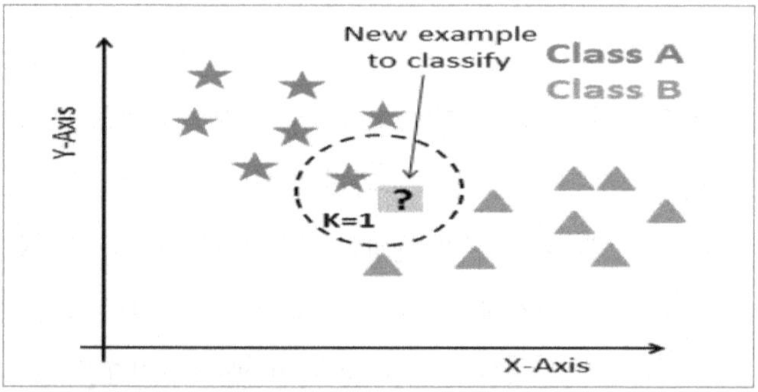

[머신러닝] K - 최근접 이웃 분류(K-NN Clssification) - 실습
https://qkrtkddus1204.tistory.com/21

장 비슷한 녀석들을 찾아내는' 비교의 원리를 가장 직관적이고 강력하게 구현한 머신 러닝 모델이다. 이는 마치 내가 살 아파트를 고를 때, 그 아파트와 조건이 가장 비슷한 주변 단지들의 실 거래가를 참고하는 인간의 사고방식을 그대로 빼 닮은 것이다.

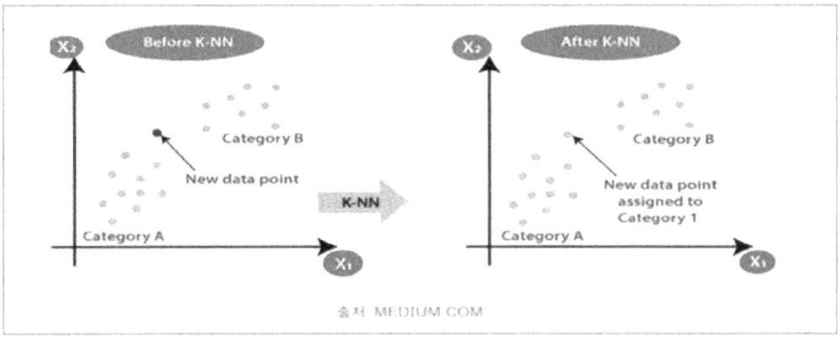

https://d-craftshop.tistory.com/8

k-NN 알고리즘은 복잡한 방정식 없이 오직 '거리(Distance)'라는 단순한 개념으로 작동한다. 먼저 아파트의 면적, 층수, 건축 연도, 지하철역까지의 거리, 학군 점수 등 가치에 영향을 미치는 수많은 특성들을 다차원 공간의 '좌표'로 변환한다. 그 후, 가격을 알고 싶은 아파트(Target)와 가장 가까운 거리에 있는 '이웃'들을 K개만큼 찾아낸다. 여기서 K는 사용자가 정하는 숫자로, 예를 들어 K를 5로 설정하면 가장 비슷한 아파트 5개를 참고하겠다는 의미가 된다.

가장 비슷한 이웃 K개를 찾고 나면, 이들의 거래 가격을 바탕으로 대상 아파트의 가격을 예측한다. 가장 일반적인 방법은 K개 이웃들의 평균 가격을 구하는 것이다. 예를 들어, 가장 비슷한 아파트 5개의 실 거래가가 각각 10억, 10억 2천, 9억 8천, 10억 5천, 9억 9천만 원이었다면, 대상 아파트의 추정 가치는 이들의 평균인 10억 8백만 원이 된다. 이처럼 k-NN은 복잡한 내부 모델 없이 실제 거래된 '팩트'에 기반하여 가치를 추정하므로, 그 결과를 직관적으로 이해하고 신뢰하기 쉬우며, 시장의 최신 트렌드를 매우 민감하게 반영하는 장점을 가지는 것이다.

[학습 코너: K-최근접 이웃(k-NN: K-Nearest Neighbors) 알고리즘]

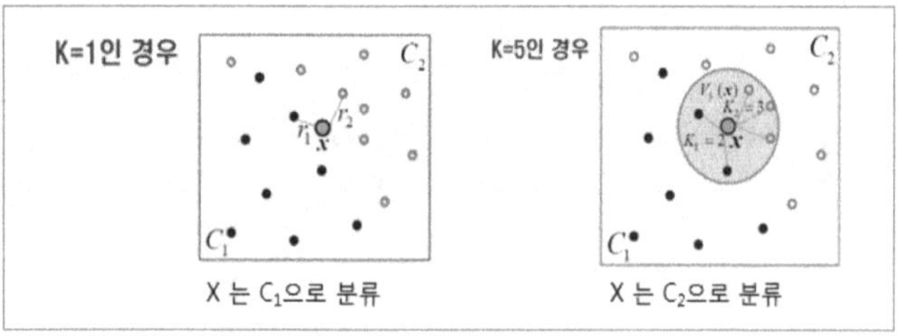

KNN(K-Nearest Neighbor) 〈도리의 디지털라이프〉
https://blog.skby.net/knn-k-nearest-neighbor

k-최근접 이웃(KNN) 알고리즘은 비모수적 지도 학습 분류기로, 근접성을 사용하여 개별 데이터 포인트의 그룹화에 대한 분류 또는 예측을 수행한다. 오늘날 머신 러닝에서 사용되는 인기 있고 간단한 분류 및 회귀 분류기 중 하나이다.

이러한 인스턴스 기반 학습으로 kNN에는 '게으른 학습'이라는 명칭이 붙었으며, 이는 알고리즘이 분류 또는 회귀 문제를 처리할 수 있도록 한다. kNN은 유사한 요소가 서로 가까이에 위치한다는 가정에 기반합니다. 즉, "끼리끼리 모인다"는 속담과 같다.

분류 알고리즘으로서 kNN은 이웃한 데이터 중 다수 세트에 새로운 데이터 요소를 할당한다. 회귀 알고리즘인 kNN은 쿼리 지점에 가장 가까운 값의 평균을 기반으로 예측을 수행한다. kNN은 지도 학습 알고리즘으로, 여기서 'k'는 분류 또는 회귀 문제에서 고려되는 최근접 이웃의 수를 나타내고, 'NN'은 k로 선택된 수에 대한 최근접 이웃을 나타낸다.

■ K-최근접 이웃(k-NN) 알고리즘의 목표, 분석방법 및 기술, 역할, 장단점, 도시 부동산 활용예시

구분	내용
목표	가치를 알고 싶은 부동산과 가장 비슷한 조건의 이웃 데이터(Neighbors)를 K개 찾아내어, 이를 바탕으로 대상 부동산의 가치를 합리적으로 추정하는 것을 목표로 한다.
분석 방법 및 기술	부동산의 여러 특성을 다차원 공간의 좌표로 변환하고, 유클리드 거리(Euclidean Distance) 등 거리 측정 기법을 통해 가장 가까운 K개의 데이터를 찾는 기술을 사용한다.
역할	복잡한 학습 과정 없이, 실제 거래된 데이터를 기반으로 가장 객관적인 비교 대상을 찾아 제시하고, 직관적인 가치평가의 근거를 마련하는 역할을 한다.
장점	알고리즘이 단순하여 결과를 이해하고 신뢰하기 쉬우며, 최신 거래 데이터를 즉각적으로 반영하므로 시장의 트렌드 변화에 매우 민감하다는 장점을 가진다.
단점	데이터가 많아질수록 모든 데이터와의 거리를 계산해야 하므로 예측 속도가 느려지며, 적절한 K값을 설정하는 것에 따라 성능이 크게 좌우된다는 단점이 있다.
도시부동산 활용 예시	특정 아파트의 적정 매매가를 추정하기 위해, 면적, 층수, 입지 등이 가장 유사한 최근 거래 아파트 5개(K=5)의 실거래가 평균을 계산하는 데 활용된다.

5.2. 가상사례: k-NN 모델로 추정한 '마포 리버뷰' 아파트의 적정 매매가

1) **현안 과제:** 서울시 마포구에 위치한 '마포 리버뷰' 아파트 101동 1501호(전용 84㎡)의 현재 적정 매매가를 k-NN 알고리즘 기반 AI 모델 'Neighbor-Scout'로 추정하는 가상 사례를 제시한다.

2) **분석 대상 및 비교 특성 설정:**

(1) **분석 대상:** 마포 리버뷰 101동 1501호(84㎡, 15층/25층, 2018년식)

(2) **핵심 비교 특성(Feature):** ① 전용면적, ② 건축연도, ③ 층수, ④ 지하철역까지 도보 시간, ⑤ 한강 조망 가능 여부(1=가능, 0=불가능) 등 5가지 변수를 선정했다.

[화제의 분양현장] 마포역 '밤섬 리버뷰' 전 가구 한강조망 역세권 아파트 | 동아일보
https://www.donga.com/news

3) k-NN 알고리즘 실행(k=5):

'Neighbor-Scout'는 지난 6개월간 마포구에서 거래된 아파트 실거래 데이터 1,000건 중에서, 위 5가지 특성을 기준으로 '마포 리버뷰 1501호'와의 거리가 가장 가까운 이웃 아파트 5개(k=5)를 찾아냈다. 거리는 각 특성의 차이를 표준 화하여 유클리드 거리(Euclidean Distance) 공식으로 계산했다.

구분	대상: 마포 리버뷰	이웃1: 래미안	이웃2: 자이	이웃3: 힐스테이트	이웃4: 롯데캐슬	이웃5: 더샵
거리 점수	-	1.2 (가장 가까움)	1.5	1.6	1.8	2.0(5번째로 가까움)
전용면적(㎡)	84	84	84	84	84	84
건축연도	2018	2019	2017	2018	2016	2019
층수	15층	12층	18층	13층	20층	10층
지하철(분)	7분	8분	6분	10분	5분	12분
한강 조망	가능(1)	가능(1)	가능(1)	불가능(0)	가능(1)	가능(1)
최근 실거래가	?	17억 5천만 원	18억 2천만 원	16억 원	18억 5천만 원	17억 원

4) 가치 추정 및 투자 인사이트:

알고리즘은 찾아낸 5개 이웃의 실 거래가를 바탕으로 대상 아파트의 가치를 추정했다. 단, 단순 평균이 아닌, 거리가 가까울수록 더 높은 가중치를 부여하는 '거리 가중 평균' 방식을 사용했다.

(1) 단순 평균: (17.5 + 18.2 + 16.0 + 18.5 + 17.0)/5 = 17억 4,400만 원

(2) 거리 가중 평균(AI 최종 추정치):

- 거리의 역수를 가중치로 사용한 계산 결과, 17억 6,500만 원으로 추정되었다.(가까운 이웃 1, 2, 4, 5의 가치가 더 높게 반영되고, 한강 조망이 불가능한 이웃 3의 영향력은 줄어들었다.)

(3) 투자 인사이트: 현재 해당 아파트의 시장 호가가 18억 5천만 원이라면, AI의 추정치(17억 6,500만 원)는 현재 호가가 약 8,500만 원 정도 고 평가되었을 가능성을 시사한다. 따라서 매수 희망자는 AI가 찾아준 유사 거래 사례들을 근거로 합리적인 가격 협상을 시도해볼 수 있는 것이다.

5) 결론: 이 가상사례는 k-NN 알고리즘이 어떻게 가장 객관적인 비교 대상을 과학적으로 찾아내고, 이를 바탕으로 부동산의 적정 가치를 명쾌하게 제시하는지를 보여준다. AI는 '그냥 옆 단지이니까 비슷하겠지'라는 인간의 막연한 추측을, '5가지 핵심 조건의 유사도를 계산했을 때 가장 가까운 이웃 5개의 가중 평균'이라는 정밀한 데이터 기반의 논리로 대체하는 것이다. 이는 부동산 거래의 투명성을 높이고, 모두가 합리적인 의사결정을 내리도록 돕는 가장 직관적이고 믿음직한 조력자가 된다.

주제 5

딥러닝 알고리즘 기반 도시부동산 가치평가와 가치예측

1. CNN(CNN: Convolutional Neural Network)을 활용한 위성 및 거리 뷰 이미지 기반 지역 가치 평가와 가상사례

1.1. '합성곱 신경망(CNN)'은 인간의 시각적 인식 능력을 모방하여 위성 사진이나 거리 뷰(Street View) 이미지 속의 사회경제적 가치를 읽어 내는 딥러닝 알고리즘이다

인간은 특정 장소에 직접 가보지 않고도 사진이나 영상만으로 그곳의 분위기와 가치를 어림짐작하는 놀라운 능력을 가지고 있다. 잘 정돈된 거리, 풍부한 녹지, 깨끗한 건물을 보면 '살기 좋은 동네'라고 느끼는 반면, 낡고 지저분한 환경을 보면 부정적인 인상을 받는다. '합성곱 신경망

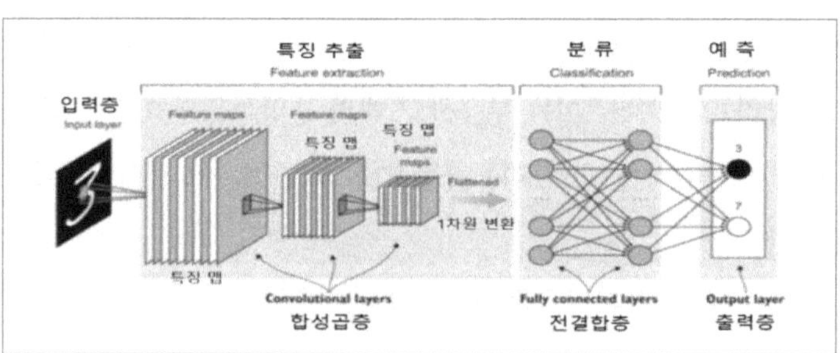

합성곱 신경망, CNN, 합성곱층, Convolution layer, https://adondevas.tistory.com

(CNN: Convolutional Neural Network)'은 바로 이러한 인간의 시각적 인식 능력을 모방하여 위성사진이나 거리 뷰(Street View) 이미지 속에 숨겨진 지역의 사회경제적 가치를 읽어내는 딥러닝 알고리즘이다. 이는 숫자로 표현되기 어려운 도시의 '정성적 가치'를 정량 화하는 혁신적인 접근법이다.

CNN은 인간의 시신경이 사물을 인식하는 방식을 모방한 필터(Filter)를 통해 이미지의 특징을 단계적으로 추출한다. 저 수준 단계의 필터는 선이나 색상, 질감과 같은 단순한 특징을 감지하고, 이들이 결합하여 고수준 단계에서는 건물, 자동차, 나무, 도로와 같은 복잡한 객체를 인식하게 된다. 더 나아가, CNN은 수백만 장의 이미지를 학습함으로써 특정 시각적 패턴과 사회경제적 지표 사이의 연관성을 스스로 발견한다. 예를 들어, '보도의 폭이 넓고 잘 관리된 이미지'나 '건물 외벽이 깨끗하고 녹지가 풍부한 이미지'가 높은 부동산 가격과 강한 상관관계를 보인다는 것을 데이터로부터 학습하는 것이다.

이러한 능력을 통해 CNN은 특정 지역의 위성사진이나 거리 뷰 이미지만으로 그 지역의 물리적 환경 수준, 안전성, 그리고 더 나아가 평균 소득 수준이나 부동산 잠재 가치까지 예측할 수 있다. 이는 전통적인 데이터로는 파악하기 어려웠던 지역의 미관, 쾌적성, 관리 상태와 같은 질적인 요소들이 부동산 가치에 미치는 영향을 과학적으로 분석하고, 이를 투자 결정에 반영할 수 있는 새로운 길을 열어주는 것이다.

[학습 코너: 합성곱 신경망(CNN)]

합성곱 신경망(CNN: Convolutional Neural Network)은 이미지, 비디오와 같은 시각적 데이터를 분석하는 데 사용하는 일종의 딥 러닝 알고리즘이다. 이는 인간 시각 피질의 기능을 모방하도록 설계되었습니다. CNN은 입력 데이터를 처리하는 여러 레이어로 구성된다. 합성곱 레이어는 입력에서 특징을 추출하기 위해 필터를 적용하는 반면 풀링 레이어는 특징의 공간적 차원을 줄인다. 완전히 연결된 레이어는 추출된 특징을 최종 출력에 연결합니다. CNN은 매개변수 공유를 사용하고 공간적 불변성을 보이므로 위치나 방향과 관계없이 개체를 인식할 수 있다. 그리고 낮은 수준에서 높은 수준까지 특성의 계층적 표현을 학습한다. CNN은 레이블이 지정된 데이터로 학습되고 성능을 최적화하기 위해 가중치를 조정한다. 이미지 분류, 개체 감지, 이미지 분할과 같은 작업에서 인상적인 성과를 달성했다. CNN은 시각적 패턴을 자동으로 추출하고 정확하게 인식할 수 있는 특수 알고리즘이다.

[CNN을 사용하는 이유]

CNN은 복잡한 시각적 입력으로부터 의미 있는 특징을 효과적으로 처리하고 추출하는 기능 덕분에 다양한 분야에서 널리 사용되고 있습니다. CNN이 일반적으로 사용되는 이유는 다음과 같다.

- CNN은 이미지 인식, 개체 감지, 분류 작업에 사용된다.
- 이미지, 비디오와 같은 복잡한 시각적 데이터를 분석하는 기능이 탁월합니다. CNN은 이미지 내의 패턴, 모양, 개체를 자동으로 감지하고 인식할 수 있다.
- 공간적 불변성을 가지고 있어 이미지 속의 위치나 방향과 관계없이 개체를 인식할 수 있다.
- CNN은 특징 추출에 뛰어나며 입력 데이터에서 복잡하고 추상적인 특징을 학습한다.
- CNN에서 매개변수를 공유하면 계산 및 메모리 요건이 줄어들어 효율성이 향상된다.

- 대규모 데이터 세트로 사전 교육하고 특정 작업에 맞춰 미세 조정하여 전이 학습이 가능하다.
- CNN은 확장 가능하며 다양한 크기의 입력을 처리할 수 있다.
- CNN은 컴퓨터 비전, 이미지 처리 및 관련 분야에서 널리 사용된다.(출처: HPE용어 해설 https://hpe.com)

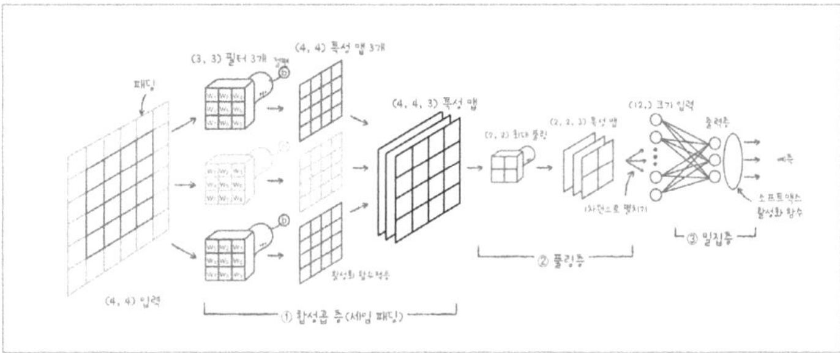

https://kisy.or.kr/124

■ 합성곱 신경망(CNN) 알고리즘의 목표, 분석방법 및 기술, 역할, 장단점, 도시 부동산 활용예시

구분	내용
목표	인간의 시각적 인식 능력을 모방하여 위성 및 거리 뷰 이미지 속에 숨겨진 지역의 사회경제적 가치를 읽어내고, 정성적 가치를 정량 화하는 것을 목표로 한다.
분석 방법 및 기술	이미지의 특징을 계층적으로 추출하는 '합성곱 필터(Convolutional Filter)'를 통해, 시각적 패턴과 부동산 가격 등 사회경제적 지표 간의 상관관계를 학습하는 딥러닝 기술을 사용한다.
역할	미관, 쾌적성, 관리 상태 등 전통적 데이터로 파악하기 어려운 질적 요소가 부동산 가치에 미치는 영향을 과학적으로 분석하는 역할을 수행한다.
장점	이미지 데이터만으로 지역의 잠재 가치를 예측할 수 있으며, 숫자로 표현하기 힘든 도시의 분위기나 환경 수준을 객관적인 지표로 변환할 수 있다는 장점을 가진다.
단점	모델 학습을 위해 방대한 양의 레이블링된 이미지 데이터가 필요하며, 결과가 도출되는 내부 판단 과정을 직관적으로 이해하기 어렵다는 단점이 있다.

도시부동산 활용 예시	잘 관리된 보도, 풍부한 녹지 등 이미지 속 긍정적 시각 요소와 높은 부동산 가격 간의 관계를 학습하여, 특정 지역의 거리 뷰 이미지로 잠재 가치를 예측하는 데 활용된다.

1.2. 가상사례: AI의 눈으로 본 '선샤인마을'과 '스모그밸리'의 가치

풍부한 녹지와 우수한 교육환경… '1-1 생활권' 세종시 대표적 주거지로 떠오르다 · https://realty.chosun.com

1) **현안 과제:** 물리적 입지(도심까지의 거리, 지하철역 유무 등)는 유사하지만, 시각적 환경이 다른 두 가상의 지역, '선샤인마을'과 '스모그밸리'를 CNN 기반 이미지 분석 모델 'Urban-Vision'으로 평가하는 사례를 제시한다.

2) **이미지 데이터 수집 및 분석:** 'Urban-Vision'은 두 지역의 거리 뷰 이미지 각 1만 장과 고해상도 위성사진을 수집하여, 사전에 학습된 모델을 통해 다음과 같은 시각적 환경 지표를 정량적으로 점 수화했다.

(1) **녹지 지수**(Greenery Score): 이미지 내 나무, 공원 등 녹지 픽셀의 비율 및 건강도

(2) **인프라 품질 지수**(Infrastructure Score): 도로 포장 상태, 보도의 균열 여부, 가로등 및 벤치 등 공공시설물의 관리 상태

(3) **건물 관리 지수**(Building Score): 건물 외벽의 청결도, 균열이나 낙서 유무, 창문의 통일성 등

(4) **미관 조화 지수**(Aesthetic Score): 간판의 난립 정도, 전선 지중화 여부, 쓰레기 노출 빈도 등 시각적 쾌적성

'낙후 지역'으로 인식된 구성마을, https://www.yjinews.com

3) CNN 분석 결과(가상수치):

분석 지표 (100점 만점)	선샤인마을 (깨끗하고 녹지가 풍부)	스모그밸리 (낙후되고 정돈되지 않음)
녹지 지수	85점	30점
인프라 품질 지수	90점	45점
건물 관리 지수	82점	55점
미관 조화 지수	78점	35점
종합 환경 점수(AI)	83.8점	41.3점

4) **가치 평가 및 투자 인사이트**: 'Urban-Vision'은 과거 서울시 전역의 환경 점수와 부동산 실거래가 데이터를 학습한 모델을 통해, 두 지역의 잠재적 부동산 가치를 예측했다.

(1) **AI 예측**: 두 지역은 현재 비슷한 가격대를 형성하고 있지만, 종합 환경 점수가 2배 이상 차이 나므로, 향후 가치 상승 잠재력

에는 큰 격차가 발생할 것이다.

(2) **가치 격차 예측:** 종합 환경 점수 1점당 약 0.5%의 가격 프리미엄이 형성되는 패턴을 기반으로, '선샤인마을'은 '스모그밸리' 대비 약 21.25%((83.8-41.3) × 0.5%) 의 잠재적 가치 우위를 가진 것으로 분석된다.

(3) **투자 전략:** 현재 저평가된 '선샤인마을'은 도시재생이나 환경 개선 사업 없이도 내재된 시각적 가치만으로 향후 꾸준한 가격 상승이 기대되는 유망 투자처이다. 반면, '스모그밸리'는 대규모 환경 개선 프로젝트가 선행되지 않는 한 투자 위험성이 매우 높은 지역으로 판단된다.

5) **결론:** 이 가상사례는 AI(CNN)가 어떻게 인간의 눈처럼 도시의 이미지를 보고 그 안에 담긴 무형의 가치를 정확하게 읽어내는지를 보여준다. AI는 '살기 좋은 동네'라는 주관적 느낌을 '종합 환경 점수 83.8점'이라는 객관적 데이터로 변환한다. 이는 투자자가 지도 위의 숫자 너머, 거리의 실제 모습 속에서 미래의 부를 발견할 수 있도록 돕는 가장 진보된 형태의 현장 조사가 되는 것이다.

2. 딥 러닝의 신경망 기반 도시부동산 가치 예측과 가상사례

2.1. '인공 신경망(ANN: Artificial Neural Network)'은 인간의 뉴런 구조를 모방하여 데이터 속의 숨겨진 패턴을 학습하고 미래를 예측하는 강력한 딥러닝 모델이다.

인간의 뇌가 수많은 정보를 종합하여 복잡한 판단을 내리듯, '인공 신경망(ANN: Artificial Neural Network, ANN)'은 인간의 뉴런 구조를 모방하

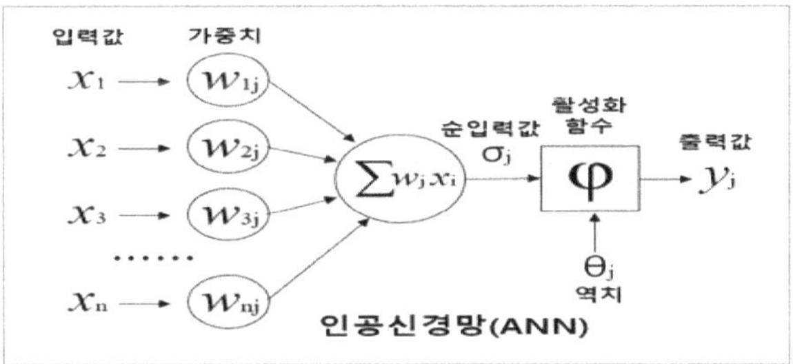

인공신경망 - 위키원, https://wiki1.kr/index.php

여 데이터 속의 숨겨진 패턴을 학습하고 미래를 예측하는 강력한 딥러닝 모델이다. 부동산의 가치가 수백 개의 변수들이 얽히고설킨 비선형적 관계의 결과물이라는 점에서, 인공 신경망은 이러한 복잡성을 스스로 학습하여 특정 부동산의 미래 가치를 예측하는 데 최적화된 알고리즘이라 할 수 있다.

인공 신경망은 정보를 받아들이는 입력층(Input Layer), 정보의 특징을 추출하고 조합하여 새로운 의미를 만들어내는 여러 개의 은닉층(Hidden Layers), 그리고 최종 결과를 도출하는 '출력층(Output Layer)'으로 구성된다. 부동산 가치 예측 모델에서 입력층에는 면적, 층수, 지하철역까지의 거리, 금리, 인구밀도 등 가치에 영향을 미치는 모든 변수가 입력된다. 핵심은 바로 은닉층에 있는데, 이 보이지 않는 층 들에서 신경망은 입력

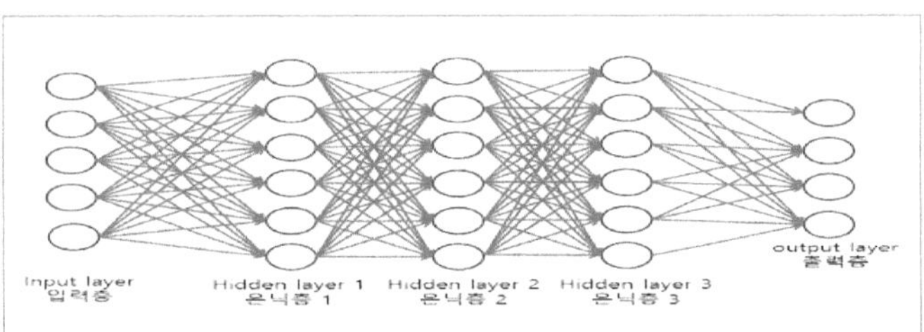

자료와 학습(중급) Part 2. 인공신경망과 딥러닝에 대해 알아봅시다. – AI4School http://ai4school.org

된 변수들을 어떤 가중치로 조합하면 가격을 가장 잘 설명할 수 있는지를 스스로 학습한다.

예를 들어, 첫 번째 은닉층에서는 '지하철역까지의 거리'와 '버스 정류장 개수'를 조합하여 '대중교통 편의성'이라는 새로운 특징을 만들어낼 수 있다. 다음 은닉층에서는 이 '대중교통 편의성'과 '학군 점수', '공원 면적'을 다시 조합하여 '주거환경 쾌적도'라는 더 높은 수준의 추상적인 특징을 학습하게 된다. 이처럼 신경망은 인간이 미처 정의하지 못한 잠재적인 핵심 요인들을 데이터로부터 직접 발견하고, 이를 종합하여 최종적으로 특정 부동산의 가장 확률 높은 미래 가격을 출력층으로 제시하는 것이다.

[학습 코너: 인공 신경망(ANN) 알고리즘]

인공 신경망(ANN)은 인간 뇌의 신경망 구조와 작용에서 영감을 받은 머신러닝 알고리즘으로, 상호 연결된 인공 뉴런(노드)들을 통해 데이터의 패턴을 학습하고 예측합니다. 딥러닝의 핵심 기술이며, 입력층, 은닉층, 출력층의 3단계 구조를 거쳐 가중치와 활성 함수를 통해 정보를 처리하며, 다양한 복잡한 문제를 해결하는 데 사용됩니다. YouTube · 통계파랑

[주요 특징 및 원리]

- 뇌 모방 구조: 인간의 뇌에 있는 뉴런과 시냅스의 구조를 단순화하여 모델링한 것입니다.
- 인공 뉴런(노드): 신호를 받아 처리하고 다음 뉴런으로 전달하는 기본 단위로, 입력 값을 가중치와 결합하고 활성 함수를 통과시켜 최종 출력을 결정합니다.
- 가중치: 뉴런 간의 연결 강도를 나타내며, 학습 과정에서 조절되어 문제 해결 능력을 향상시킵니다.

- 활성 함수: 뉴런의 최종 활성 여부를 결정하는 함수로, 비 선형적인 특징을 더해 복잡한 패턴을 학습할 수 있게 합니다.
- 층 구조: 정보를 받아들이는 입력층, 중간에서 복잡한 계산을 수행하는 은닉층, 최종 결과를 내놓는 출력층으로 구성됩니다.

(출처: https//google.com)

■ 합인공 신경망(ANN) 알고리즘의 목표, 분석방법 및 기술, 역할, 장단점, 도시부동산 활용예시

구분	내용
목표	인간의 뉴런 구조를 모방하여 데이터 속 숨겨진 패턴과 복잡한 비선형적 관계를 학습하고, 이를 통해 부동산의 미래 가치를 정밀하게 예측하는 것을 목표로 한다.
분석 방법 및 기술	다수의 은닉 층(Hidden Layers)을 통해 입력된 변수들을 조합하여 '대중교통 편의성' 등 새로운 고차원 특징을 스스로 생성하고 학습하는 딥러닝 기술을 사용한다.
역할	인간이 정의하지 못한 잠재적인 핵심 가치 요인을 데이터로부터 직접 발견하고, 이를 종합하여 가장 확률 높은 미래 가격을 제시하는 역할을 수행한다.
장점	수백 개의 변수가 얽힌 복잡한 관계를 스스로 학습할 수 있으며, 자동으로 중요한 특징을 추출해내는 강력한 예측 성능을 가진다는 장점이 있다.
단점	학습 과정이 복잡하여 결과에 대한 해석이 어렵고(블랙박스), 모델 훈련에 많은 데이터와 높은 컴퓨팅 성능이 요구된다는 단점이 있다.
도시부동산 활용 예시	지하철 거리, 학군, 공원 면적 등 수십 개 변수를 조합하여 '주거환경 쾌적도'와 같은 새로운 지표를 스스로 생성하고, 이를 바탕으로 신축 오피스텔의 미래 임대료를 예측하는 데 활용된다.

2.2. 가상사례: 신축 오피스텔 '메트로폴리스'의 미래 임대료 예측

1) 현안 과제: 경기도 과천에 새롭게 지어질 예정인 오피스텔 '메트로폴리스'의 2년 후 입주 시점 예상 월세를 인공 신경망 모델 'Rent-Net'이 예측하는 가상 사례를 제시한다.

과천 자이엘라 에디션 지식정보센터 오피스텔 근린생활시설 상가 미분양 공급
https://modelhouse1666-8707.tistory.com

2) **입력층**: 다양한 변수의 종합적 입력: 'Rent-Net'은 '메트로폴리스'의 미래 임대료를 예측하기 위해 다음과 같은 세 가지 카테고리의 총 50개 변수를 입력 데이터로 사용했다.

- 건물 특성 변수: 전용면적, 층수, 방향, 빌트인 옵션 종류, 주차 대수 등
- 입지 특성 변수: 신설 예정 지하철역까지의 도보 시간, 인근 대기업 본사와의 거리, 주변 상권 활성도 지수, 공원 접근성 등
- 거시 경제 변수: 2년 후 예상 기준금리(전문가 전망치), 과천시 인구 유입률 전망, 인근 지역 오피스텔 공급 물량 예측치 등

3) **은닉층**: 잠재적 가치 요인의 자동 학습: 'Rent-Net'의 3개 은닉층은 입력된 50개 변수를 조합하며 다음과 같은 눈에 보이지 않는 잠재적 가치 요인들을 스스로 학습하고 활성화했다.

입력층 (Input Layer)	→	은닉층 1 (Hidden Layer 1)	→	은닉층 2 (Hidden Layer 2)	→	출력층 (Output Layer)
• 지하철역 도보 시간 • 주변 대기업 거리	→	'직주근접성' 지수	→	'미래 임차인 경쟁력' 점수	→	예상 월세: 155만 원
• 전용면적 • 빌트인 옵션	→	'1인 가구 선호도' 지수				

• 주변 공급 물량 • 예상 기준금리	→	'미래 공실 위험도' 지수			

4) 출력층: 최종 예측치 및 신뢰구간 제시(가상수치): 수만 번의 반복 학습을 통해 최적의 가중치를 찾아낸 'Rent-Net'은 다음과 같이 구체적인 수치로 '메트로폴리스' 오피스텔(전용 40㎡ 기준)의 2년 후 월세를 예측했다.

AI 예측 결과	값	분석
최적 예측 월세	155만 원	수십 개의 변수가 만들어내는 복잡한 상호작용을 고려했을 때, 가장 확률 높은 미래 임대료이다.
95% 신뢰구간	148만 원 ~ 162만 원	시장 상황의 불확실성을 감안했을 때, 95%의 확률로 실제 임대료가 형성될 가격 범위이다.
주요 영향 요인 (가중치 기준)	1. 신설 지하철역 개통 2. 주변 대기업 입주 3. 1인 가구 증가율	AI는 해당 오피스텔의 가치를 결정하는 가장 핵심적인 동인이 교통, 직장, 인구구조 변화임을 스스로 판단했다.

5) 결론: 이 가상사례는 인공 신경망이 어떻게 수많은 데이터의 파편들을 연결하여 '직주근접성'이나 '임차인 경쟁력'과 같은 추상적인 개념을 스스로 학습하고, 이를 바탕으로 미래의 가치를 정밀하게 예측하는지를 보여준다. AI는 인간의 뇌처럼 복잡한 세상의 원리를 데이터 속에서 발견해낸다. 이는 투자자가 단편적인 정보가 아닌, 시장을 움직이는 거대한 시스템을 이해하고 한발 앞서 미래를 내다볼 수 있도록 돕는 가장 지능적인 나침반이 되는 것이다.

3. 생성형 적대 신경망 GAN(Generative Adversarial Network)을 활용한 부동산 개발 시뮬레이션 및 가치 예측과 가상사례

3.1. GAN은 마치 위조지폐를 만들려는 '생성자'와 이를 감별하려는 '판별자'가 서로 경쟁하며 서로의 능력을 발전시키는 것처럼, 존재하지 않는 진짜 같은 가짜 이미지나 데이터를 만들어내는 딥러닝 모델이다.

AI의 발전이 '분석'과 '예측'의 영역을 넘어 '창조'의 영역까지 넘보고 있다. 그 최전선에 있는 기술이 바로 '생성적 적대 신경망(GAN: Generative Adversarial Network)'이다. GAN은 마치 위조지폐를 만들려는 '생성자(Generator)'와 이를 감별하려는 '판별자(Discriminator)'가 서로 경쟁하며 서로의 능력을 발전시키는 것처럼, 세상에 존재하지 않는 진짜 같은 가짜 이미지나 데이터를 만들어내는 딥러닝 모델이다. 부동산 개발 분야에서 GAN은 아직 지어지지 않은 건물의 미래 모습을 수만 가지 스타일로 그려보고, 그 디자인이 가져올 미래 가치까지 예측하는 환상적인 시뮬레이션 도구로 활용된다.

GAN을 활용한 부동산 개발 시뮬레이션은 다음과 같이 작동한다. 먼저 생성자에게 개발 대상 부지의 위성사진, 주변 건물 데이터, 그리고 '모던한 스타일의 5층 상가 건물'과 같은 개발 콘셉트를 입력한다. 생성자는 이 정보를 바탕으로 수많은 건축 디자인 이미지를 학습하여, 주어진 콘셉트에 맞는 가상의 건물 외관 이미지를 뚝딱 만들어낸다. 그러면 판별자는 이 이미지가 실제 존재하는 건물의 사진인지, 아니면 생성자가 만들어낸 가짜인지를 판별한다. 이 과정에서 판별자는 점점 더 정교하게 가짜를 구별해내고, 생성자는 판별자를 속이기 위해 점점 더 현실과 구분하기 힘든 이미지를 만들어내도록 스스로 학습하며 진화하는 것이다.

이러한 경쟁적 학습이 끝나면, 생성자는 특정 부지에 가장 잘 어울리는, 수십, 수백 가지의 사실적인 미래 건물 디자인 시안을 순식간에 시각화할 수 있게 된다. 더 나아가, 이렇게 생성된 이미지들을 다시 CNN(합성곱 신경망) 기반의 가치 평가 모델에 입력하여, 각각의 디자인이 가져올 예상 임대 수익이나 미래 매매가격까지 예측할 수 있다. 이는 과거 건축가의 머릿속에만 존재했던 무한한 가능성을 눈앞의 이미지와 숫자로 직접 비교하고 최적의 대안을 선택할 수 있게 만드는, 그야말로 상상을 현실로 만드는 기술인 것이다.

■ **생성적 적대 신경망(GAN) 알고리즘의 목표, 분석방법 및 기술, 역할, 장단점, 도시부동산 활용예시**

구분	내용
목표	실제와 구분하기 힘든 가상의 이미지나 데이터를 스스로 생성하는 것을 목표로 하며, 이를 통해 존재하지 않는 미래의 가능성을 시각 화한다.
분석 방법 및 기술	가짜 데이터를 만드는 '생성자(Generator)'와 진짜와 가짜를 구별하는 '판별자(Discriminator)'가 서로 경쟁적으로 학습하는 적대적(Adversarial) 딥러닝 기술을 사용한다.
역할	생성자가 창의적인 대안을 제시하는 역할을, 판별자가 결과물의 현실성을 검증하는 역할을 분담하여, 최종적으로 인간의 상상을 뛰어넘는 결과물을 창조하는 역할을 한다.
장점	세상에 없는 새롭고 사실적인 이미지를 무한히 생성할 수 있으며, 이를 통해 개발의 불확실성을 획기적으로 줄이고 창의적인 디자인을 탐색할 수 있다는 장점을 가진다.
단점	두 신경망을 동시에 학습시키는 과정이 매우 불안정하여 최적의 결과물을 얻기 어렵고, 막대한 양의 학습 데이터와 컴퓨팅 자원이 요구된다는 단점이 있다.
도시부동산 활용 예시	낡은 단독주택의 리모델링 시, 수십 가지의 사실적인 미래 조감도를 자동으로 생성하고, 각 디자인별 미래 건물 가치와 예상 임대수익을 예측하는 데 활용된다.

3.2. 가상사례: GAN으로 재탄생한 '연남동 낡은 단독주택'

1) 현안 과제: 서울 마포구 연남동의 허름한 2층 단독주택을 리모델링하여 가치를 극대화하는 프로젝트에 GAN 기반 디자인 및 가치 예측 모델 'Archi-GAN'을 활용하는 가상 사례를 제시한다.

2) 목표 설정 및 GAN 모델 학습:

(1) 개발 목표: 20-30대 유동인구가 많은 지역 특성을 살려, 임대수익을 극대화할 수 있는 트렌디한 디자인의 상가주택으로 리모델링한다.

(2) 'Archi-GAN' 학습: 모델의 생성자는 지난 5년간 건축 잡지와 인스타그램에 게시된 연남동, 성수동 지역의 인기 상가주택 이미지 10만 장을 학습했다. 판별자는 실제 건물 사진과 가짜 이미지를 구별하도록 훈련되었다.

3) 가상 리모델링 이미지 생성:

프로젝트팀은 'Archi-GAN'에 기존 주택의 사진과 함께 '노출 콘크리트', '통유리', '루프탑 테라스'와 같은 디자인 키워드를 입력했다. 생성자는 이 키워드를 조합하여 다음과 같은 수십 가지의 사실적인 리모델링 후 조감도를 생성했다.

GAN(생성적 적대 신경망) 알고리즘을 활용한 가상 리모델링 이미지: 연남동 낡은 단독주택이 '노출 콘크리트', '통유리', '루프탑 테라스' 키워드를 반영하여 트렌디한 상가주택으로 재탄생한 모습이다.(Gemini)

4) 디자인 선호도 및 가치 예측(가상수치):

생성된 각 디자인 시안 이미지를 다시 CNN 가치 평가 모델에 입력하여, 주변 시세와 디자인의 시장 선호도를 종합적으로 고려한 미래 가치를 예측했다.

디자인 시안	주요 특징	판별자 현실성 점수 (100점 만점)	AI 예측 월 임대수익	AI 예측 건물 가치
기존 주택	낡은 붉은 벽돌 주택	-	200만 원	15억 원
시안 A	전면 통유리, 미니멀 디자인	92점	850만 원	38억 원
시안 B	노출콘크리트, 루프탑 강조	95점 (가장 현실적)	1,100만 원	45억 원
시안 C	목재 마감, 테라스 확장	88점	920만 원	40억 원

5) 최종 의사결정 및 결론:

(1) **최적안 선정**: 프로젝트팀은 AI가 가장 현실적이라고 판단하고(판별자 점수 95점), 동시에 가장 높은 임대수익과 건물 가치를 예측한 '시안 B'를 최종 리모델링 디자인으로 채택했다.

(2) **투자 인사이트**: AI 시뮬레이션 결과, 약 5억 원의 리모델링 비용을 투자하여 '시안 B'로 개발할 경우, 기존 대비 건물 가치를 30억 원이나 상승시키는 효과를 가져올 것으로 예측되었다. 이는 초기 디자인 단계에서 최적의 의사결정을 내리는 것이 얼마나 중요한지를 명확히 보여준다.

(3) **결론**: 이 가상사례는 GAN이 어떻게 건축가의 창의적 영감에 AI의 데이터 기반 분석을 결합하여 부동산 개발의 불확실성을 획기적으로 줄이는지를 보여준다. AI는 단순히 그림을 그리는 것을 넘어, 어떤 그림이 가장 비싸게 팔릴 수 있는 그림인지를 예

측한다. 이는 상상을 수익으로 직결시키는, 미래 부동산 개발의 가장 강력하고 환상적인 파트너가 될 것이다

4. 오토인코더(Autoencoder)를 이용한 이상 거래 탐지 및 잠재 요인 추출과 가상사례

4.1. '오토인코더(Autoencoder)'는 정상적인 데이터의 특징을 스스로 학습하여, 이 기준에서 벗어나는 이상 거래를 효과적으로 탐지하고 그 이면에 숨겨진 잠재 요인을 추출하는 비지도 학습(Unsupervised Learning) 딥러닝 모델이다.

부동산 시장에는 수많은 정상적인 거래들 사이에서, 일반적인 패턴을 벗어나는 이례적이거나 의심스러운 '이상 거래(Anomaly)'가 존재한다. 이는 시장의 건전성을 해치는 투기성 거래일 수도 있고, 누구도 예상치 못한 새로운 시장 변화의 신호일 수도 있다. '오토인코더(Autoencoder)'는 정상적인 데이터의 본질적인 특징을 스스로 학습하여, 이 기준에서 벗어나는 이상 거래를 효과적으로 탐지하고 그 이면에 숨겨진 잠재 요인을 추출하는 비지도 학습(Unsupervised Learning) 딥러닝 모델이다.

오토인코더는 입력된 데이터를 더 작은 차원으로 압축하는 인코더(Encoder)와, 압축된 데이터를 다시 원본 형태로 복원하는 디코더(Decoder)로 구성된 독특한 구조를 가진다. 이는 마치 숙련된 전문가가 복잡한 원본 그림의 핵심 특징만을 간추려 스케치(압축)했다가, 그 스케치만 보고 다시 원본 그림을 그려내는(복원) 과정과 유사하다. 오토인코더는 수많은 '정상 거래' 데이터만을 보고 이 압축과 복원 훈련을 반복한다. 훈련이 완료된 오토인코더는 정상 거래를 매우 낮은 오차로 완벽하게 복원해내는 '정상 거래 복원 전문가'가 되는 것이다.

이러한 모델에 새로운 거래 데이터가 입력되었을 때, 만약 그 거래가 과거의 정상 패턴과 유사하다면 오차 없이 잘 복원해낸다. 하지만 만약 입력된 데이터가 과거에 본 적 없는 이상 거래라면, 모델은 이를 제대로 복원하지 못하고 큰 '복원 오차(Reconstruction Error)'를 발생시킨다. 이 복원 오차의 크기가 바로 해당 거래의 '이상 점수(Anomaly Score)'가 된다. 또한, 인코더가 데이터를 압축한 가장 핵심적인 정보, 즉 '잠재 변수(Latent Variables)'를 분석하면, 부동산 시장의 가격을 결정하는 눈에 보이지 않는 숨겨진 요인들, 예를 들어 '개발 잠재력'이나 '주거 쾌적성'과 같은 추상적인 특징들을 추출해낼 수도 있는 것이다.

■ **오토인코더(Autoencoder) 알고리즘의목표, 분석방법 및 기술, 역할, 장단점, 도시부동산 활용예시**

구분	내용
목표	정상 데이터의 핵심 특징을 스스로 학습하여, 일반적인 패턴에서 벗어나는 이상 거래(Anomaly)를 효과적으로 탐지하고 데이터 이면의 잠재 요인을 추출하는 것을 목표로 한다.
분석 방법 및 기술	데이터를 저차원으로 압축하는 '인코더(Encoder)'와 원본으로 복원하는 디코더(Decoder) 구조를 통해, '복원 오차(Reconstruction Error)'의 크기로 이상치를 탐지하는 비지도 학습 기술을 사용한다.
역할	정상 거래 데이터의 본질을 학습한 '복원 전문가'로서, 복원 오차를 통해 이상 신호를 감지하는 파수꾼 역할을 하며, 압축된 잠재 변수를 통해 시장의 숨은 동인을 해석하는 역할을 한다.
장점	'정상'과 '비정상'을 미리 구분한 데이터 없이 정상 데이터만으로 학습이 가능하며, 과거에 없던 새로운 유형의 이상 신호도 탐지할 수 있다는 강력한 장점을 가진다.
단점	이상 거래를 판단하는 복원 오차의 임계값을 설정하기 어렵고, 인코더가 추출한 잠재 변수의 의미를 명확하게 해석하기 위해서는 추가적인 분석이 필요하다는 단점이 있다.
도시부동산 활용 예시	주변 시세보다 비정상적으로 높은 아파트 거래를 높은 복원 오차를 통해 '이상 거래'로 탐지하거나, 압축된 잠재 변수를 분석하여 '개발 잠재력'과 같은 추상적 요인을 추출하는 데 활용된다.

4.2. 가상사례: 서울시 아파트 거래 데이터 속 이상 신호 탐지

1) 현안 과제: 서울시 아파트 실거래 데이터 100만 건을 학습한 오토인코더 모델 'Anomaly-Catcher'가 신규 거래 데이터의 이상 여부를 탐지하는 가상 사례를 제시한다.

2) 모델 학습 및 정상 패턴 정의: 'Anomaly-Catcher'는 지난 10년간의 정상적인 아파트 거래 데이터만을 학습했다. 입력 변수로는 거래 가격, 면적, 층수, 건축 연도, 소득 대비 주택가격 비율(PIR), 금리 등 30개의 변수를 사용했다. 모델은 이 변수들의 정상적인 관계, 예를 들어 '면적이 클수록 가격이 높고, PIR이 일정 범위를 넘지 않는다'와 같은 패턴을 스스로 학습하여 내 재화했다.

3) 이상 거래 탐지(가상수치): 최근 발생한 두 건의 신규 거래 데이터를 모델에 입력하여 복원 오차를 계산했다.

구분	거래 A(정상 거래)	거래 B(이상 거래)
입력 데이터	강남구 A아파트/84㎡/25억 원 (주변 시세와 유사)	노원구 B아파트/59㎡/15억 원 (주변 시세 2배 이상)
모델의 복원 결과	84㎡/24억 8천만 원 (원본과 거의 동일하게 복원)	84㎡/24억 8천만 원 (원본과 거의 동일하게 복원)
복원 오차(가격 기준)	2천만 원(낮음)	7억 원(매우 높음)
이상 점수	5점	98점
AI 판정	정상 거래(Normal)	이상 거래(Anomaly)

(1) **거래 A 분석:** 강남구 A아파트 거래는 모델이 학습한 정상적인 패턴의 범위 안에 있으므로, 거의 완벽하게 복원되었고 이상 점수도 매우 낮게 나타났다.

(2) **거래 B 분석:** 노원구 B아파트 거래는 면적 대비 가격이 모델이 학습한 정상 범위를 크게 벗어난다. 따라서 모델은 이를 정상적인 8억 원 수준으로 복원하려 했고, 이 과정에서 7억 원이라는 막대한 복원 오차가 발생했다. 'Anomaly-Catcher'는 이를 '매우 높은 확률의 이상 거래'로 즉시 탐지하여 경고 신호를 보낸 것이다.

4) **잠재 요인 추출 및 인사이트:** 오토인코더의 인코더가 추출한 잠재 변수를 분석한 결과, 서울 아파트 가격에 영향을 미치는 가장 중요한 두 가지 숨겨진 요인은 '자산가치 잠재력'(재건축, 입지 등)과 '주거 안정성'(학군, 공원, 커뮤니티 등)으로 나타났다. 이상 거래로 탐지된 B아파트는 '주거 안정성' 요인은 낮았으나, '자산가치 잠재력' 요인이 비정상적으로 높게 나타났다. 이는 해당 거래가 실 거주 목적보다는, 아직 시장에 알려지지 않은 강력한 개발 호재를 기반으로 한 투기성 거래일 수 있다는 심층적인 해석을 가능하게 하는 것이다.

5) **결론:** 이 가상사례는 오토인코더가 어떻게 정상 데이터의 본질을 학습하여 기존 방식으로는 찾아내기 어려운 이상 거래를 효과적으로 식별하는지를 보여준다. AI는 수많은 거래 기록 속에서 침묵하는 데이터의 패턴을 이해하고, 그 패턴에서 벗어나는 미세한 균열을 찾아낸다. 이는 시장의 건전성을 지키는 파수꾼이자, 새로운 변화의 징후를 가장 먼저 알려주는 예리한 탐정이 되는 것이다.

주제 6

생성형 AI 알고리즘이 그리는 부동산 개발의 미래

1. GAN(생성적 적대 신경망)을 활용한 도시부동산 개발 시뮬레이션과 가상사례

1.1. GAN을 이용한 개발 시뮬레이션은 건축가의 상상력에 AI의 데이터 기반 창의력을 더하는 과정이다.

AI는 이제 데이터를 분석하고 미래를 예측하는 것을 넘어, 세상에 존재하지 않는 새로운 가능성을 창조하는 영역으로 진화하고 있다. 그 정점에 있는 기술이 바로 '생성적 적대 신경망(Generative Adversarial Network,

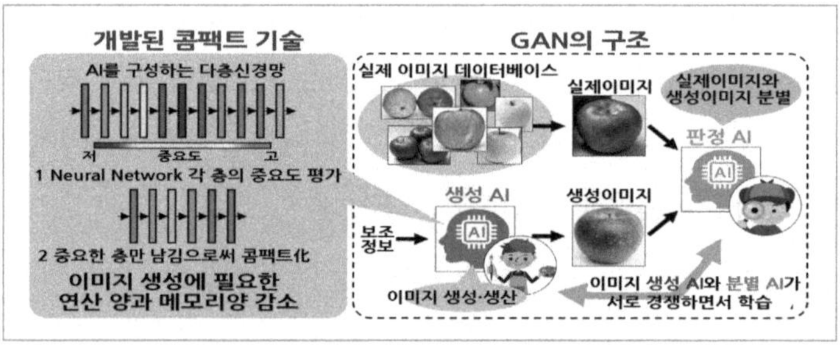

노트북에서도 AI 학습 이미지 생성하는 '콤팩트 생성적 적대신경망(GAN)' 개발 〈 Deep Learning 〈 AI 〈 기사본문 - 인공지능신문, https://www.aitimes.kr

GAN)'이다. GAN은 마치 화폐 위조범과 경찰처럼, 진짜 같은 가짜를 만들어내는 '생성자(Generator)'와 이를 감별하는 '판별자(Discriminator)'가 서로 경쟁하며 학습하는 혁신적인 딥러닝 모델이다. 도시부동산 개발 분야에서 GAN은 아직 삽을 뜨지 않은 빈 땅 위에, 수십, 수백 가지의 사실적인 미래 건물 모습을 그려보고 최적의 디자인을 찾아내는 환상적인 가상 건축가의 역할을 수행한다.

GAN을 이용한 개발 시뮬레이션은 건축가의 상상력에 AI의 데이터 기반 창의력을 더하는 과정이다. 먼저 개발 대상 부지의 조건(위성사진, 주변 건물 스타일, 법적 제약 등)과 원하는 개발 콘셉트('친환경적인 커뮤니티 공간', '모던한 디자인의 오피스 빌딩' 등)를 생성자에게 입력한다. 생성자는 수백만 장의 건축 이미지를 학습한 경험을 바탕으로, 주어진 조건에 맞는 새로운 건물 디자인 이미지를 생성해낸다. 그러면 판별자는 이 이미지가 실제 사진인지, 아니면 생성자가 만든 가짜인지를 날카롭게 판별하여 피드백을 준다. 이 치열한 경쟁 과정이 반복되면서 생성자는 판별자조차 속일 만큼 정교하고 현실적인 이미지를 만들어내도록 진화하는 것이다.

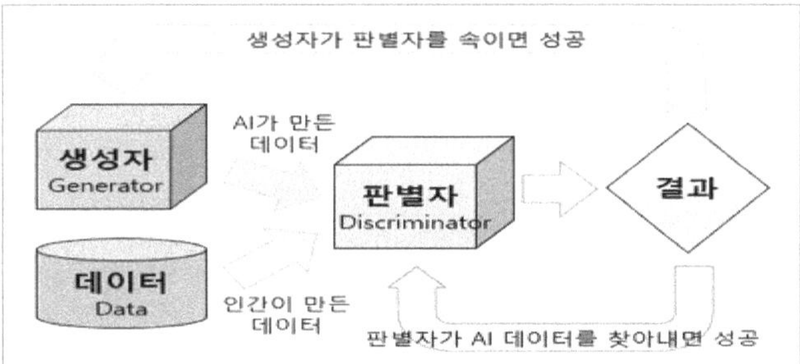

생성대립신경망 - 위키원, https://wiki1.kr/index.php

이러한 과정을 통해 개발자는 특정 부지에 적용 가능한 무한에 가까운 건축 디자인 포트폴리오를 단 몇 시간 만에 얻을 수 있다. 단순히 외관 디자인 뿐만 아니라, 가상으로 건물의 내부에 가구를 배치해보는 '버추얼 스테이징(Virtual Staging)'을 통해 공간감을 미리 체험하거나, 새로운 건물이 주변 도시 경관과 어떻게 어우러지는지를 시뮬레이션해볼 수도 있다. 이는 과거의 방식으로는 상상할 수 없었던 속도와 다양성으로 최적의 개발 방향을 탐색하고, 잠재적 리스크를 최소화하며, 프로젝트의 가치를 극대화하는 가장 강력하고 창의적인 방법론이 되는 것이다.

■ 생성적 적대 신경망(GAN) 알고리즘의 목표, 분석방법 및 기술, 역할, 장단점, 도시부동산 활용예시

구분	내용
목표	실제와 구분하기 힘든 가상의 이미지나 데이터를 스스로 생성하는 것을 목표로 하며, 이를 통해 존재하지 않는 미래의 가능성을 시각 화한다.
분석 방법 및 기술	가짜 데이터를 만드는 '생성자(Generator)'와 진짜와 가짜를 구별하는 '판별자(Discriminator)'가 서로 경쟁적으로 학습하는 적대적(Adversarial) 딥러닝 기술을 사용한다.
역할	건축가의 상상력에 데이터 기반 창의력을 더하여, 최적의 개발 방향을 탐색하고 프로젝트의 잠재 리스크를 최소화하는 가상 건축가의 역할을 수행한다.
장점	특정 부지에 대한 무한에 가까운 건축 디자인 포트폴리오를 단시간에 생성할 수 있으며, 속도와 다양성 측면에서 압도적인 장점을 가진다.
단점	두 신경망을 동시에 학습시키는 과정이 매우 불안정하여 최적의 결과물을 얻기 어렵고, 막대한 양의 학습 데이터와 컴퓨팅 자원이 요구된다는 단점이 있다.
도시부동산 활용 예시	빈 땅 위에 들어설 미래 건물의 사실적인 조감도를 수백 가지 버전으로 생성하거나, 건물의 내부 공간을 가상으로 꾸며보는 '버추얼 스테이징'에 활용된다.

1.2. 가상사례: GAN이 그려낸 '성수동 폐공장'의 미래

1) 현안 과제: 서울 성수동에 위치한 낡은 폐공장 부지를 복합문화공간으로 재개발하는 프로젝트에 GAN 기반 건축 시뮬레이션 AI 'Archi-GAN'을 활용하는 가상 사례를 제시한다.

2) 목표 설정 및 데이터 입력:

(1) 개발 목표: 성수동의 지역적 특성을 반영하여, 젊은 층을 유인할 수 있는 독창적이고 지속가능한 랜드마크를 조성한다.

(2) 입력 데이터:

- 공간 데이터: 대상 부지의 3D 스캔 데이터, 주변 건물 및 도로망 데이터
- 콘셉트 키워드: '인더스트리얼 감성', '자연 채광', '개방형 구조', '루프탑 가든'
- 학습 데이터: 'Archi-GAN'은 뉴욕, 런던, 베를린 등 전 세계 성공적인 공장 재개발 건축 사례 이미지 5만 장을 사전 학습했다.

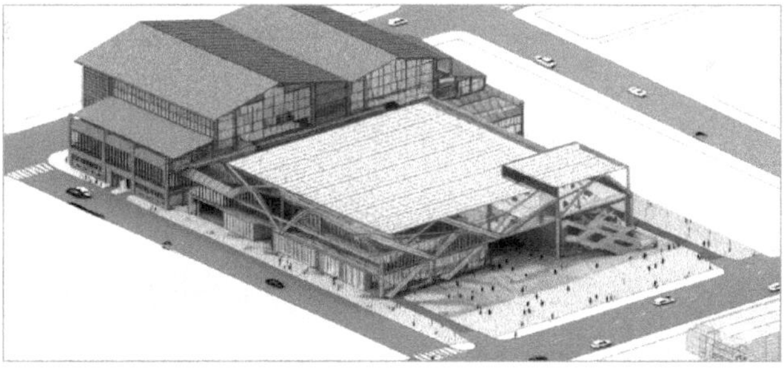

GAN알고리즘으로 생성한 재개발 건축디자인 이미지(Gemini)

3) AI의 건축 디자인 생성:

'Archi-GAN'의 생성자는 입력된 데이터를 바탕으로 수백 가지의 서로 다른 건축 디자인 이미지를 생성했다. 판별자는 이 이미지들의 현실성과 콘셉트 부합도를 평가하여 점수를 매겼다. 그 중에서 가장 높은 평가를 받은 3가지 대안은 다음과 같다.

디자인 시안	주요 특징 (AI 생성)	판별자 현실성 점수 (100점 만점)	AI 콘셉트 부합도
시안 A	기존 공장 구조를 최대한 보존, 아트리움을 통한 채광 극대화	92점	인더스트리얼(상), 자연 채광(최상)
시안 B	저층부를 완전 개방형 플라자로 설계, 상층부에 공중정원 배치	96점 (가장 현실적)	개방형 구조(최상), 루프탑(상)
시안 C	목재와 벽돌을 결합한 파사드, 가변형 내부 공간 제시	88점	인더스트리얼(중), 개방형 구조(상)

4) 최종 의사결정 및 가치 분석:

(1) **최적안 선정**: 개발팀은 AI가 생성한 조감도와 내부 투시도를 VR로 체험한 후, 가장 현실적이면서도 공공성과 상업성을 잘 결합한 '시안 B'를 최종안으로 선택했다. AI는 인간 설계자가 고려하지 못했던, 인근 공원과의 시각적 연결성을 극대화하는 독특한 동선 체계를 제안했다.

(2) **가치 예측**: '시안 B'의 이미지를 부동산 가치 평가 AI에 입력한 결과, 전통적인 설계안 대비 예상 임대수익은 15%, 완공 후 예상 건물 가치는 20% 더 높을 것으로 예측되었다. 이는 독창적인 디자인이 주는 희소성과 상징성이 자산 가치에 미치는 영향을 AI가 정량적으로 분석한 결과이다.

(3) **결론**: 이 가상사례는 GAN이 어떻게 빈 땅 위에 무한한 상상력을 불어넣고, 그 상상력이 가져올 경제적 가치까지 시뮬레이션 하

는지를 명확히 보여준다. AI는 더 이상 인간 건축가의 보조 도구가 아니라, 함께 아이디어를 구상하고 최적의 해답을 찾아가는 창의적인 파트너이다. 이는 최소의 비용과 시간으로 최대의 가치를 창출하는, 미래 도시 개발의 혁명적 변화를 예고하는 것이다.

2. VAE(변분 오토인코더) 기반의 부동산 데이터 증강 및 잠재 시장 분석과 가상사례

2.1. 신도시나 재개발 초기 지역처럼 데이터가 절대적으로 부족한 경우가 많다. '변분 오토인코더(VAE)'는 이러한 데이터 부족 문제를 해결하고, 더 나아가 시장에 아직 존재하지 않는 잠재적인 부동산 유형을 탐색할 수 있게 해주는 딥 러닝 생성 모델이다.

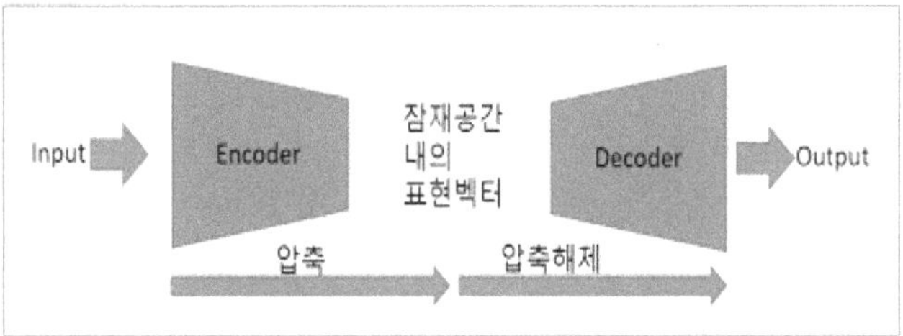

오토인코더(AE, AutoEncoder), Seq2Seq AE, 변이형 오토인코더(VAE, Variational AutoEncoder)
https://oliverhouse.tistory.com

성공적인 인공지능(AI) 모델을 만들기 위해서는 방대한 양의 학습 데이터가 필수적이지만, 신도시나 재개발 초기 지역처럼 데이터가 절대적으로 부족한 경우가 많다. '변분 오토인코더(Variational Autoencoder, VAE)'는 바로 이러한 데이터 부족 문제를 해결하고, 더 나아가 시장에 아직 존재하지 않는 잠재적인 부동산 유형을 탐색할 수 있게 해주는 강력한 딥러닝 생성 모델이다. VAE는 기존 데이터의 핵심 특징을 학습하여, 세상에 존재하지 않았지만 통계적으로는 충분히 존재 가능한 '가상의 데이터'를 무한히 생성해내는 능력을 가지고 있다.

VAE는 일반적인 오토인코더처럼 데이터를 압축하는 인코더와 이를 복원하는 디코더 구조를 가지지만, 결정적인 차이점이 있다. VAE의 인코더는 데이터를 하나의 점이 아닌, 평균과 분산을 가진 확률 분포, 즉 '잠재 공간(Latent Space)'으로 압축한다. 이는 마치 특정 아파트의 특징을 '전용 84㎡, 20층'이라는 고정된 값으로 기억하는 것이 아니라, '전용 80~90㎡ 사이, 15~25층 사이일 확률이 높음'과 같이 유연한 확률적 형태로 기억하는 것과 같다. 이 덕분에 디코더는 잠재 공간 안에서 무작위로 점을 샘플링하여, 원본과 미세하게 다르지만 여전히 사실적인 수많은 가상의 아파트 데이터를 생성해낼 수 있는 것이다.

이러한 데이터 증강(Data Augmentation) 능력은 AI 모델의 성능을 획기적으로 향상시킨다. VAE가 생성한 수만 개의 가상 데이터를 부족한 실제 데이터와 함께 학습에 사용하면, AI는 훨씬 더 풍부한 패턴을 학습하여 특정 지역의 가치를 더 정확하게 예측할 수 있게 된다. 또한, 잠재 공간을 의도적으로 탐색하면 새로운 시장 기회를 발견할 수도 있다. 예를 들어, '높은 층수'에 해당하는 잠재 변수 값과 '넓은 테라스'에 해당하는 값을 조합하여 디코더에 입력하면, 그 지역에 아직 존재하지 않지만 미래에 높은 가치를 가질 '고층 테라스 하우스'라는 새로운 유형의 부동산을 가상으로 생성하고 그 시장성을 미리 타진해볼 수 있는 것이다.

■ VAE(변분 오토인코더) 알고리즘의 목표, 분석방법 및 기술, 역할, 장단점, 도시 부동산 활용예시

구분	내용
목표	기존 데이터의 핵심 특징을 학습하여 통계적으로 존재 가능한 '가상의 데이터'를 무한히 생성하고, 이를 통해 데이터 부족 문제를 해결하는 것을 목표로 한다.
분석 방법 및 기술	데이터를 확률 분포 형태의 잠재 공간(Latent Space)으로 압축하는 인코더와, 이 잠재 공간에서 샘플링하여 새로운 데이터를 생성하는 디코더 구조의 생성 모델 기술을 사용한다.
역할	'데이터 증강(Data Augmentation)'을 통해 AI 예측 모델의 성능을 향상시키는 역할을 하며, 잠재 공간 탐색을 통해 시장에 없는 새로운 부동산 유형을 탐색하는 역할을 한다.
장점	데이터가 부족한 지역에서도 사실적인 가상 데이터를 대량으로 생성하여 AI 모델의 학습을 도울 수 있으며, 잠재적 시장 기회를 창의적으로 발굴할 수 있다는 장점을 가진다.
단점	생성된 데이터가 다소 흐릿하거나 평균적인 특징에 치우치는 경향이 있으며, GAN에 비해 결과물의 선명도가 떨어질 수 있다는 기술적 단점이 있다.
도시부동산 활용 예시	데이터가 부족한 신도시의 가상 아파트 데이터를 대량 생성하여 가치 예측 모델의 정확도를 높이거나, '고층 테라스 하우스'처럼 새로운 주택 유형의 시장성을 미리 분석하는 데 활용된다.

2.2. 가상사례: VAE로 그려보는 '송도 국제도시'의 미래 주택 시장

1) 현안 과제: 현재 빠르게 개발 중이지만 아직 거래 데이터가 충분히 축적되지 않은 인천 송도 국제도시를 대상으로, VAE 모델 'Market-Generator'를 이용해 부족한 데이터를 증강하고 잠재 시장을 분석하는 가상 사례를 제시한다.

2) 모델 학습 및 데이터 증강:

(1) 모델 학습: 'Market-Generator'는 데이터가 풍부한 서울 강남 3구의 아파트 및 오피스텔 데이터 20만 건을 학습하여, 부동산의 핵심 특징(면적, 층수, 가격, 구조, 편의시설 등)을 확률적인 잠재 공간으로 압축하는 방법을 학습했다.

(2) 데이터 증강: 이후, 소량의 실제 송도 국제도시 아파트 데이터(1천 건)를 VAE에 입력하여 송도만의 지역적 특성을 반영하도록 미세 조정(Fine-tuning)했다. 그 결과, VAE는 통계적으로 송도에 존재할 법한 10만 건의 사실적인 가상 아파트 데이터를 성공적으로 생성해냈다. 이 증강된 데이터는 부동산 가치 예측 모델의 학습 정확도를 20% 이상 향상시키는 데 기여했다.

3) 잠재 공간 탐색을 통한 신규 시장 발굴(가상수치):

프로젝트팀은 'Market-Generator'의 잠재 공간을 탐색하여, 송도 시장에 새로운 기회를 창출할 수 있는 주택 유형을 탐색했다.

잠재 변수 조합	디코더가 생성한 가상 주택	AI 가치 평가 모델 예측	잠재 시장 분석
(기존 조합) 높은 '교육열' + 높은 '대단지'	전용 84㎡, 방 3개, 대규모 커뮤니티 시설을 갖춘 전형적인 중산층 아파트	12억 원 (안정적)	송도의 현재 주력 시장이지만, 경쟁이 치열하다.
(새로운 조합) 높은 '직주근접' + 높은 '1인 가구'	전용 40㎡, 스마트홈 기능, 공유 오피스/피트니스를 갖춘 고급 소형 오피스텔	월세 180만 원 (고수익)	바이오 클러스터에 유입될 고소득 전문직 1인 가구를 타겟으로 한 틈새시장의 잠재력이 매우 높다.
(미래 조합) 높은 '친환경' + 높은 '조망권'	전용 150㎡, 옥상 정원과 태양광 패널을 갖춘 친환경 펜트하우스	35억 원 (초고가)	현재는 수요가 불확실하나, 미래 도시의 상징적 고급 주거 형태로 발전할 가능성이 존재한다.

VAE(변분 오토인코더) 알고리즘을 통해 생성된, 송도 국제도시의 잠재적 미래 주택 시장을 대표하는 가상 아파트 이미지이다. 이 이미지는 서울 강남 3구의 방대한 데이터를 학습하고 송도만의 특성을 반영하여, 통계적으로 존재 가능한 새로운 형태의 주거 공간을 시각화한 결과물이다.(Gemini)

4) 결론 및 투자 인사이트:

(1) 데이터 증강의 힘: VAE는 데이터가 부족한 신규 개발 지역의 미래를 예측하는 AI 모델의 신뢰도를 획기적으로 높이는 필수적인 도구가 된다.

(2) 잠재 시장 발굴: VAE의 잠재 공간 탐색 결과, 송도 국제도시에는 현재 주력인 중산층 아파트 시장 외에도, 바이오 클러스터와 연계한 '고급 소형 오피스텔' 시장이 단기적으로 가장 유망한 투자처임을 발견했다.

(3) 결론: 이 가상사례는 VAE가 어떻게 데이터의 빈 곳을 채우고, 나아가 아직 그려지지 않은 미래 시장의 지도를 미리 그려보는지를 보여준다. AI는 단순히 있는 것을 분석하는 것을 넘어, '만약 이런 부동산이 있다면 어떨까?'라는 상상력 가득한 질문에 데이터 기반의 답을 제시한다. 이는 불확실한 미래 속에서 새로운 기회를 창조해 나가는 가장 혁신적인 나침반이 되는 것이다.

3. 트랜스포머(Transformer) 기반 부동산 매물 정보 및 보고서 생성 자동화와 가상사례

3.1. 언어 생성 능력의 비약적인 발전을 이끈 핵심 기술이 트랜스포머이다. 부동산 분야에서 트랜스포머는 수많은 정형·비정형 데이터를 바탕으로, 잠재 구매자의 마음을 사로잡는 매물 소개 글이나 투자자를 위한 시장 분석 보고서를 자동으로 생성한다.

AI는 이제 데이터를 분석하고 예측하는 것을 넘어, 인간처럼 글을 쓰고 정보를 요약하며 창의적인 문장을 생성하는 수준에 이르렀다. 이러한 언어 생성 능력의 비약적인 발전을 이끈 핵심 기술이 바로 트랜스포

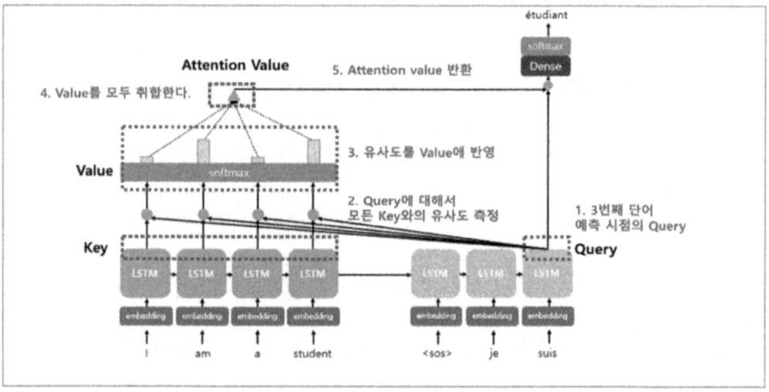

[딥러닝] Transformer : 소개와 동작 원리(+ 간단한 챗봇 만들기)

머(Transformer) 아키텍처이다. 부동산 분야에서 트랜스포머는 수많은 정형·비정형 데이터를 바탕으로, 잠재 구매자의 마음을 사로잡는 매물 소개 글이나 투자자를 위한 시장 분석 보고서를 자동으로 생성하여 업무의 효율성과 설득력을 극대화하는 혁신적인 도구로 활용된다.

트랜스포머의 가장 핵심적인 기술은 '어텐션(Attention)' 메커니즘이다. 이는 인간이 문장을 읽을 때 모든 단어에 동일한 비중을 두는 것이 아니라, 문맥상 중요한 단어에 더 집중(attention)하는 방식과 유사하다. 예를 들어, '이 아파트는 한강 조망이 가능하며, 최근 리모델링하여 상태가 최상입니다'라는 문장에서 트랜스포머는 '한강 조망'과 '리모델링', '최상'이라는 키워드가 문장의 핵심 의미를 결정한다고 스스로 판단하고 가중치

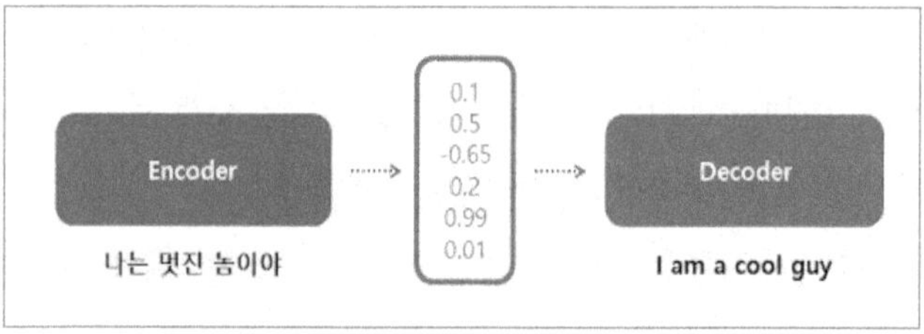

트랜스포머(Transformer)와 어텐션(Attention)을 통해서 BERT 핵심이해
http://machinelearningkorea.com

를 부여한다. 이러한 능력을 통해 트랜스포머는 입력된 데이터의 핵심 맥락을 정확하게 파악하고, 이를 바탕으로 가장 자연스럽고 논리적인 문장을 생성해내는 것이다.

부동산 보고서 생성 과정에서 트랜스포머는 매물의 기본 정보(면적, 층수, 가격), 입지 데이터(교통, 학군, 편의시설), 시장 데이터(최근 실거래가, 주변 시세), 그리고 심지어 담당자의 간단한 메모('신혼부부에게 추천', '조용한 동네')까지 모든 정보를 종합적으로 입력 받는다. 그러면 모델은 학습된 수십억 개의 언어 패턴을 바탕으로, 이 정보들을 가장 매력적인 이야기로 엮어낸다. 이는 단순한 정보의 나열을 넘어, 타겟 고객의 특성까지 고려한 맞춤형 콘텐츠를 자동으로 생성하는, 그야말로 AI 작가의 등장을 의미하는 것이다.

3.2. 가상사례: AI 카피라이터 'Pro-Writer'의 오피스텔 매물 보고서 작성

1) 현안 과제: 한 부동산 중개법인이 신규 오피스텔 매물의 광고 문구 및 투자 분석 보고서 초안 작성을 위해 트랜스포머 기반 AI 모델 'Pro-Writer'를 활용하는 가상 사례를 제시한다.

2) 데이터 입력(Input): 중개인은 'Pro-Writer'에 다음과 같은 정형 데이터와 간단한 메모 형태의 비정형 데이터를 입력했다.

(1) 정형 데이터:

- 매물: 서울 마포구 '스타팰리스' 1205호
- 종류: 오피스텔(주거용)
- 면적: 전용 45㎡
- 가격: 매매가 7억 5천만 원
- 특징: 25층 중 12층, 남향, 2022년 준공, 풀옵션 빌트인

(2) 비정형 데이터(메모):

- #경의선숲길_도보3분, #합정역_더블역세권, #한강공원_가까움
- #뷰_좋음, #IT프리랜서_1인가구_타겟, #월세수익_안정적

3) AI의 보고서 자동 생성(Output): 'Pro-Writer'는 입력된 데이터를 바탕으로, '2030세대 1인 가구'를 타겟으로 하는 ①매물 광고 문구와 '안정적 월세 수익'을 원하는 투자자를 위한 ②투자 분석 보고서 초안을 1분 만에 생성했다.

① AI 생성 광고 문구(타겟: 실수요자)

"경의선 숲길을 내 집 앞마당처럼, 마포 스타팰리스에서 당신의 워라밸을 완성하세요!"

합정역 더블 역세권의 편리함과 경의선 숲길의 여유로움을 동시에 누릴 수 있는 신축급 오피스텔 '스타팰리스'가 새로운 주인을 찾습니다. 2022년에 준공되어 최상의 컨디션을 자랑하며, 남향 배치로 들어서는 따스한 햇살과 함께 하루를 시작할 수 있습니다. 특히 IT 프리랜서 및 전문직 1인 가구의 라이프스타일에 최적화된 풀옵션 빌트인 시스템은 몸만 들어와도 완벽한 생활이 가능하도록 돕습니다. 퇴근 후엔 한강공원에서 재충전의 시간을, 주말엔 감성 가득한 카페 거리에서 여유를 만끽하세요. 당신의 성공적인 도시 생활, '스타팰리스'가 함께합니다.

② AI 생성 투자 분석 보고서 초안(타겟: 투자자)

[투자 요약] 마포 '스타팰리스' 1205호 투자 안정성 분석

1. 핵심 투자 포인트: 본 매물은 마포 핵심 입지에 위치하여, 더블 역세권(합정역) 및 경의선 숲길 공원을 통한 안정적인 임차 수요 확

보가 가장 큰 장점이다. 특히, 인근 IT 기업 및 방송가에 종사하는 고소득 1인 가구의 주거 선호도가 매우 높은 지역이다.

2. 예상 수익률(가상수치):

구분	내용	비고
예상 보증금	5,000만 원	주변 시세 데이터 기반 AI 예측
예상 월 임대료	250만 원	AI 시계열 분석 결과, 연 3% 상승 예측
기대 수익률	연 4.28%	(250만*12) /(75,000만-5,000만)

4) 종합 의견: 2022년 준공된 신축 급 건물로 유지보수 비용이 적고, 공실 리스크가 낮아 장기적으로 안정적인 현금흐름 창출을 목표로 하는 투자자에게 최적의 대안이 될 것이다. AI 기반 가치 평가 모델 분석 결과, 향후 3년간 연평균 5%의 자산가치 상승 또한 기대된다.

5) 결론: 이 가상사례는 트랜스포머 AI가 어떻게 단순한 데이터의 나열을 설득력 있는 이야기와 논리적인 분석으로 재창조하는지를 명확히 보여준다. AI는 더 이상 인간의 업무를 보조하는 수준을 넘어, 인간의 창의성과 전문성을 증폭시키는 강력한 파트너가 되었다. 이는 부동산 전문가들이 반복적인 문서 작업에서 해방되어, 고객과의 관계 설정 및 최종 의사결정과 같은 더 본질적인 가치 창출에 집중할 수 있도록 만드는 혁명적인 변화인 것이다.

4. 확산 모델(Diffusion Model)을 이용한 초현실적 건축 시각화 및 가치 평가와 가상사례

4.1. AI의 이미지 생성 기술은 이제 현실적인 이미지를 넘어, 인간의 상상력과 결합하여 세상에 없던 창의적이고 초현실적인 비전을 시각 화하는 단계에 이르렀다. 그 중심에 있는 기술이 바로 '확산모델'이다.

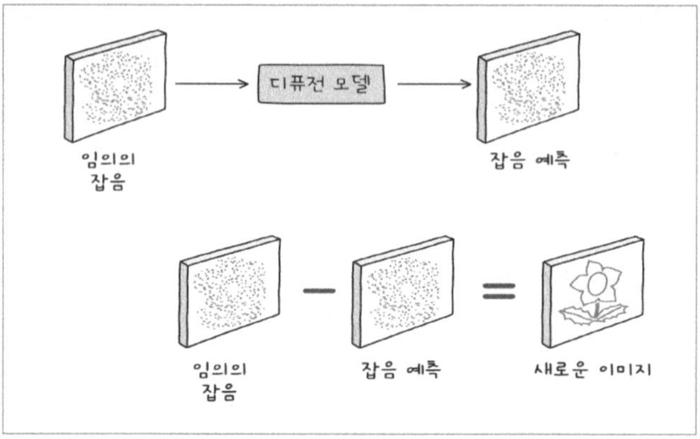

2025 수능 국어 지문 출제] 디퓨전 모델(diffusion model) 쉽게 이해하기
https://www.hanbit.co.kr

AI의 이미지 생성 기술은 이제 사진과 구별하기 힘든 현실적인 이미지를 넘어, 인간의 상상력과 결합하여 세상에 없던 창의적이고 초현실적인 비전을 시각 화하는 단계에 이르렀다. 그 중심에 있는 기술이 바로 '확산 모델(Diffusion Model)'이다.

확산 모델은 깨끗한 이미지에 노이즈를 점진적으로 추가했다가, 그 노이즈를 제거하는 역과정을 학습하여, 완전한 노이즈 상태에서부터 새로운 이미지를 '생성'해내는 놀라운 능력을 가지고 있다.

확산 모델은 해체주의 건축의 거장 '프랭크 게리(Frank Gehry)'와 같이, 기존의 틀을 깨는 혁신적인 디자인을 가상으로 구현하고 그 잠재적 가치를 평가하는 데 활용될 수 있다. 확산 모델의 작동 원리는 마치 조각가가 돌덩이(노이즈)에서 불필요한 부분을 깎아내어 점차 형상을 만들어내는 과정과 유사하다.

사용자가 '프랭크 게리 스타일의, 물결치는 티타늄 외관을 가진 부산 해운대의 미술관'과 같은 텍스트 프롬프트(Text Prompt)를 입력하면, 모델은 이 텍스트의 의미를 이해하고, 그에 맞는 이미지가 드러나도록 노이즈를 점진적으로 제거해 나간다. 수백, 수천 번의 미세한 '디노이징(denoising)' 단계를 거치면서, 처음에는 무작위 점에 불과했던 이미지가 점차 구체적인 형태와 질감을 갖춘 초현실적인 건축물의 모습으로 탄생하는 것이다.

이 기술의 진정한 가치는 단순히 기이한 건물을 그려보는 것을 넘어, 그 디자인이 가지는 무형의 자산 가치를 평가하는 데 있다. 생성된 가상 건축물의 이미지를 다시 AI 분석 모델에 입력하여, 디자인의 독창성, 랜드마크 로서의 잠재력, 그리고 SNS에서의 바이럴 가능성 등을 점수 화할 수 있다.

예를 들어, 프랭크 게리의 빌바오 구겐하임 미술관이 쇠락한 공업도시를 세계적인 관광 명소로 만들었듯이, AI가 생성한 초현실적 건축물이 도시에 가져올 수 있는 문화적, 경제적 파급 효과, 즉 '빌바오 효과(Bilbao Effect)'의 잠재력까지 시뮬레이션해볼 수 있는 것이다.

[학습 코너: 확산 모델(Diffusion Model)]

확산 모델은 주로 이미지 생성 및 기타 컴퓨팅 비전 작업에 사용되는 생성형 모델(Generation Model)이다. 확산 기반 신경망은 딥 러닝을 통해 무작위 노이즈로 샘플을 점진적으로 '확산'한 다음, 해당 확산 프로세스를 역으로 수행하여 고품질 이미지를 생성하도록 학습한다.

[GAN과 Diffusion 모델의 주요 차이점]

GANs과 Diffusion 모델은 생성 모델링에 대한 접근 방식이 다르다. GANs은 Generator와 Discriminator 사이의 Adversarial을 활용하는 반면, Diffusion 모델은 반복적인 확산 과정을 통해 노이즈를 데이터로 변환한다.

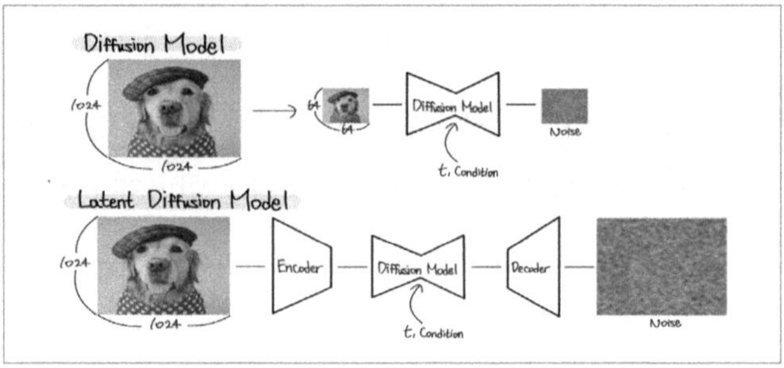

Diffusion Model 설명 - 기초부터 응용까지
https://ffighting.net/deep-learning-paper-review

■ **확산 모델(Diffusion Model) 알고리즘의 목표, 분석방법 및 기술, 역할, 장단점, 도시부동산 활용예시**

구분	내용
목표	완전한 노이즈(noise) 상태로부터 텍스트 프롬프트 등 특정 조건에 맞는 새롭고 창의적인 고품질 이미지를 생성하는 것을 목표로 한다.
분석 방법 및 기술	이미지에 노이즈를 점진적으로 추가하는 확산(Forward Process) 과정과, 그 역과정인 '디노이징(Denoising)'을 통해 노이즈로부터 이미지를 복원하는 기술을 사용한다.
역할	인간의 상상력과 창의적인 비전을 현실과 구분하기 힘든 수준의 시각적 결과물로 구현하는 가상 시각화 아티스트의 역할을 수행한다.
장점	현존하는 생성 모델 중 가장 고품질의 사실적인 이미지를 생성할 수 있으며, 텍스트를 이미지로 변환하는 능력이 매우 뛰어나다는 장점을 가진다.
단점	이미지를 생성하기 위해 수많은 단계를 반복해야 하므로 생성 속도가 매우 느리고, 대규모 컴퓨팅 자원을 필요로 한다는 명확한 단점이 있다.
도시부동산 활용 예시	'프랭크 게리 스타일의 미술관'과 같이 기존의 틀을 깨는 초현실적 건축물의 디자인을 가상으로 시각 화하거나, 아직 존재하지 않는 미래 도시 경관을 시뮬레이션 하는 데 활용된다.

4.2. 가상사례: AI가 설계한 '제주 용머리해안의 미디어아트 뮤지엄'

1) **현안 과제:** 제주도의 자연 경관인 용머리해안 인근 부지에, 프랭크 게리 스타일의 혁신적인 미디어아트 뮤지엄을 건립하는 프로젝트를 확산 모델 AI 'Dream-Builder'로 시뮬레이션 하는 가상 사례를 제시한다.

2) **텍스트 프롬프트 입력 및 이미지 생성:** 프로젝트팀은 'Dream-Builder'에 다음과 같은 상세한 텍스트 프롬프트를 입력하여 건축 디자인 시각화를 요청했다.

- 프롬프트: "A media art museum on the coast of Jeju Island, designed in the style of Frank Gehry. Deconstructed forms mimicking the volcanic cliffs of Yongmeori Coast. Facade made of shimmering, iridescent titanium panels that reflect the ocean waves. Dynamic, sculptural, ultra-high resolution, dramatic lighting."

'Dream-Builder'는 이 프롬프트를 해석하여, 수백만 장의 프랭크 게리 건축물과 제주도 자연경관 이미지를 학습한 경험을 바탕으로 다음과 같은 독창적인 디자인 시안들을 생성했다.

확산 모델 AI 'Dream-Builder'가 생성한, 프랭크 게리 스타일의 혁신적인 미디어아트 뮤지엄 디자인 시안이다. 제주 용머리해안의 화산 절벽을 모티브로 한 비 정형적인 형태와, 파도를 반사하는 무지갯빛 티타늄 패널 외관이 특징이다. 드라마틱한 조명과 함께 역동적이고 조각적인 형태가 돋보이는 디자인이다.(Gemini)

3) 디자인 가치 정량 평가(가상수치):

생성된 디자인 시안들은 기존의 용적률이나 임대수익과 같은 전통적인 잣대로 평가하기 어렵다. 따라서 AI 기반의 대체 가치 평가 모델을 통해 다음과 같은 무형의 가치를 정량 화했다.

평가 지표	전통적 디자인 (A안)	AI 생성 디자인 (B안)	AI의 평가 근거
디자인 독창성 점수	45점	98점	기존 건축물과의 시각적 패턴 유사도 분석 결과, 매우 희소하고 독창적인 형태로 판단된다.
랜드마크 잠재력 지수	30점	95점	주변 자연경관과의 조화 및 시각적 충격도를 고려했을 때, 도시를 상징하는 랜드마크가 될 확률이 매우 높다.
SNS 바이럴 예측 지수	25만 건 (연간)	300만 건 (연간)	이미지의 시각적 매력도를 기반으로 인스타그램 등 SNS에서의 연간 공유 및 언급 량을 예측한 결과이다.
예상 관광객 유발 효과	10만 명 (연간)	80만 명 (연간)	유사 규모의 글로벌 아트 뮤지엄 사례 및 SNS 바이럴 지수를 바탕으로, 추가적인 관광객 유입 효과를 추정한 것이다.

4) 투자 결정:

(1) **가치 분석:** AI가 생성한 프랭크 게리 스타일의 디자인(B안)은 전통적인 설계안(A안)에 비해 건축비가 30% 더 소요될 것으로 예상된다. 하지만, AI의 가치 평가 결과에 따르면 이 디자인이 창출할 관광 수입 및 도시 브랜드 가치 상승 효과는 초기 투자 비용을 훨씬 상회하는 막대한 부가 가치를 만들어낼 것으로 분석된다.

(2) **투자 인사이트:** 이 프로젝트는 단순한 부동산 개발이 아니라, 도시의 미래 가치를 창조하는 '문화 투자'의 관점에서 접근해야 한다. AI가 시각화한 미래는 이 투자가 단순한 비용이 아닌, 도시 전체를 위한 가장 성공적인 투자가 될 수 있음을 강력하게 시사한다.

5) 결론: 이 가상사례는 확산 모델이 어떻게 인간의 창의적인 비전을 현실보다 더 현실 같은 이미지로 구현하고, 나아가 그 상상력의 경제적 가치까지 측정하는지를 보여준다. AI는 건축가에게는 무한한 영감을, 투자자에게는 꿈에 투자할 수 있는 용기를 준다. 이는 미래 도시가 AI와 인간의 협업을 통해 얼마나 더 아름답고 환상적으로 변모할 수 있는지를 보여주는 서막인 것이다.

5. 거대 언어 모델(LLM)을 활용한 투자 전략 수립 및 규제 리스크 분석과 가상사례

5.1. '거대 언어 모델(Large Language Model, LLM)'은 수백만 건의 법률 문서, 뉴스 기사, 연구 보고서를 순식간에 학습하고 분석하여, 인간 전문가를 위한 법률 및 전략 비서의 역할을 수행한다.

성공적인 부동산 투자는 단순히 좋은 입지를 찾는 것을 넘어, 복잡하게 얽힌 법률 조항을 해석하고, 변화무쌍한 정책의 흐름을 읽으며, 지역사회의 여론까지 파악하는 종합적인 의사결정의 산물이다.

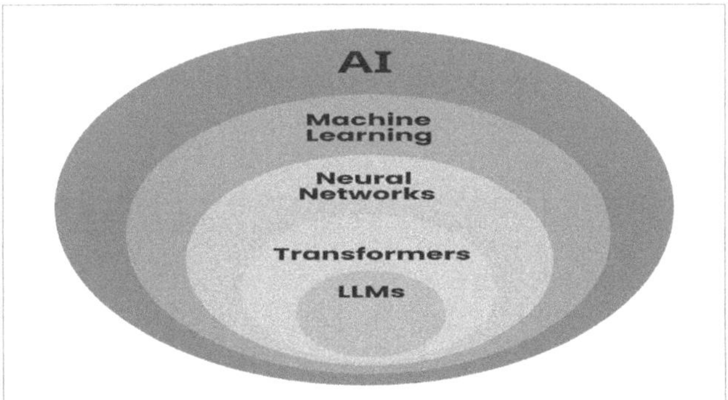

What are Large Language Models(LLMs)? | phData
https://www.phdata.io

과거에는 이러한 과정이 소수 전문가의 오랜 경험과 지식에 의존했지만, 이제 '거대 언어 모델(Large Language Model, LLM)'은 수많은 법률 문서, 뉴스 기사, 연구 보고서를 순식간에 학습하고 분석하여, 인간 전문가를 위한 가장 강력한 법률 및 전략 비서의 역할을 수행한다.

LLM은 인간의 언어를 이해하고 생성하는 데 특화된 초거대 인공지능 모델이다. 부동산 투자 전략 수립 과정에서 LLM은 마치 수십 명의 변호사, 애널리스트, 컨설턴트로 구성된 드림팀처럼 작동한다. 특정 개발 프로젝트와 관련된 모든 텍스트 데이터를 LLM에 입력하면, 모델은 '국토계획법', '건축법', 지방자치단체의 조례와 같은 법규에서 해당 프로젝트에 적용될 수 있는 독소 조항이나 규제 리스크를 식별해낸다. 동시에, 최근 뉴스 기사와 지역 커뮤니티의 여론을 분석하여 개발에 대한 반대 여론이나 잠재적인 민원 발생 가능성을 예측하는 것이다.

이를 통해 LLM은 특정 투자안에 대한 다각적인 리스크를 종합적으로 분석하고, 이를 극복하기 위한 최적의 전략을 제시한다. 예를 들어, '용적률 인센티브를 받기 위한 친환경 건축 인증 조건', '지역 주민들의 반대 여론을 완화하기 위한 공공기여 방안' 등 복잡한 규제 환경 속에서 사업성을 극대화할 수 있는 창의적인 대안을 제안할 수 있다. 이는 투자자가 정보의 홍수 속에서 길을 잃지 않고, 가장 중요한 핵심 이슈에 집중하여

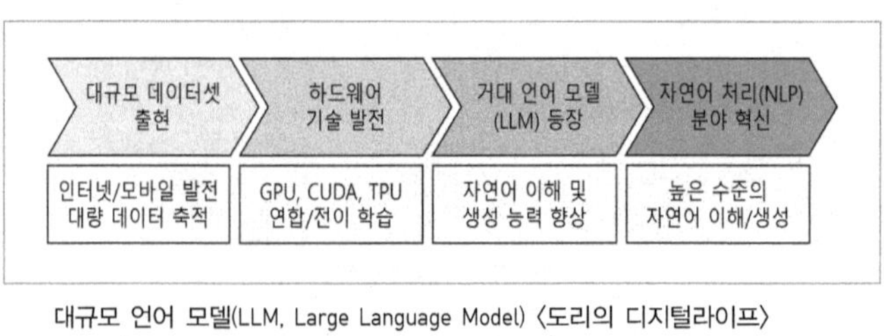

대규모 언어 모델(LLM, Large Language Model) 〈도리의 디지털라이프〉
https://blog.skby.net

데이터에 기반한 최상의 전략적 결정을 내릴 수 있도록 돕는 가장 지능적인 조력자가 되는 것이다.

[학습 코너: 거대 언어 모델(LLM)]

거대 언어 모델(LLM)은 방대한 양의 텍스트 데이터를 학습하여 인간의 언어를 이해하고 생성하는 인공지능(AI) 모델이다. 수십억 개 이상의 매개변수(파라미터)를 가진 인공 신경망을 기반으로 하며, 트랜스포머 모델을 통해 자연어 처리(NLP) 능력을 크게 향상시켰다. LLM은 질문과 답변, 텍스트 요약, 번역, 창의적인 글쓰기 등 다양한 작업을 수행할 수 있으며, 최근에는 텍스트뿐만 아니라 이미지, 오디오 등 다양한 콘텐츠를 생성하는 생성형 AI 기술 발전의 핵심 역할을 하고 있다

트랜스포머 LLM은 비지도 학습이 가능하지만 더 정확한 설명은 트랜스포머가 자체 학습을 수행한다는 것이다. 이 과정을 통해 트랜스포머는 기본 문법, 언어 및 지식을 이해하는 법을 배운다. 입력을 순차적으로 처리하는 이전의 순환 신경망(RNN)과 달리 트랜스포머 전체 시퀀스를 병렬로 처리한다. 이를 통해 데이터 사이언티스트는 GPU를 사용하여 트랜스포머 기반 LLM을 학습할 수 있어 훈련 시간을 크게 줄일 수 있다.

트랜스포머 신경망 아키텍처를 사용하면 종종 수천억 개의 파라미터가 포함된 매우 큰 모델을 사용할 수 있다. 이러한 대규모 모델은 대개 인터넷 뿐만 아니라 500억 개 이상의 웹 페이지로 구성된 Common Crawl과 약 5,700만 페이지로 구성된 Wikipedia와 같은 소스에서도 엄청난 양의 데이터를 수집할 수 있다.

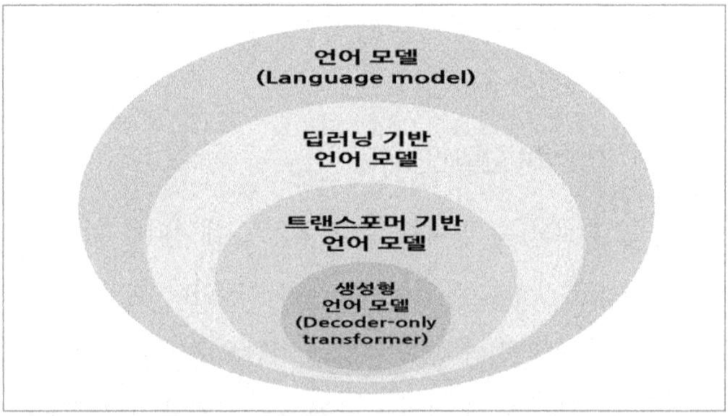

대규모 언어 모델(LLM)의 개요 - https://www.genspark.ai/spark

■ 거대 언어 모델(LLM)의 목표, 분석방법 및 기술, 역할, 장단점, 도시부동산 활용예시

구분	내용
목표	인간의 언어를 이해하고, 생성하며, 변환하는 능력을 통해 범용적인 자연어 처리(Natural Language Processing, NLP) 과제를 수행하는 것을 목표로 한다. 대규모 텍스트 데이터로부터 언어의 통계적 패턴과 문맥적 관계를 학습하여, 인간과 유사한 수준의 언어 구사 능력을 갖추는 데 중점을 둔다.
분석 방법 및 기술	주로 트랜스포머(Transformer) 아키텍처에 기반한다. 핵심 기술인 셀프어텐션(Self-Attention) 메커니즘을 통해 문장 내 단어 간의 중요도와 관계를 동적으로 파악하여 정교한 문맥 이해가 가능하다. 인터넷, 서적 등 방대한 텍스트 코퍼스를 활용한 '사전학습(Pre-training)'으로 언어에 대한 일반적인 지식을 습득한 후, 특정 과제나 도메인에 맞게 '미세조정(Fine-tuning)'하여 성능을 극대화하는 방식으로 개발된다.
역할	정보 검색, 텍스트 생성(기사, 보고서, 이메일 등), 언어 번역, 내용 요약, 감정 분석, 코드 생성, 질의응답 시스템 구축 등 광범위한 지능형 역할을 수행한다. 반복적인 언어 관련 업무를 자동화하고, 데이터 분석 및 창의적인 콘텐츠 생성을 통해 인간의 의사결정을 보조하는 '지능형 조력자(Intelligent Assistant)'로 기능한다.
장점	• 범용성: 하나의 모델로 다양한 언어 과제에 적용될 수 있어 활용도가 매우 높다. • 고성능: 대규모 데이터 학습을 통해 복잡하고 미묘한 인간의 언어 패턴을 이해하고 구사하는 능력이 탁월하다. • 문맥 이해: 긴 글의 맥락을 파악하고 일관성 있는 텍스트를 생성하는 능력을 보유한다.

단점	• 환각 현상(Hallucination): 사실이 아닌 정보를 사실처럼 그럴듯하게 생성할 수 있어 정보의 신뢰성 검증이 필수적이다. • 편향성(Bias): 학습 데이터에 내재된 사회적, 문화적 편향을 그대로 학습하고 재현할 위험이 존재한다. • 높은 비용: 모델의 학습 및 추론 과정에서 막대한 양의 컴퓨팅 자원과 전력이 소모된다.
도시부동산 활용 예시	• AI 매물 광고 제작: 매물의 핵심 데이터(위치, 면적, 가격, 특징 등)를 입력하면, 타겟 고객층(예: 신혼부부, 1인 가구)의 선호도를 반영한 맞춤형 광고 문구 및 블로그 포스팅을 자동으로 생성한다. • 24시간 부동산 챗봇 상담: 고객의 질문 의도를 파악하여 실시간으로 매물 정보를 제공하고, 대출 가능 여부, 주변 편의시설 등에 대한 1차 상담을 자동화하여 업무 효율을 높인다. • 시장 동향 분석 및 보고서 자동화: 지역별 부동산 뉴스, 정부 정책 발표, 온라인 커뮤니티 여론 등 비정형 데이터를 실시간으로 분석하여 시장 동향 및 가격 변동 요인을 요약하고, 투자 분석 보고서의 초안을 작성한다. • 계약서 및 법률 문서 분석: 표준 임대차 계약서, 매매 계약서 등의 문서를 분석하여 잠재적 위험 요소나 독소 조항을 식별하고, 관련 법규에 대한 질의에 응답하여 법률 검토 업무를 보조한다.

5.2. 가상사례: LLM 'Strategy-GPT'의 도심 재개발 프로젝트 리스크 진단

1) **현안 과제:** 서울시 중구에 위치한 노후 상업지구를 고층 주상복합으로 재개발하는 프로젝트에 대해, LLM 기반 전략 분석 모델 'Strategy-GPT'가 투자 리스크를 분석하고 대응 전략을 수립하는 가상 사례를 제시한다.

2) **데이터 입력(Input):** 프로젝트팀은 'Strategy-GPT'에 다음과 같은 텍스트 기반 데이터를 입력했다.

(1) **법규 및 정책:** 서울시 도시계획 조례, 지구단위계획 수립 지침, 최근 발표된 부동산 공급 대책 관련 정부 보도자료

(2) **뉴스 및 여론:** 지난 1년간 해당 지역 재개발 관련 온라인 뉴스 500건, 지역 맘카페 및 부동산 커뮤니티 게시글 1,000건

(3) 시장 데이터: 유사 프로젝트의 분양 실적, 전문가 시장 전망 보고서

3) LLM의 리스크 분석 및 정량화(Output): 'Strategy-GPT'는 입력된 텍스트를 종합적으로 분석하여, 해당 프로젝트의 성공을 저해할 수 있는 3대 핵심 리스크를 식별하고, 각 리스크의 발생 가능성과 비즈니스 영향도를 고려하여 위험도 점수를 산출했다.

리스크 유형	LLM의 분석 내용 (핵심 요약)	위험도 점수 (100점 만점)
1. 규제 리스크	지구단위계획 상 '역사문화경관 보존' 조항에 따라, 인근 문화재 조망권 확보를 위한 높이 제한이 강화될 가능성이 법률 자문 결과보다 높게 예측된다.	75점 (높음)
2. 민원 리스크	지역 커뮤니티 분석 결과, 재개발로 인한 '초등학교 과밀' 문제와 '일조권 침해'에 대한 주민들의 우려가 지속적으로 확산되고 있다.	85점 (매우 높음)
3. 시장 리스크	거시 경제 분석 보고서에 따르면, 2년 후 입주 시점의 고금리 기조가 유지될 경우 고가 주상복합의 초기 미분양 가능성이 존재한다.	60점 (보통)

4) LLM의 전략 제안:

리스크 분석을 바탕으로, 'Strategy-GPT'는 이를 완화하고 프로젝트 성공률을 높일 수 있는 구체적인 실행 전략을 다음과 같이 제안했다.

(규제 리스크 대응): 건물 상층부를 계단식으로 설계하여 문화재 조망을 확보하는 '테라스형 디자인'을 도입하고, 이를 통해 용적률 손실을 최소화하면서도 고급화 전략을 추구할 것을 제안한다.

(민원 리스크 대응): 개발 이익의 일부를 활용하여 인근 초등학교에 '스마트 교실'을 기부하고, 단지 내에 지역 주민이 이용할 수 있는 '키즈 라이브러리'를 조성하는 등 선제적인 공공기여 방안을 통해 긍정적 여론을 형성해야 한다.

(시장 리스크 대응): 초기 분양률을 높이기 위해, 투자 수요보다는 지역 내 실수요자를 타겟으로 한 중소형 평형의 비중을 현재 계획된 20%에서 40%로 상향 조정할 것을 추천한다.

5) 결론: 이 가상사례는 LLM이 어떻게 방대한 텍스트 정보의 맥락을 이해하고, 그 안에 숨겨진 리스크와 기회를 발견하여 구체적인 투자 전략으로 변환하는지를 명확히 보여준다. AI는 더 이상 단순한 정보 검색 도구가 아니다. 복잡한 문제의 본질을 꿰뚫어 보고, 최적의 해답을 제시하는 지적인 파트너이다. 이는 불확실성이 가득한 부동산 시장에서 투자자가 가장 현명한 길을 선택할 수 있도록 돕는 궁극의 전략가가 될 것이다.

6. 멀티모달(Multi-modal) 생성형 AI를 통한 통합적 입지 가치 분석과 가상사례

6.1. 미래의 AI는 바로 이러한 인간의 통합적 사고방식을 모방한 멀티모달(Multi-modal) 생성형 AI를 통해, 부동산의 입지 가치를 전례 없는 깊이와 넓이로 분석하게 될 것이다.

인간은 특정 지역의 가치를 판단할 때, 숫자로 된 데이터(가격, 면적)뿐만 아니라, 눈으로 본 풍경(이미지), 귀로 들은 평판(텍스트), 그리고 그곳의 분위기까지 종합적으로 고려하는 다중 감각적(Multi-modal) 존재이다.

미래의 AI는 바로 이러한 인간의 통합적 사고방식을 모방한 멀티모달(Multi-modal) 생성형 AI를 통해, 부동산의 입지 가치를 전례 없는 깊이와 넓이로 분석하게 될 것이다. 이는 마치 최고의 도시계획가, 부동산 애널리스트, 건축가, 그리고 지역 전문가의 두뇌를 하나로 합친 것과 같은 궁극의 입지 분석 모델의 탄생을 의미한다.

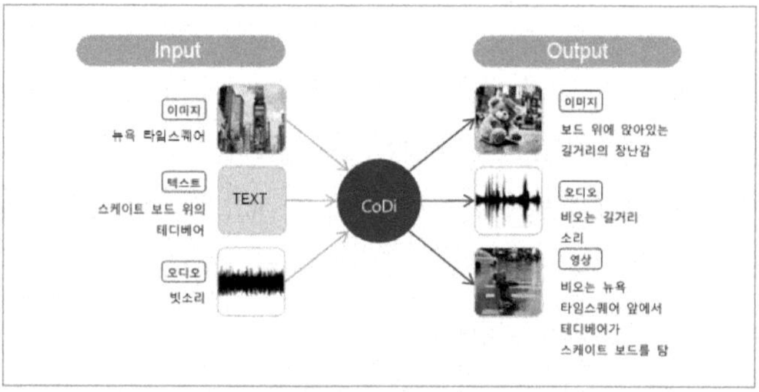

글로벌 AI 리더들이 전하는 생성형 AI 기술의 전망 | 인사이트리포트 | 삼성SDS
https://www.samsungsds.com/kr

멀티모달 AI는 텍스트, 이미지, 숫자, 소리 등 서로 다른 형태의 데이터를 동시에 이해하고, 이들 사이의 숨겨진 맥락과 관계를 파악하여 새로운 통찰력을 생성해낸다. 기존의 AI가 각각의 데이터를 개별적으로 분석했다면, 멀티모달 AI는 이 모든 정보를 하나의 거대한 태피스트리(Tapestry)처럼 엮어낸다.

예를 들어, 특정 지역의 낮은 부동산 가격(숫자 데이터)과 낙후된 거리 풍경(이미지 데이터)을 보고 단순히 '가치가 낮은 지역'이라고 판단하는 것을 넘어, 최근 소셜미디어에서 '레트로 감성'이라는 키워드(텍스트 데이터)가 급증하는 현상을 함께 분석하여 '미래의 힙스터 성지가 될 잠재력이 높은 저평가 지역'이라는 새로운 해석을 내놓는 것이다.

궁극적으로 멀티모달 AI는 특정 입지에 대한 종합적인 '가치 서사(Value Narrative)'를 생성해낸다. 입력된 모든 종류의 데이터를 바탕으로 해당 지역의 역사, 현재 상태, 그리고 미래 잠재력에 대한 논리적인 보고서를 자동으로 작성하고, 예상되는 개발 시나리오를 사실적인 이미지와 영상으로 시각 화하며, 예상 투자 수익률과 리스크를 정량적으로 제시한다. 이는 투자자가 단편적인 정보의 조각들을 스스로 맞춰야 했던 과거의 방식에서 벗어나, AI가 제공하는 완성된 형태의 통합적이고 설득력 있는 인사이트를 바탕으로 가장 현명한 결정을 내릴 수 있도록 돕는 것이다.

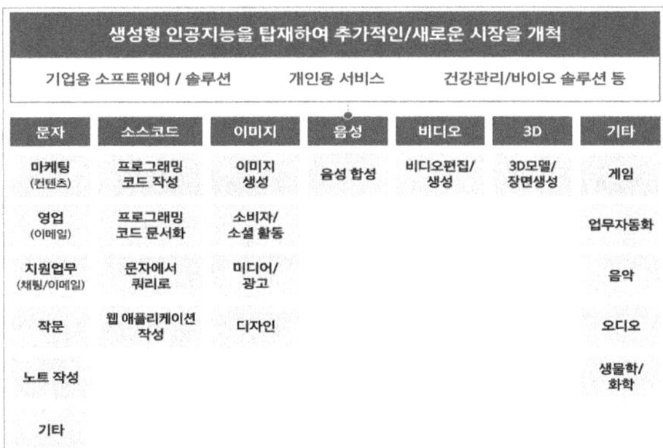

생성형 AI, 이렇게 활용된다, https://brunch.co.kr

[학습 코너: 멀티모달 생성형 AI]

멀티모달 생성형 AI는 텍스트, 이미지, 음성, 비디오 등 다양한 종류의 정보(모달리티)를 동시에 이해하고 처리하며, 이를 바탕으로 새로운 콘텐츠를 생성하는 인공지능이다. 인간이 시각, 청각 등 여러 감각으로 정보를 받아들이고 이해하는 것처럼, 멀티모달 생성형 AI도 여러 데이터를 통합적으로 인식하고 그 관계 속에서 창의적인 결과물을 만들어낸다

[주요 특징]

- 다양한 데이터 처리: 텍스트, 이미지, 소리 등 여러 유형의 데이터를 함께 처리하여 복합적인 정보를 이해합니다.
- 통합적 이해: 단순히 데이터를 개별적으로 처리하는 것을 넘어, 여러 데이터의 연관성을 학습하고 종합적인 판단을 내립니다.

- 콘텐츠 생성: 텍스트 설명으로 이미지를 만들거나, 이미지를 보고 텍스트 설명을 생성하는 등 입력된 정보와 연관된 새로운 콘텐츠를 창작합니다.
- 인간과 유사한 상호작용: 사람처럼 다양한 감각 정보를 통합하여 환경을 이해하고, 보다 자연스러운 방식으로 상호작용할 수 있습니다.

[활용 분야 예시]

- 자율주행차: 카메라, 라이다, 레이더 등의 다양한 센서 데이터를 결합하여 주변 환경을 판단하고 운전을 제어합니다.
- 이미지/비디오 생성: 텍스트 설명을 바탕으로 실제 이미지를 만들거나, 텍스트로 비디오 콘텐츠를 생성하는 데 활용됩니다.
- 의료: 임상 실험 데이터와 유전자 시퀀스 등 다양한 데이터를 결합하여 더욱 정확한 진단을 내리는 데 사용될 수 있습니다.
- 콘텐츠 제작: 이미지와 텍스트를 함께 입력 받아 새로운 이야기를 만들거나, 오디오를 이해하고 관련 이미지를 생성하는 등 창의적인 분야에서 활용될 수 있습니다.

(출처: https://www.google.com/search)

■ 멀티모달(Multi-modal) 생성형 AI의 목표, 분석방법 및 기술, 역할, 장단점, 도시부동산 활용예시

구분	내용
목표	텍스트, 이미지, 음성, 비디오 등 두 가지 이상의 다른 데이터 양식(Modality)을 동시에 이해하고 처리하며, 이를 기반으로 새로운 복합 콘텐츠를 생성하는 것을 목표로 한다. 단일 데이터 양식의 한계를 넘어, 인간의 소통 방식과 유사하게 다각적인 정보를 종합적으로 인지하고 표현하는 데 중점을 둔다.

분석 방법 및 기술	각 데이터 양식에 특화된 개별 인코더(Encoder)와 이를 통합하는 결합 모델(Fusion Model) 구조를 기반으로 한다. 예를 들어, 텍스트는 트랜스포머(Transformer), 이미지는 비전 트랜스포머(ViT)나 확산 모델(Diffusion Model)로 처리한 후, 교차 어텐션(Cross-Attention) 메커니즘을 통해 각 데이터의 특징(Feature)을 서로 연관 짓고 정렬한다. 이를 통해 특정 텍스트 설명에 부합하는 이미지를 생성하거나, 이미지의 내용을 텍스트로 설명하는 등 상호 변환 및 생성이 가능해진다.
역할	서로 다른 종류의 데이터를 넘나들며 정보를 해석하고 창작하는 '디지털 창작자(Digital Creator)'의 역할을 수행한다. 텍스트 프롬프트(Prompt)만으로 사실적인 이미지나 영상을 생성하고, 이미지와 멜로디를 입력 받아 어울리는 가사를 작곡하는 등 복합적인 창의 활동을 자동화한다. 또한, 다양한 데이터를 종합하여 인간의 직관과 이해를 돕는 고차원적인 분석 도구로 기능한다.
장점	• 풍부한 표현력: 여러 데이터 양식을 결합하여 훨씬 더 상세하고 실감 나는 콘텐츠 생성이 가능하다. • 직관적 상호작용: 사용자는 텍스트, 이미지, 음성 등 가장 편리한 방식으로 AI와 소통하고 결과물을 얻을 수 있다. • 이해력 증대: 다양한 관점의 데이터를 종합적으로 분석하여 단일 데이터로는 파악하기 어려운 깊은 통찰력을 제공한다.
단점	• 데이터 정렬의 어려움: 서로 다른 양식의 데이터를 의미론적으로 연결하고 정렬(Align)하는 과정이 기술적으로 매우 복잡하다. • 높은 개발 비용: 모델의 구조가 복잡하고 방대한 양의 멀티모달 데이터를 학습시켜야 하므로 개발에 막대한 자원이 요구된다. • 오류 발생 시 복잡성: 생성된 결과물에 오류가 발생했을 때, 텍스트의 문제인지 이미지의 문제인지 등 원인을 특정하기가 어렵다.
도시부동산 활용 예시	• AI 가상 인테리어(Virtual Staging): 공실 상태의 아파트 사진과 '모던 스타일, 화이트 톤 가구, 따뜻한 조명'과 같은 텍스트를 입력하면, 즉각적으로 가구가 배치된 고품질의 인테리어 이미지를 여러 버전으로 생성하여 마케팅에 활용한다. • 부지 개발 시뮬레이션: 특정 부지의 위성사진, 지적도 데이터와 함께 '30층 규모의 주상복합, 1층에 개방형 공원, 유리 파사드' 등의 텍스트를 입력하여 미래의 건축 조감도 및 3D 모델링 시안을 자동으로 생성한다. • 자동 매물 영상 제작: 여러 장의 매물 사진, 평면도, 그리고 핵심 특징을 요약한 텍스트를 제공하면, AI가 이를 조합하여 전문적인 배경음악과 성우 내레이션이 포함된 홍보 영상을 자동으로 제작한다. • 입지 가치 분석: 특정 지역의 지도 데이터, 상권 사진, 유동인구 데이터, 그리고 관련 뉴스 기사를 동시에 분석하여, 해당 입지의 상업적 잠재력과 미래 가치를 종합적으로 평가하는 시각화 보고서를 생성한다.

6.2. 가상사례: 멀티모달 AI 'URBAN-SENSE'의 복합문화공간 부지 선정

작지만 결코 작지 않은 문래동 작은 공장의 가치 〈視리즈〉
https://www.thescoop.co.kr

1) **현안 과제:** 한 개발사가 서울 내 유망 부지 두 곳(A: 문래동 공장지대, B: 이태원 상업지구)을 대상으로, 'MZ세대를 위한 복합문화공간' 개발 프로젝트를 위한 최적의 입지를 멀티모달 AI 'URBAN-SENSE'를 통해 분석하는 가상 사례를 제시한다.

이태원로에 지하 6층~지상 6층 '공유 오피스' 생긴다 - 아시아경제
https://www.asiae.co.kr

2) **멀티모달 데이터 입력(Input):** 'URBAN-SENSE'는 두 부지에 대해 다음과 같은 다양한 형태의 데이터를 동시에 입력 받았다.

데이터 종류	A 부지(문래동)	B 부지(이태원)
수치 데이터	지가: 3.3m²당 5,000만 원, 유동인구: 1만 명/일	지가: 3.3m²당 1억 2,000만 원, 유동인구: 5만 명/일
이미지 데이터	붉은 벽돌 공장, 그래피티 아트, 낡은 철공소 간판	화려한 네온사인, 프랜차이즈 매장, 많은 인파
텍스트 데이터	뉴스: 문래창작촌, 예술과 철강의 공존 SNS: #레트로감성 #공단뷰카페 #숨은맛집	뉴스: 코로나 이후 상권 회복 더뎌 SNS: #이태원맛집 #지구촌축제 #옛날감성
사운드 데이터	(낮) 철공소의 망치 소리, 기계 소리 (밤) 조용한 골목길 소리	(낮/밤) 클럽 음악 소리, 다양한 외국어, 행인들의 대화 소리

3) AI의 통합적 가치 분석 및 서사 생성(Output): 'URBAN-SENSE'는 입력된 멀티모달 데이터를 종합적으로 분석하여, 각 부지에 대한 '가치 서사'와 최종 투자 추천 점수를 생성했다.

(1) A 부지(문래동) 가치 서사:

"문래동 부지는 낮은 지가와 유동인구라는 수치적 약점을 가지고 있다. 그러나 붉은 벽돌과 그래피티로 대표되는 '독창적인 시각적 정체성(이미지)'과 '레트로', '힙스터'로 대표되는 '온라인상의 높은 관심도(텍스트)'는 MZ세대가 추구하는 '진정성'과 '희소성'이라는 가치와 완벽하게 부합한다. 낮의 철공소 소음(사운드)은 이 지역의 역사성을 상징하며, 이는 오히려 독특한 경험적 콘텐츠로 활용될 수 있는 잠재력을 가진다. 결론: 초기 투자 비용은 낮지만, 미래의 문화적 자본 가치가 매우 높은 '고위험 고수익'형 성장 잠재지이다."

(2) B 부지(이태원) 가치 서사:

"이태원 부지는 높은 지가와 유동인구라는 수치적 강점을 명확히 가지고 있다. 하지만, 화려하지만 개성이 부족한 시각적 이미지와

'상권 회복 더딤'이라는 부정적 텍스트 정보는 리스크 요인으로 작용한다. 현재의 유동인구는 많지만, 이는 과거의 명성에 기댄 관성적인 흐름일 수 있으며, MZ세대를 끌어들일 새로운 매력 포인트가 부족한 '성숙기' 또는 '쇠퇴기' 진입 가능성이 존재한다."

4) 최종 평가 및 투자 결정(가상수치):

평가 지표 (100점 만점)	A 부지 (문래동)	B 부지 (이태원)	AI의 종합 판단
현재 가치 (수치 기반)	40점	90점	현재의 재무적 가치는 B가 압도적이다.
미래 잠재력 (이미지/텍스트)	95점	50점	문화적 자본과 성장 서사는 A가 월등하다.
개발 콘셉트 부합도	98점	60점	'새로운 복합문화공간'이라는 목표에는 A가 최적이다.
최종 투자 추천 점수	88점	72점	AI는 미래 성장 잠재력을 더 높게 평가하여 A를 추천한다.

5) 결론: 이 가상사례는 멀티모달 AI가 어떻게 각기 다른 종류의 데이터를 인간의 직관처럼, 아니 그보다 더 깊이 있게 엮어내어 입체적인 결론을 도출하는지를 보여준다. AI는 숫자의 함정에 빠지지 않고, 이미지와 텍스트에 담긴 도시의 영혼을 읽어낸다. 이는 투자자가 눈에 보이는 현재가 아닌, 보이지 않는 미래의 가치에 투자할 수 있도록 돕는 가장 진보한 형태의 지능이 될 것이다.

주제 7

AI 알고리즘 기반 도시부동산 투자 타당성 분석

1. 멀티모달(Multimodal) AI 데이터를 활용한 자산 가치의 정밀 추정 및 검증과 가상사례

1.1. 멀티모달(Multi-modal) AI는 서로 다른 형태의 데이터를 종합하여 자산 가치를 정밀하게 추정하고, 나아가 각 데이터가 서로를 교차 검증하도록 만드는 가장 진보된 형태의 가치 평가 모델이다.

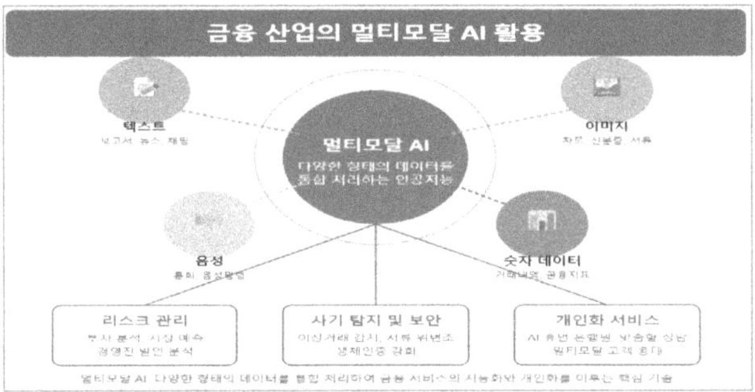

금융 산업의 멀티모달 AI 활용 사례 및 최신 동향 - Nomadlabs | IT 트렌드, AI, 테크 리뷰, https://nomadlabs.co.kr

부동산의 진정한 가치는 하나의 데이터만으로 결코 완벽하게 설명될 수 없다. 재무제표의 숫자들은 건물의 현재 수익성을 보여주지만, 그곳을 오가는 사람들의 표정이나 건물의 관리 상태를 말해주지 않는다. 멀티모달(Multi-modal) AI는 바로 이러한 한계를 극복하기 위해, 서로 다른 형태의 데이터를 종합하여 자산 가치를 정밀하게 추정하고, 나아가 각 데이터가 서로를 교차 검증하도록 만드는 가장 진보된 형태의 가치 평가 모델이다. 이는 마치 한 명의 회계사, 건축가, 그리고 사회학자가 함께 모여 대상 자산에 대한 종합 진단 보고서를 작성하는 것과 같다.

다중 모드 AI는 숫자(Numerical), 텍스트(Text), 이미지(Image) 등 각기 다른 데이터로부터 독립적인 가치 평가를 동시에 진행한다. 예를 들어, 수치 데이터 분석 모듈은 건물의 임대료 수입, 운영 비용, 공실률 등 재무 데이터를 기반으로 전통적인 수익환원법에 따라 1차 가치를 산출한다. 동시에 이미지 분석 모듈(CNN)은 건물의 외관 사진과 거리 뷰 이미지를 분석하여 건물의 노후도, 관리 상태, 디자인의 심미성을 평가하여 가치에 영향을 미치는 물리적 요소를 점수 화한다. 마지막으로 텍스트 분석 모듈(LLM)은 온라인 리뷰, 뉴스 기사, 지역 커뮤니티의 글을 분석하여 해당 건물과 지역에 대한 평판, 잠재적 호재나 리스크와 같은 무형의 사회적 가치를 측정하는 것이다.

이 모델의 진정한 힘은 이 세 가지 독립적인 분석 결과를 최종적으로 통합하고 교차 검증하는 단계에서 발휘된다. 만약 수치 데이터상으로는 우량 자산인데 이미지 분석 결과 건물의 노후화가 심각하다면, AI는 잠재적인 대규모 수선비용 리스크를 반영하여 최종 가치를 하향 조정한다. 반대로, 현재 수익성은 낮지만 텍스트 분석 결과 주변 지역의 긍정적 평판이 급증하고 있다면, 미래 현금흐름 개선 가능성을 반영하여 가치를 상향 조정할 수 있다. 이처럼 다중 모드 AI는 서로 다른 증거들을 종합하여 가장 편향이 적고 정밀하며, 논리적으로 검증된 최종 자산 가치를 제시하는 것이다.

[학습코너: 멀티모달(Multimodal) AI 데이터]

멀티모달(Multimodal) AI 데이터는 텍스트, 이미지, 비디오, 오디오, 센서 정보 등 다양한 종류의 데이터를 통합하여 처리하는 데이터를 의미한다. 이는 AI가 인간처럼 다양한 감각으로 정보를 받아들이고, 그 관계를 종합적으로 이해하며, 더 정확한 판단과 창의적인 결과물을 생성할 수 있도록 돕는 핵심 기술이다.

[멀티모달 데이터의 주요 종류]

- 텍스트: 자연어, 문서 등
- 이미지: 사진, 스틸컷
- 비디오: 동영상, 숏폼 등
- 오디오: 음성, 소리
- 센서 정보: 적외선 센서, 광 센서, 로봇 센서 데이터 등

[멀티모달 AI 데이터의 특징 및 중요성]

- 인간과 유사한 이해 능력: AI가 텍스트, 이미지, 소리 등 다양한 데이터를 함께 분석하여, 복잡한 상황을 인간처럼 더 폭넓게 이해하도록 돕는다.
- 향상된 인식 정확도: 여러 유형의 데이터를 통합하여 분석함으로써 AI 모델의 인식 정확도를 높일 수 있다.
- 데이터의 상호 관계 학습: 단순히 데이터를 병합하는 것이 아니라, 텍스트와 이미지가 어떻게 연관되어 있는지를 학습하여 더 깊이 있는 이해를 가능하게 한다.
- 응용 가능성 확장: 의료, 금융, 자율주행, 스마트 비서 등 다양한 분야에서 더 정교하고 개인화된 서비스를 제공하는 데 활용된다.

특징	생성형 AI	멀티모달 AI
목적	콘텐츠 생성	다양한 데이터 유형의 통합 처리
입력 데이터	텍스트, 이미지 등 단일 또는 조합	텍스트, 오디오, 비디오 등 다양한 데이터
주요 기능	새로운 콘텐츠 생성	맥락 이해 및 데이터 통합 분석
예시	ChatGPT, DALL-E	Waymo 자율주행차, Google Gemini

여러분의 회사는 이렇게 변합니다 : 모두를 위한 AI리터러시 교육 전문기업 | 에이블런, https://ablearn.kr

■ 멀티모달(Multi-modal) 데이터 활용 분석 기법의 목표, 분석방법 및 기술, 역할, 장단점, 도시부동산 활용예시

구분	내용
목표	숫자, 이미지, 텍스트 등 서로 다른 형태의 데이터를 종합적으로 분석하고 상호 교차 검증하여, 단일 데이터의 한계를 넘어선 자산 가치의 정밀 추정을 목표로 한다.
분석 방법 및 기술	각 데이터 유형에 최적화된 AI 모듈(CNN, LLM 등)이 독립적으로 가치를 분석한 후, 그 결과를 종합하여 최종 가치를 조정하고 검증하는 통합 분석 기술을 사용한다.
역할	재무제표(숫자), 건물 상태(이미지), 시장 평판(텍스트) 등 각기 다른 증거를 종합하여 편향이 적고 논리적으로 검증된 최종 결론을 내리는 통합 분석 전문가의 역할을 한다.
장점	자산의 수익성, 물리적 상태, 사회적 평판, 미래 잠재력까지 입체적으로 평가할 수 있어 가치 평가의 정확성과 신뢰도가 매우 높다는 압도적인 장점을 가진다.
단점	다양한 종류의 데이터를 수집하고 정제해야 하며, 여러 AI 모델을 결합해야 하므로 시스템 구축의 복잡성과 비용이 매우 높다는 명확한 단점이 있다.
도시부동산 활용 예시	특정 빌딩의 재무 데이터(수치) 기반 가치에 건물 노후도(이미지)와 입주사 평판(텍스트)을 반영하여 가치를 가감 조정하고 미래 호재를 더해 최종 가치를 산정하는 데 활용된다.

1.2. 가상사례: 멀티모달 AI 'Asset-Mind'의 강남 빌딩 가치 분석

강남 중소 오피스 빌딩 리모델링 붐 | 서울경제, https://www.sedaily.com

1) **현안 과제:** 강남역 인근의 중소형 오피스 빌딩(가칭 'GFC-2')을 대상으로, 멀티모달 AI 'Asset-Mind'가 자산 가치를 정밀 추정하고 검증하는 가상 사례를 제시한다.

2) **개별 모드별 1차 가치 추정:**

'Asset-Mind'는 세 개의 독립된 AI 모듈을 통해 'GFC-2' 빌딩의 가치를 각기 다른 관점에서 1차적으로 분석했다.

분석 모듈	분석 데이터	AI의 1차 분석 및 가치 추정 (가상수치)
수치 분석 모듈	· 연간 임대수익: 20억 원 · 운영 비용: 8억 원 · 공실률: 5%	수익환원법(Cap Rate 4%) 기준, 300억 원의 안정적인 자산 가치를 가진 것으로 추정된다.
이미지 분석 모듈	· 건물 외관 및 로비 사진 · 거리 뷰 이미지	외벽 마감재 일부 변색, 로비 인테리어 노후화 등 건물 관리 상태가 평균 이하로 평가된다. 이는 약 -5%의 가치 하락 요인으로 작용할 것이다.
텍스트 분석 모듈	· 온라인 입주사 리뷰 · 인근 지역 개발 뉴스	"엘리베이터 잦은 고장", "주차 공간 협소" 등 부정적 입주사 리뷰가 다수 발견된다. 그러나 "신분당선 연장선 출구 신설"이라는 강력한 호재 뉴스가 포착된다.

3) 통합 분석 및 교차 검증:

AI는 각 모듈의 분석 결과를 종합하여 최종 가치를 도출했다. 이 과정에서 서로 다른 데이터가 가리키는 신호들을 교차 검증하여 결론의 신뢰도를 높였다.

(1) 검증 1(수치 vs 이미지): 재무 데이터(수치)상으로는 우량 자산이지만, 건물 노후화(이미지)가 관찰되므로, 이는 향후 예상치 못한 수선비용을 발생시켜 실제 수익률을 악화시킬 리스크가 존재한다고 판단한다.(가치 하향 조정 요인)

(2) 검증 2(수치 vs 텍스트): 입주사들의 불만(텍스트)은 현재의 안정적인 임대수익(수치)이 미래에는 흔들릴 수 있다는 조기 경보 신호로 해석된다.(가치 하향 조정 요인)

(3) 검증 3(이미지/텍스트 부정 vs 텍스트 긍정): 현재의 물리적, 사회적 평판(이미지, 리뷰)은 부정적이지만, 지하철 출구 신설(뉴스)이라는 미래 호재는 이 모든 단점을 상쇄할 만큼 강력한 가치 상승 동력이 될 것이라고 최종적으로 판단한다.(가치 대폭 상향 조정 요인)

4) 최종 자산 가치 산정(가상수치):

항목	가치 평가액	AI의 최종 판단 근거
1차 가치(수치 기반)	300억 원	현재의 안정적인 수익성을 반영한 기준점이다.
물리적 감가(이미지)	- 15억 원(-5%)	건물 노후화에 따른 잠재적 비용을 차감한다.
사회적 감가(텍스트)	- 9억 원(-3%)	입주사 불만에 따른 미래 공실 리스크를 반영한다.
미래 잠재력(텍스트)	+ 60억 원(+20%)	지하철 개통 호재가 가져올 압도적인 가치 상승분을 가산한다.
최종 조정 가치	336억 원	모든 증거를 종합하고 교차 검증한 가장 신뢰도 높은 추정치이다.

5) 결론: 이 가상사례는 멀티모달 AI가 어떻게 재무제표의 숫자 너머에 있는 건물의 상태를 보고, 입주사의 목소리를 들으며, 미래의 개발 계획까지 읽어내어 하나의 통합된 가치로 정제해내는지를 보여준다. AI는 서로 다른 증거들이 충돌할 때 무엇이 더 중요한지를 판단하고, 이를 통해 인간의 편견이나 단편적 정보의 함정에서 벗어난 가장 객관적이고 통찰력 있는 결론을 내리는 것이다. 이는 부동산 가치 평가의 새로운 패러다임이 될 것이다.

2. 시나리오 기반 AI 동적 현금흐름 예측 및 수익성 분석과 가상사례

2.1. AI 기반 동적 현금흐름 모델은 몬테카를로 시뮬레이션(Monte Carlo Simulation)과 같은 통계적 기법과 머신 러닝 예측 모델을 결합하여 작동한다.

수요 예측 및 동적 가격 책정에 필요한 핵심 기술 - Genspark

부동산 투자의 성패는 미래의 불확실성을 얼마나 잘 예측하고 관리하는지에 달려있다. 전통적인 현금흐름 분석이 고정된 가정(예: 연 2% 임대료 상승)에 기반하여 단 하나의 미래를 예측했다면, 시나리오 기반의 인공지능(AI) 동적 현금흐름 예측은 경기 호황, 기준금리 인상, 인근 지역 개발 등 발생 가능한 수만 가지 미래 시나리오를 동시에 시뮬레이션 하여, 투자 수익의 확률적 분포를 보여주는 가장 진보된 형태의 수익성 분석 기법이다. 이는 단 하나의 점이 아닌, 수만 개의 점으로 이루어진 미래의 '가능성 구름'을 보며 투자 결정을 내리는 것과 같다.

AI 기반 동적 현금흐름 모델은 몬테카를로 시뮬레이션(Monte Carlo Simulation)과 같은 통계적 기법과 머신 러닝 예측 모델을 결합하여 작동한다. 먼저, 미래 현금흐름에 영향을 미치는 핵심 변수들, 즉 임대료 성장률, 공실률, 운영비용 증가율, 금리 변동성, 그리고 자산 매각 시점의 자본환원율(Cap Rate) 등에 대해 과거 데이터를 기반으로 한 확률 분포를 설정한다. 예를 들어, 임대료 성장률을 단순히 '연 2%'로 고정하는 것이 아니라, '평균 2%를 중심으로 ±1.5%의 표준편차를 가지는 정규분포'를 따른다고 정의하는 것이다.

이후 AI는 이 확률 분포에 따라 각 변수들의 값을 무작위로 수만 번 추출하여, 각기 다른 미래 시나리오 조합을 생성하고 해당 시나리오별 전체 투자 기간의 현금흐름을 모두 계산한다. 이 과정을 통해 투자자는 단순히 하나의 예상 수익률(IRR)이나 순현재가치(NPV)를 얻는 것이 아니라, '최악의 경우(Worst Case)', '기본 시나리오(Base Case)', '최상의 경우(Best Case)'를 포함한 전체 수익률의 분포를 한눈에 파악할 수 있다. 이는 투자자가 막연한 기대나 공포가 아닌, 데이터 기반의 확률적 사고를 통해 감당할 수 있는 리스크의 수준을 명확히 인지하고 최적의 의사결정을 내리도록 돕는 것이다.

[학습 코너: 몬테카를로 시뮬레이션(Monte Carlo Simulation)]

몬테카를로 시뮬레이션은 반복된 무작위 샘플링을 사용하여 다양한 결과가 발생할 가능성을 구하는 계산 알고리즘 유형이다. 몬테카를로 방법 또는 다중 확률 시뮬레이션이라고도 하는 몬테카를로 시뮬레이션은 불확실한 사건의 가능한 결과를 추정하는 데 사용되는 수학적 기법입이다.

몬테카를로 시뮬레이션은 도입 이후 인공 지능, 주가, 판매 예측, 프로젝트 관리, 가격 책정 등 다양한 실제 상황에서 위험의 영향을 평가해왔습니다. 또한 입력 값이 고정된 예측 모델에 비해 민감도 분석을 수행하거나 입력의 상관 관계를 계산하는 기능 등 여러 가지 이점이 있다. 민감도 분석을 통해 의사 결정자는 개별 입력이 주어진 결과에 미치는 영향을 확인할 수 있으며, 상관관계를 통해 모든 입력 변수 간의 관계를 이해할 수 있다.

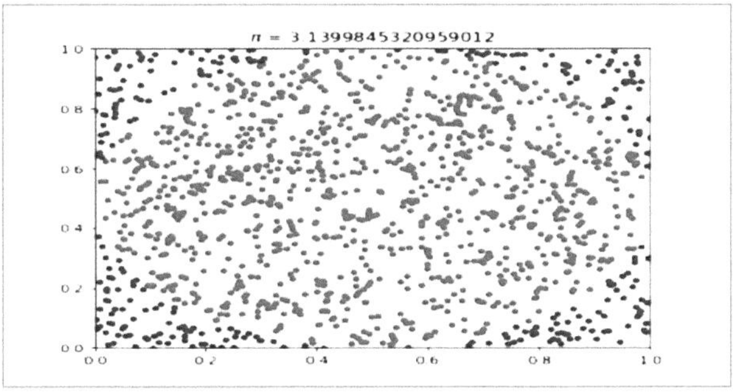

파이썬(python) - 몬테카를로 방법으로 파이구하기(Calculate pi by using Monte Carlo Method) : 네이버 블로그 https://m.blog.naver.com/gdpresent

■ **시나리오 기반 AI 동적 현금흐름 예측 분석 기법의 목표, 분석방법 및 기술, 역할, 장단점, 도시부동산 활용예시**

구분	내용
목표	고정된 단일 가정을 넘어, 발생 가능한 수만 가지 미래 시나리오를 동시 시뮬레이션 하여 투자 수익의 확률적 분포를 도출하는 것을 목표로 한다.
분석 방법 및 기술	몬테카를로 시뮬레이션(Monte Carlo Simulation) 기법과 머신 러닝을 결합하여, 임대료 성장률 등 주요 변수들을 확률 분포로 정의하고 무작위로 조합하여 결과를 계산한다.
역할	최악, 최상, 평균 등 전체 수익률 분포를 제시하여, 투자자가 데이터 기반의 확률적 사고를 통해 감당 가능한 리스크 수준을 명확히 인지하도록 돕는 역할을 한다.
장점	단 하나의 예측치가 아닌 다양한 가능성의 범위를 제공하여 투자의 불확실성을 정량적으로 관리할 수 있으며, 원금 손실 확률 등 구체적인 리스크 측정이 가능하다는 장점이 있다.
단점	시뮬레이션의 정확성이 초기 변수들의 확률 분포 설정에 크게 의존하므로, 가정의 질이 낮을 경우 예측 결과의 신뢰도가 떨어진다는 본질적인 단점이 있다.
도시부동산 활용 예시	특정 지식산업센터 투자 시, 경기 침체·호황 등 시나리오별 임대료, 공실률 변화를 시뮬레이션 하여 최종 내부수익률(IRR)의 전체 확률 분포를 예측하는 데 활용된다.

2.2. 가상사례: '성수동 지식산업센터'의 10년 투자 수익률 시뮬레이션

성수동 '지식산업센터→오피스' 컨버전 개발사업 950억 PF클로징, https://dealbook.co.kr

1) 현안 과제: 서울 성수동에 위치한 신축 지식산업센터 1개 호실(매입가 10억 원)에 대한 10년 투자 프로젝트를 대상으로, AI 현금흐름 예측 모델 'Cashflow-AI'가 세 가지 경제 시나리오에 따른 수익성을 분석하는 가상 사례를 제시한다.

2) 시나리오 설정 및 변수 입력: 'Cashflow-AI'는 향후 10년간 발생 가능한 세 가지 거시 경제 시나리오를 설정하고, 각 시나리오별 핵심 변수의 확률 분포를 다음과 같이 정의했다.

주요 변수	시나리오 1: 비관적 (경기 침체)	시나리오 2: 중립적 (현상 유지)	시나리오 3: 낙관적 (고도 성장)
연평균 임대료 성장률	0.5%(±1.0%)	2.0%(±1.0%)	4.0%(±1.5%)
평균 공실률	10%(±5.0%)	5%(±2.0%)	2%(±1.0%)
매각 시점 Cap Rate	5.0%(±0.5%)	4.5%(±0.3%)	4.0%(±0.3%)

3) AI의 몬테카를로 시뮬레이션 결과(1만 회 반복): 'Cashflow-AI'는 각 시나리오별로 1만 개의 서로 다른 미래 현금흐름을 생성하여, 내부수익률(IRR)의 확률 분포를 계산했다.

시나리오	내부수익률(IRR) 평균	IRR 95% 신뢰구간	AI의 시나리오 해석
1: 비관적	2.5%	(-1.0% ~ 5.5%)	심각한 경기 침체가 발생할 경우, 낮은 임대료 성장과 높은 공실률로 인해 원금 손실의 가능성도 존재한다.
2: 중립적	6.8%	(5.2% ~ 8.5%)	현재와 같은 경제 상황이 유지된다면, 안정적인 중수익을 기대할 수 있는 확률이 가장 높다.
3: 낙관적	11.5%	(9.0% ~ 14.0%)	IT 산업의 폭발적 성장과 함께 성수동이 테크 허브로 부상할 경우, 매우 높은 투자 수익을 거둘 수 있다.

4) 최종 투자 의사결정 및 인사이트:

AI 시뮬레이션 결과는 단 하나의 정답 대신, 투자자가 정보에 기반한 결정을 내릴 수 있는 확률적 지도를 제공했다.

(1) **수익성 분석**: 이 투자는 평균적으로 '6.8%'의 준수한 수익률이 기대되지만, 경제 상황에 따라 "-1.0%"의 손실에서부터 '14.0%'의 고수익까지 매우 넓은 범위의 결과를 낳을 수 있는 '중위험 중수익' 투자로 분석된다.

(2) **리스크 관리**: 1만 번의 시뮬레이션 중 IRR이 0% 이하(원금 손실)로 나타난 횟수는 총 350회(3.5%)였다. 이는 투자자가 이 프로젝트에 투자할 경우, 약 3.5%의 확률로 원금 손실을 경험할 수 있음을 의미한다.

5) **결론**: 만약 투자자가 3.5%의 손실 확률을 감수하고 평균 6.8%의 수익률을 목표로 한다면, 이 투자는 합리적인 선택이 될 수 있다. 그러나 안정성을 최우선으로 하는 투자자라면, 손실 확률이 더 낮은 다른 투자 대안을 고려해야 할 것이다. 이처럼 AI는 미래의 다양한 가능성을 숫자로 보여줌으로써, 투자자가 자신의 투자 성향에 맞는 최적의 길을 스스로 찾아갈 수 있도록 돕는 것이다.

3. 생성형 AI(Generative AI)를 활용한 최적 개발대안 탐색 및 사업성 시뮬레이션과 가상사례

3.1. '생성형 AI'는 주어진 목표와 제약 조건 하에서 수천, 수만 가지의 가능한 모든 개발 대안을 스스로 '탐색'하고, 각 대안의 사업성까지 동시에 시뮬레이션 하여 최적의 해답 군을 제시하는 혁신적인 접근법이다.

전통적인 부동산 개발 방식이 소수의 전문가가 제한된 수의 설계안을 검토하여 최선의 안을 '선택'하는 과정이었다면, '생성형 인공지능(Generative AI)'은 주어진 목표와 제약 조건 하에서 수천, 수만 가지의 가능한 모든 개발 대안을 스스로 '탐색'하고, 각 대안의 사업성까지 동시에 시뮬레이션 하여 최적의 해답 군을 제시하는 혁신적인 접근법이다. 이는 인간이 미처 상상하지 못했던 창의적이고 효율적인 개발의 가능성을 열어주는, 그야말로 '디지털 건축의 신(神)'과 협업하는 것과 같다.

생성형 AI의 핵심은 '목표 설정 기반의 자동 설계(Goal-driven Design)'에 있다. 개발자는 AI에게 '개발 이익 최대화', '공공 녹지 면적 최대화', '건설 기간 최소화', '에너지 효율 최적화' 등 다소 상충될 수 있는 여러 목표를 동시에 제시한다. 또한, 해당 부지의 용적률, 건폐율, 높이 제한과 같은 법적 제약 조건과 예상 공사비, 시장 수요 데이터 등을 입력한다. 그러면 AI는 마치 수만 명의 건축가와 사업 분석가가 동시에 브레인스토밍을 하듯, 주어진 조건을 만족하는 모든 형태의 건물 배치, 높이, 용도 조합을 순식간에 생성해내는 것이다.

이 과정의 놀라운 점은 단순히 수많은 대안을 나열하는 데 그치지 않는다는 것이다. AI는 생성된 각각의 설계안에 대해 즉각적으로 사업성 시뮬레이션을 실행한다. 예를 들어, 특정 디자인이 확보하는 임대 가능 면적과 예상 임대료를 계산하여 총수익을 추정하고, 건물의 형태와 자재에 따른 공사비를 계산하여 총비용을 산출한다. 이를 통해 각 설계안별 예상 수익률, 공공 기여도, 에너지 효율 등급과 같은 핵심 성과 지표(KPI)를 도출한다. 결국 개발자는 '수익성은 조금 낮지만 공공성이 매우 뛰어난 대안', '공공성은 최소화되었지만 수익성이 극대화된 대안' 등 각 목표 간의 상충 관계(Trade-off)를 명확히 보여주는 '가능성의 파노라마'를 보며 가장 전략적인 최종 의사결정을 내릴 수 있게 되는 것이다.

3.2. 가상사례: '용산역 인근 유휴부지'의 생성형 AI 개발 시뮬레이션

용산 포함 서울 유휴부지 18곳 모니터링, 토지거래허가구역 지정 검토 - 파이낸셜뉴스
https://www.fnnews.com

1) **현안 과제:** 서울 용산역 인근의 10,000㎡ 규모 유휴부지를 대상으로, 생성형 AI 'Optimal-Site'를 활용하여 최적의 복합 개발 대안을 탐색하는 가상 사례를 제시한다.

2) **목표 및 제약 조건 설정:** 개발사는 'Optimal-Site'에 다음과 같은 3가지 핵심 개발 목표를 설정했다.

- 목표 1: 순개발이익(NPV) 극대화
- 목표 2: 개방형 공공 녹지 면적 최대화

- 목표 3: 단지 내 상업시설 활성화 지수(유동인구 예측) 최대화
- 주요 제약: 용적률 600% 이하, 건폐율 50% 이하, 최대 높이 150m

3) AI의 대안 생성 및 사업성 시뮬레이션: 'Optimal-Site'는 1시간 동안 약 5,000개의 서로 다른 개발 대안을 생성하고, 각 대안의 사업성을 3가지 목표에 대해 평가하여 다음과 같은 다차원 그래프로 시각화했다.

- X축: 순개발이익(억 원)
- Y축: 공공 녹지 면적(㎡)
- Z축: 상업 활성화 지수(점)

4) 최적 대안 포트폴리오 분석(가상수치):

AI는 수많은 대안 중, 각 목표의 균형점이 가장 뛰어난 3가지 유형의 '최적해 포트폴리오'를 최종적으로 추천했다.

구분	대안 A: 수익 극대화형	대안 B: 공공성 중시형	대안 C: 균형 추구형(AI 추천)
건물 구성	40층 오피스 타워 1개 동 저층 부 리테일	20층 주거 타워 2개 동 중앙 대규모 공원	30층 오피스/주거 혼합 타워 1개 동 저층 부 개방형 스트리트몰
순개발이익(NPV)	3,500억 원	1,800억 원	2,800억 원
공공 녹지 면적	1,500㎡(15%)	4,000㎡(40%)	2,500㎡(25%)
상업 활성화 지수	65점	50점	85점
AI 종합 평가	수익성은 가장 높지만, 공공성 및 상업 활력 부족으로 장기적인 도시 가치 기여도는 낮을 것이다.	공공성은 탁월하나, 낮은 사업성으로 인해 프로젝트의 재무적 리스크가 매우 클 것이다.	수익, 공공, 상업 활성화 3가지 목표를 가장 조화롭게 만족시키는 최적의 대안이다.

5) 결론: 이 가상사례는 생성형 AI가 어떻게 단 하나의 정답이 아닌, 다양한 목표를 만족시키는 여러 개의 '최적의 해답들'을 제시하는지를 보여준다. AI는 개발자가 미처 생각하지 못한 건물 배치와 용도 조합을 통해 수익을 높이면서도 더 넓은 공원을 만들 수 있는 창의적인 방법을 찾아낸다. 이는 더 이상 인간의 직관과 경험이라는 한계에 갇히지 않고, 데이터와 알고리즘이 생성해낸 무한한 가능성 속에서 도시와 투자자 모두를 위한 최상의 미래를 설계하는, 진정한 의미의 '디지털 르네상스'가 시작되었음을 의미하는 것이다.

4. 시장 미시 데이터(Micro-market Data)분석을 통한 잠재수요 및 타겟 고객층 특정과 가상사례

4.1. AI시대의 시장 분석은 신용카드 결제, 스마트폰 앱 사용, 소셜미디어 활동과 같은 '시장 미시 데이터'를 분석하여, 눈에 보이지 않던 잠재수요를 발견하고 명확한 타겟 고객층을 특정하는 방식으로 진화하고 있다.

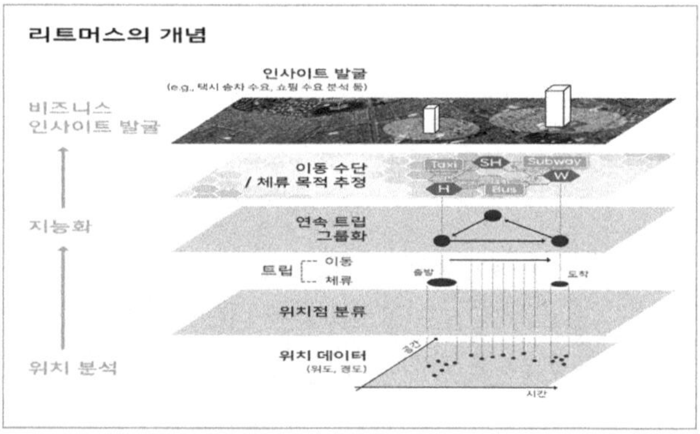

[딥데이터] 사람들은 어디로 어떻게 왜 이동할까? – SK텔레콤 뉴스룸
https://news.sktelecom.com

성공적인 부동산 개발은 단순히 좋은 건물을 짓는 것을 넘어, 그 공간을 채워줄 '사람'을 정확히 이해하는 것에서부터 시작된다. 과거의 시장조사가 인구 통계와 같은 거시적인 데이터에 의존했다면, AI시대의 시장분석은 신용카드 결제, 스마트폰 앱 사용, 소셜미디어 활동과 같은 '시장 미시 데이터(Micro-market Data)'를 분석하여, 눈에 보이지 않던 잠재 수요를 발견하고 명확한 타겟 고객층을 특정하는 방식으로 진화하고 있다. 이는 마치 도시의 혈관을 흐르는 혈액을 직접 분석하여, 도시의 건강 상태와 영양 필요량을 파악하는 것과 같다.

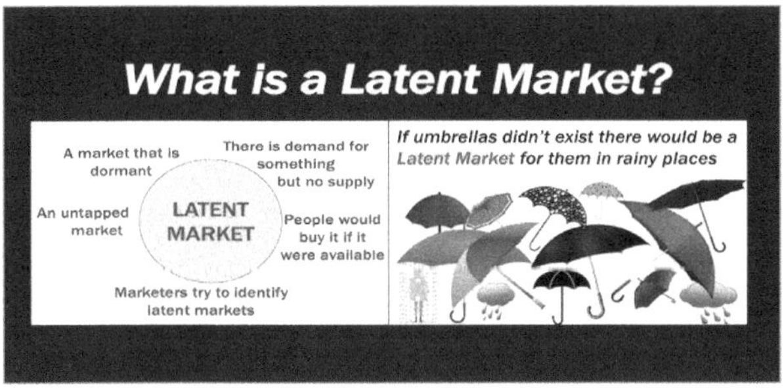

What is a Latent Market? You Tube

AI는 비 식별화된 신용카드 거래 데이터를 분석하여 특정 지역, 특정 시간대에 어떤 연령대의 사람들이, 어떤 업종에, 얼마만큼의 돈을 쓰는지를 정확히 파악한다. 예를 들어, 주중 점심시간에는 30대 직장인들의 한식 소비가 주를 이루지만, 주말 저녁에는 20대 연인들의 다이닝펍 소비가 급증하는 패턴을 발견할 수 있다. 또한, 배달 앱 데이터 분석을 통해 특정 지역 주민들이 어떤 종류의 음식을 선호하지만, 주변에 해당 음식점이 부족하여 배달에 의존하고 있다는 '숨겨진 수요(Latent Demand)'를 찾아낼 수도 있는 것이다.

이러한 미시 데이터들을 종합하여, AI는 '군집화 알고리즘(Clustering Algorithm)'을 통해 해당 지역의 핵심 고객 그룹, 즉 '페르소나(Persona)'를 정의한다. '강남역 인근에 거주하며, 퇴근 후 자기계발에 관심이 많은 30대 초반의 미혼 여성' 또는 '판교 테크노밸리에 근무하며, 주말에는 가족과 함께 교외 활동을 즐기는 40대 초반의 남성'과 같이, 구체적인 라이프스타일과 소비 성향을 가진 가상의 고객상을 만들어내는 것이다. 이는 개발자가 막연한 감이 아닌, 명확한 데이터 기반의 타겟 고객을 설정하고 그들의 니즈에 완벽하게 부합하는 공간과 서비스를 기획하도록 돕는 가장 강력한 나침반이 된다.

[학습 코너: 미시 데이터(MicroData)]

미시 데이터는 개별 단위(개인, 가구, 사업체 등)의 통계조사 원자료를 말합니다. 개인 정보나 입력 오류 등을 수정한 뒤, 다른 통계자료와 합쳐지거나 가공될 수 있도록 처리되어 제공됩니다. 통계청의 MDIS(MicroData Integrated Service)는 이러한 미시데이터를 통합하여 제공하는 서비스입니다.

[미시 데이터의 특징]

- **개별 단위의 자료:** 통계조사를 통해 수집된 개인, 가구, 사업체 등 개별적인 단위의 원자료를 의미합니다.
- **데이터의 정제:** 개인정보나 입력 오류, 논리 오류 등을 수정하고 제거하여 데이터의 신뢰도를 높입니다.
- **데이터 활용:** 개별 단위의 상세한 정보를 분석하여 특정 집단이나 현상에 대한 깊이 있는 인사이트를 얻을 수 있습니다.

[미시 데이터의 예시]

- **통계청의 MDIS 서비스:** 통계청 뿐만 아니라 정부 부처, 지자체, 연구기관 등 다양한 기관에서 작성한 미시 데이터를 한곳에 모아 제공하는 통합 서비스입니다.
- **서울연구원의 데이터 개방:** 서울연구원은 연구 과제에서 수행된 설문조사의 미시데이터를 개방하여 시정 연구 활성화를 지원하고 있습니다.

〈표〉 마이크로데이터 유형과 특징

유형		이용방법	특징	수수료
공공용		홈페이지 (MDIS)	• 직접 필요항목 추출 후 다운로드 • 응답자 식별 방지를 위해 매스킹 처리	무료
인가용	승인용	원격접근 (RAS), 이용센터 (RDC)	• 공공용 미제공 항목 추가 제공 • 매스킹 되지 않은 자료 분석 • 비밀, 민감정보 등은 제공 불가 (일부 비밀정보는 필요시 임의키 제공)	유료
	특수목적용	이용센터 (RDC)	• 매스킹 되지 않은 자료 분석 • 비밀, 민감정보 등 승인용 미제공 항목검토 후 제공	유료

마이크로데이터 120% 활용하기 | 나라경제 | KDI 경제교육·정보센터,
https://eiec.kdi.re.kr

■ 시장 미시 데이터 분석 기법의 목표, 분석방법 및 기술, 역할, 장단점, 도시부동산 활용예시

구분	내용
목표	신용카드 결제, 앱 사용 등 시장 미시 데이터를 분석하여 눈에 보이지 않는 잠재 수요를 발견하고, 명확한 타겟 고객층을 특정하는 것을 목표로 한다.
분석 방법 및 기술	카드 소비 패턴, 배달 앱 주문 내역 등을 분석하고, '군집화 알고리즘(Clustering Algorithm)'을 통해 구체적인 페르소나(Persona)를 정의하는 기술을 사용한다.
역할	개발자가 막연한 감이 아닌 데이터에 기반하여 명확한 타겟 고객을 설정하고, 그들의 니즈에 부합하는 공간과 서비스를 기획하도록 돕는 나침반 역할을 한다.

장점	인구 통계와 같은 거시 데이터로는 파악할 수 없는 '숨겨진 수요'를 발견할 수 있으며, 구체적인 라이프스타일을 가진 고객 페르소나를 정의할 수 있다는 장점을 가진다.
단점	개인정보보호 문제로 데이터 확보 및 활용이 매우 제한적일 수 있으며, 수집된 데이터가 특정 그룹에 편향되어 시장 전체를 대표하지 못할 수 있다는 단점이 있다.
도시부동산 활용 예시	배달 앱 데이터를 분석하여 특정 지역의 부족한 음식점 종류를 파악하거나, 소비 패턴을 기반으로 '골든 패밀리' 등 핵심 페르소나를 정의하여 상업시설의 MD 구성을 최적화하는 데 활용된다.

4.2. 가상사례: '광교 신도시' 상업시설의 AI 기반 MD 기획

1) 현안 과제: 경기도 광교 신도시 중심상업지구에 신축될 상업시설 '더 센터'의 최적 업종 구성(MD, Merchandising)을 위해, AI 미시 데이터 분석 플랫폼 'Market-DNA'를 활용하는 가상 사례를 제시한다.

광교신도시…랜드마크 상업시설 공급 소식에 상권 확대 기대 | 서울경제
https://www.sedaily.com

2) 미시 데이터 수집 및 분석: 'Market-DNA'는 '더 센터' 부지 반경 1km 이내의 지난 1년간 미시 데이터를 분석했다.

(1) **카드 결제 데이터:** 요일별, 시간대별, 업종별, 연령대별 카드 소비 패턴 분석

(2) **배달 앱 데이터**: 주문 음식 카테고리, 주문 시간대, 평균 주문 금액 분석

(3) **소셜미디어 데이터**: '#광교맛집', '#광교카페거리' 등 관련 키워드 및 감성 분석

3) **잠재 수요 발견 및 페르소나 도출**: AI는 데이터 분석을 통해 다음과 같은 핵심 인사이트와 두 가지 주요 페르소나를 도출했다.

(1) **잠재 수요 발견**:

- "고급 다이닝의 공급 부족": 주말 저녁 시간대, 30-40대의 고급 레스토랑(파인다이닝, 오마카세 등) 결제 시도 건수 대비 실제 승인 건수가 50%에 불과했다. 이는 높은 수요에도 불구하고 주변에 갈 만한 곳이 부족하여 소비가 외부로 유출되고 있음을 의미한다.
- "키즈 콘텐츠의 부재": '#광교맘' 키워드와 함께 '아이랑 갈만한 곳', '주말에 뭐하지' 등의 불편함을 호소하는 부정적 감성어가 다수 출현했다.

(2) **핵심 페르소나 정의**:

페르소나	'골든 패밀리'	'테크 주니어'
인구통계	30대 후반 ~ 40대 초반, 미취학/초등 자녀 보유	20대 후반 ~ 30대 초반, 미혼, IT/전문직 종사자
소비 특징	자녀 교육/체험 활동에 지출이 높음, 주말 가족 외식 선호	평일 저녁 자기계발 및 네트워킹 활동, 트렌디한 F&B 소비
주요 니즈	아이와 함께 즐길 수 있는 교육적 놀이 공간, 편안한 외식 공간	퇴근 후 들를 수 있는 전문 서점, 스터디 카페, 개성 있는 맛집

4) AI 기반 최적 MD 전략 제안: 분석된 잠재 수요와 페르소나를 바탕으로, 'Market-DNA'는 '더 센터'의 성공 확률을 극대화할 수 있는 다음과 같은 MD 구성 전략을 제안했다.

층별	전통적 MD 구성	AI 추천 MD 구성	주요 타겟 및 기대효과
고층부	프랜차이즈 레스토랑	프리미엄 다이닝, 루프탑 바	골든 패밀리 & 테크 주니어: 저녁 시간대 외부 유출 수요 흡수, 높은 객단가 확보
중층부	병원, 학원	대형 서점(스터디 공간), 프리미엄 키즈 카페	테크 주니어 & 골든 패밀리: 체류 시간 증대, 목적 방문객 유인
저층부	의류, 화장품 매장	독립서점, 디자인 소품샵, 스페셜티 커피	테크 주니어: 트렌디한 이미지 구축, SNS 바이럴 유도

5) 결론: 이 가상사례는 AI의 미시 데이터 분석이 어떻게 막연한 추측을 구체적인 페르소나와 명확한 사업 전략으로 바꾸는지를 보여준다. AI는 도시의 숨겨진 욕망을 데이터로 읽어내고, 그 욕망을 채워줄 최적의 공간을 설계한다. 이는 더 이상 '무엇을 지을까'를 고민하는 시대를 넘어, '누구를 위해, 어떻게 채울까'를 먼저 생각하게 만드는, 부동산 개발의 패러다임을 근본적으로 바꾸는 혁명인 것이다.

5. AI 기반 도시부동산 투자 잠재 리스크 식별 및 정량적 위험도 평가와 가상사례

5.1. AI는 데이터의 심연 속에 숨겨진 미세한 신호들을 포착하여 미래에 발생 가능한 다양한 '잠재 리스크(Potential Risks)'를 식별하고, 그 위험도를 정량적으로 평가하는 혁신적인 방법론을 제시한다.

성공적인 투자는 높은 수익을 내는 것만큼이나 잠재된 위험을 얼마나 잘 식별하고 관리하는지에 달려있다. 과거의 리스크 분석이 주로 재무적 변수나 과거의 명확한 사건에 초점을 맞췄다면, AI는 데이터의 심연 속에 숨겨진 미세한 신호들을 포착하여 미래에 발생 가능한 다양한 '잠재 리스크(Potential Risks)'를 식별하고, 그 위험도를 정량적으로 평가하는 혁신적인 방법론을 제시한다. 이는 마치 경험 많은 항해사가 잔잔한 바다의 미세한 조류 변화를 보고 다가올 폭풍을 예측하는 것과 같다.

AI 리스크 분석 모델은 전통적인 재무 리스크 외에도, 인간이 간과하기 쉬운 다양한 비정형 데이터를 분석 대상으로 삼는다. 예를 들어, 기후 변화 리스크를 분석하기 위해 AI는 지난 수십 년간의 기상 데이터와 지형 데이터를 학습하여, 향후 특정 지역의 국지성 호우로 인한 침수 가능성이 얼마나 증가할지를 확률적으로 계산한다. 또한, 사회적 리스크를 측정하기 위해 지역 커뮤니티의 온라인 게시글과 뉴스 기사의 감성 분석을 통해, 특정 개발 프로젝트에 대한 주민들의 반대 여론이 심화될 가능성을 예측하는 것이다.

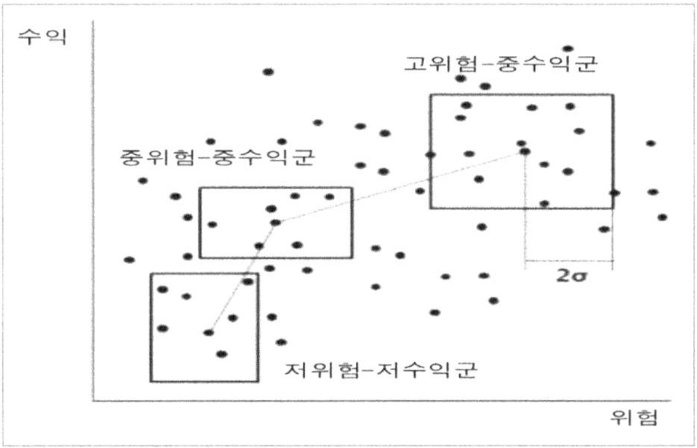

부동산분석(Journal of Real Estate Analysis), https://www.ejrea.org/archive

AI의 진정한 힘은 이렇게 식별된 각각의 리스크에 대해 '발생 확률(Probability)'과 '영향도(Impact)'를 객관적인 수치로 부여하고, 이를 종합하여 최종 '위험도 점수(Risk Score)'를 산출하는 데 있다. 예를 들어, '30년 내 해당 지역의 해수면 상승으로 인한 침수 피해 발생 확률 25%, 피해 발생 시 자산 가치 40% 하락'과 같이 구체적인 숫자로 위험의 크기를 제시한다. 이는 투자자가 '왠지 불안하다'는 막연한 감이 아닌, 데이터에 기반하여 각 리스크의 우선순위를 정하고, 보험 가입, 방재 시설 투자, 혹은 사업 계획 변경 등 가장 효과적인 위험 관리 전략을 수립하도록 돕는 가장 이성적인 조력자가 되는 것이다.

[학습 코너: 부동산 투자의 잠재적 위험]

부동산 투자의 잠재적 위험에는 △부동산 가격 하락 △높은 유동성 부족 △금리 인상에 따른 부채 부담 증가 △임대료 하락 △개발 사업의 불확실성 등이 있으며, 이러한 위험들은 투자 수익성을 저해하고 손실을 발생시킬 수 있으므로 철저한 시장 조사와 위험 관리가 필요하다.

[주요 잠재적 위험 요인]

- 부동산 가격 변동성: 부동산 시장은 경기 상황, 정책 변화, 금리 변동 등 다양한 요인에 의해 가격이 크게 변동할 수 있습니다. 부동산 가격 하락은 투자 원금 손실로 이어질 수 있는 대표적인 위험입니다.
- 낮은 유동성: 부동산은 다른 투자 자산에 비해 현금화하기 어려운 유동성 위험이 있습니다. 예상치 못한 현금 수요가 발생했을 때 즉시 매각하기 어려워 자금 계획에 차질이 생길 수 있습니다.

- 금리 상승 및 부채 부담 증가: 부동산은 대출을 통해 투자하는 경우가 많아, 금리가 상승하면 대출 이자 부담이 커져 수익성을 악화시킬 수 있습니다. 특히 가계 부채가 많은 상황에서는 금리 인상 시 연체 율 상승과 같은 금융 불안정성이 커질 수 있습니다.
- 임대 수익률 하락 위험: 수익형 부동산 투자의 경우, 시장 상황 악화나 경쟁 심화 등으로 인해 임대 수요가 감소하거나 임대료가 하락할 수 있습니다. 이는 예상했던 임대 수익을 얻지 못하게 되는 재정적 위험으로 이어집니다.
- 부동산 개발 사업의 불확실성: 부동산 개발 사업은 사업 성공 시 높은 수익을 기대할 수 있지만, 사업 지연, 예상치 못한 공사 비용 증가, 인허가 문제 등으로 인해 사업 실패 위험이 높습니다.

(자료: https://www.google.com/search?sca_esv=6d88a22af351a497&sxsrf)

■ **AI 기반 투자 리스크 식별 및 평가 기법의 목표, 분석방법 및 기술, 역할, 장단점, 도시부동산 활용예시**

구분	내용
목표	데이터 속에 숨겨진 미세한 신호를 포착하여 미래에 발생 가능한 다양한 잠재 리스크를 식별하고, 그 위험도를 객관적인 수치로 정량 화하는 것을 목표로 한다.
분석 방법 및 기술	기상, 지형, 소셜미디어 등 비정형 데이터를 분석하여 리스크를 식별하고, 각 리스크의 '발생 확률(Probability)'과 '영향도(Impact)'를 곱하여 최종 '위험도 점수(Risk Score)'를 산출하는 기술을 사용한다.
역할	투자자가 막연한 감이 아닌 데이터에 기반하여 리스크의 우선순위를 정하고, 가장 효과적인 위험 관리 전략을 수립하도록 돕는 이성적인 조력자의 역할을 한다.
장점	인간이 간과하기 쉬운 기후, 사회, 정책 등 비재무적 리스크까지 식별할 수 있으며, 위험의 크기를 구체적인 숫자로 제시하여 명확한 의사결정을 돕는다는 장점을 가진다.

단점	과거 데이터에 없는 전례 없는 리스크(블랙스완)는 예측하기 어렵고, 리스크 발생 확률 및 영향도 추정의 정확성이 학습 데이터의 질에 크게 의존한다는 단점이 있다.
도시부동산 활용 예시	기상 데이터를 학습하여 특정 지역의 미래 침수 가능성을 확률적으로 계산하거나, 소셜미디어 감성 분석을 통해 개발 프로젝트에 대한 주민 반대 여론의 심화 가능성을 예측하는 데 활용된다.

5.2. 가상사례: AI가 진단한 '부산 해안 재개발 프로젝트'의 숨겨진 위험

1) 현안 과제: 부산 해운대 인근의 노후 주거지를 고급 워터프론트 레지던스로 재개발하는 프로젝트를 대상으로, AI 리스크 분석 모델 'Risk-Scanner'가 잠재 위험을 평가하는 가상 사례를 제시한다.

부산 해안가 따라 자리잡는 고급 레지던스들 - 파이낸셜뉴스
https://www.fnnews.com/news

2) 데이터 분석 및 잠재 리스크 식별: 'Risk-Scanner'는 해당 프로젝트와 관련된 재무, 정책, 사회, 환경 등 다차원적 데이터를 종합적으로 분석하여 다음과 같은 3대 핵심 잠재 리스크를 식별했다.

리스크 1(물리적): 기후 변화로 인한 침수 위험 증가

- 분석 근거: 한반도 기후 변화 시나리오 데이터(RCP 8.5)와 해당 지역의 정밀 해안 지형 데이터를 결합한 결과, 30년 후 지구 온난화로 인한 해수면 상승 및 태풍 강도 증가로 인해, 100

년 빈도 확률 강수량 발생 시 프로젝트 부지의 약 15%가 침수될 가능성이 있음을 발견했다.

리스크 2(사회적): 조망권 사유화에 대한 여론 악화

- 분석 근거: 소셜 미디어와 지역 뉴스 데이터의 감성 분석 결과, '해안 조망 사유화', '부자들만의 공간' 등 개발 프로젝트에 대한 부정적 키워드 언급량이 최근 6개월간 200% 증가했다. 이는 향후 시민단체의 반대 운동이나 지자체의 공공성 요구 강화로 이어질 수 있는 신호로 판단된다.

리스크 3(정책적): 초고가 주택에 대한 규제 강화 가능성

- 분석 근거: 과거 20년간의 부동산 정책 데이터를 학습한 결과, 특정 지역의 주택 가격이 단기간에 급등할 경우, 정부가 해당 지역을 투기과열지구로 지정하거나 초고가 주택에 대한 종합부동산세를 강화할 확률이 높아지는 패턴을 발견했다.

3) 리스크 정량 평가 및 위험도 매트릭스(가상수치): 'Risk-Scanner'는 각 리스크의 발생 확률과 사업에 미칠 재무적 영향도를 계산하여, 다음과 같은 위험도 매트릭스(Risk Matrix)를 생성했다.

핵심 잠재 리스크	발생 확률 (30년 내)	재무적 영향도 (손실 규모)	위험도 점수 (확률 x 영향도)
1. 기후 변화 침수	25%(낮음)	500억 원(매우 높음)	125(심각)
2. 조망권 여론 악화	60%(높음)	200억 원(보통)	120(심각)
3. 부동산 정책 규제	40%(보통)	300억 원(높음)	120(심각)

4) 결론 및 위험 관리 전략 제안:

(1) AI 종합 진단: 본 프로젝트는 표면적인 사업성은 매우 높으나, 기

후, 사회, 정책이라는 세 가지 측면에서 '심각' 등급의 잠재 리스크를 안고 있다. 특히 발생 확률은 낮지만 한번 발생하면 치명적인 피해를 주는 기후 변화 리스크에 대한 대비가 시급한 것으로 판단된다.

(2) 위험 완화 전략 제안:

- (기후 리스크): 단순히 건물을 높게 짓는 것을 넘어, 단지 내에 방수벽 및 자동 배수 시스템을 의무적으로 설치하고, 전체 부지의 지반을 1.5m 이상 높이는 설계를 반영해야 한다.
- (사회 리스크): 개발 계획 초기 단계부터 프로젝트의 1층 전체를 누구나 이용할 수 있는 개방형 갤러리 및 해안 산책로로 조성하여, 조망권 사유화 논란을 완화하고 공공성을 확보하는 전략이 필요하다.

5) 결론: 이 가상사례는 AI가 어떻게 눈에 보이지 않는 미래의 위험을 데이터로 읽어내고, 그 위험의 크기를 구체적인 숫자로 저울질하는지를 보여준다. AI는 장밋빛 미래만을 약속하는 것이 아니라, 다가올 폭풍의 경로와 규모를 미리 알려주는 가장 냉철하고 정확한 기상 예보관이다. 이는 투자자가 불확실성의 안개를 헤치고 가장 안전한 성공의 항로를 찾아가도록 돕는 필수적인 도구가 될 것이다

주제 8

AI 통합 의사결정 지원 모델을 통한 포트폴리오 최적화(Optimal Portfolio)와 투자결정

1. 멀티모달(Multimodal) AI 데이터를 활용한 자산 가치의 정밀 추정 및 검증과 가상사례

1.1. 멀티모달(Multi-modal) AI는 서로 다른 형태의 데이터를 종합하여 자산 가치를 정밀하게 추정하고, 나아가 각 데이터가 서로를 교차 검증하도록 만드는 가장 진보된 형태의 가치 평가 모델이다.

'계란을 한 바구니에 담지 말라'는 격언은 투자의 세계를 관통하는 가장 기본적인 원칙이다. 노벨 경제학상 수상자인 해리 마코위츠가 정립한 '현대 포트폴리오 이론(Modern Portfolio Theory, MPT)'은 바로 이 원칙을 수학적으로 증명하고 최적의 투자 조합을 찾아내는 과학적인 방법론이다. AI는 이 고전적인 이론에 새로운 날개를 달아주었는데, 각 부동산 자산의 미래 기대수익률과 위험, 그리고 자산 간의 상관관계를 과거 데이터가 아닌, 미래 예측 데이터에 기반하여 훨씬 더 정교하게 추정함으로써, 투자자가 감당할 수 있는 위험 수준에서 최고의 수익을 내는 '최적 포트폴리오(Optimal Portfolio)'를 구축할 수 있도록 돕는다.

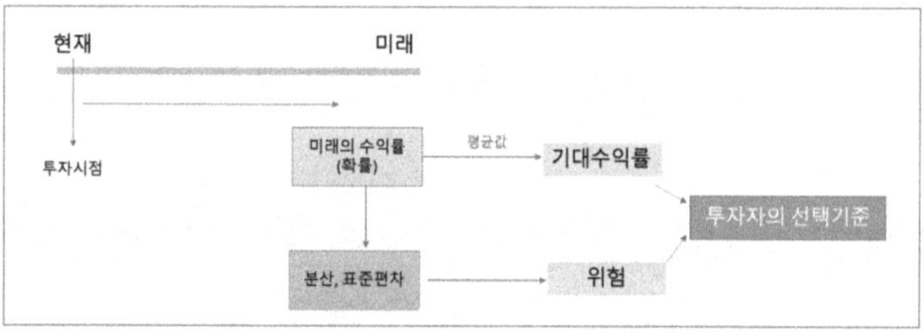

포트폴리오 이론 기초 2 : 기대수익률, 위험, 분산투자 효과: 네이버 블로그
https://m.blog.naver.com/portfoliolab

포트폴리오 이론의 핵심은 개별 자산의 위험이 아닌, 여러 자산을 조합했을 때의 전체 포트폴리오의 위험을 관리하는 데 있다. 서로 다른 특성을 가진 자산들을 섞어 담으면, 한 자산의 가치가 하락할 때 다른 자산의 가치가 상승하여 전체적인 손실을 완충해주는 '분산 효과(Diversification Effect)'를 얻을 수 있다. 예를 들어, 국내 경기에 민감한 도심 오피스와 해외 관광객 수에 영향을 받는 제주도 호텔은 서로 상관관계가 낮으므로, 함께 투자할 경우 전체 포트폴리오의 안정성은 크게 향상될 수 있는 것이다.

AI는 여기서 각 자산(주거, 오피스, 리테일, 물류센터 등)의 미래 기대수익률과 변동성(위험), 그리고 자산 간의 상관관계를 LSTM이나 XGBoost와 같은 머신러닝 모델을 통해 정밀하게 예측한다. 이후, AI는 이 예측치를 바탕으로 수백만 개의 가능한 모든 자산 조합을 시뮬레이션 하여, 동일한 위험 수준에서는 가장 높은 수익률을, 동일한 수익률 수준에서는 가장 낮은 위험을 갖는 효율적인 포트폴리오들의 집합, 즉 '효율적 투자선(Efficient Frontier)'을 도출해낸다. 투자자는 이 지도 위에서 자신의 투자 성향에 맞는 가장 완벽한 위치를 선택하기만 하면 되는 것이다.

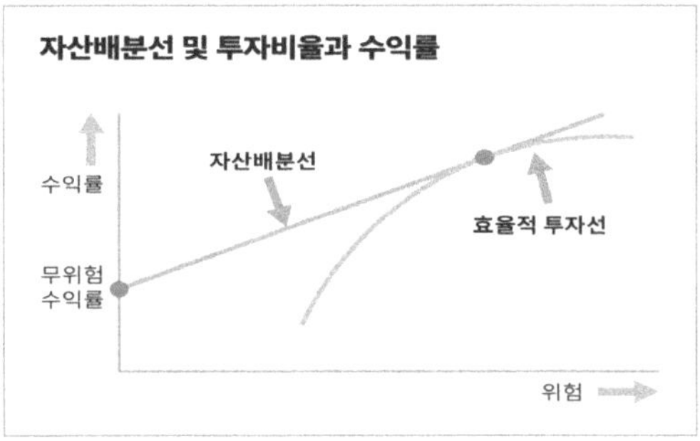

저축은행 정기예금, 여전한 자산배분의 중심축, https://www.econovill.com

[학습 코너: 포트폴리오 이론]

포트폴리오 이론은 노벨상 수상자인 해리 마코위츠가 1952년에 발표한 이론으로, 여러 자산에 분산 투자하여 위험을 줄이고 안정적인 수익을 추구하는 것을 핵심으로 한다. 이 이론은 '계란을 한 바구니에 담지 말라'는 투자 격언을 수학적으로 증명하며, 체계적 위험과 비체계적 위험을 구분하고, 비체계적 위험을 효과적으로 줄이는 분산 투자의 중요성을 강조한다

[주요 개념]

- 분산 투자: 한 곳에 집중 투자하는 대신 여러 자산에 나누어 투자하여 위험을 줄이는 방법입니다.
- 체계적 위험: 시장 전체에 영향을 미치는 위험으로, 분산 투자를 통해서는 피할 수 없습니다.
- 비체계적 위험: 개별 자산에 대한 위험으로, 포트폴리오를 구성하는 자산 수를 늘려 분산 투자를 하면 줄일 수 있습니다.
- 기대수익률: 투자 대상을 통해 기대할 수 있는 수익의 평균입니다.
- 표준편차: 투자 결과의 불확실성, 즉 위험의 정도를 나타내는 지표입니다.

[핵심 원리]

- 위험-수익 상쇄 관계: 일반적으로 높은 위험을 감수하면 더 높은 수익을 기대할 수 있습니다(High Risk, High Return).
- 분산투자의 효과: 포트폴리오를 구성하는 자산들이 서로 다른 방향으로 움직일 경우, 전체 포트폴리오의 위험은 개별 자산의 위험보다 작아지게 됩니다.
- 효율적 포트폴리오: 주어진 위험 수준에서 기대수익을 극대화하거나, 주어진 기대수익 수준에서 위험을 최소화하는 최적의 자산 조합을 의미합니다.

[적용 및 중요성]

- 투자자는 기대수익과 위험(표준편차)을 기준으로 투자 결정을 내리게 되며, 이 두 가지를 동시에 고려하여 최적의 포트폴리오를 구성합니다.
- 포트폴리오 이론은 현대 투자 관리의 기본적인 지침이 되며, 투자자가 비체계적 위험을 관리하고 합리적인 투자 결정을 내리는 데 큰 영향을 미칩니다.
- 실제 투자에서는 주식 뿐 아니라 부동산, 채권 등 다양한 자산군에 분산 투자하는 것이 좋은 예시입니다.

(출처: https: www.google.com)

■ **AI 기반 투자 리스크 식별 및 평가 기법의 목표, 분석방법 및 기술, 역할, 장단점, 도시부동산 활용예시**

구분	내용
목표	투자자가 감당 가능한 위험 수준에서 최고의 수익률을 내는, 수학적으로 증명된 '최적 포트폴리오(Optimal Portfolio)'를 구축하는 것을 목표로 한다.
분석 방법 및 기술	'현대 포트폴리오 이론(MPT)'을 기반으로, LSTM 등 머신 러닝을 통해 각 자산의 미래 기대수익률, 위험, 상관관계를 정밀하게 예측하고 '효율적 투자 선(Efficient Frontier)'을 도출한다.
역할	다양한 자산 조합의 위험과 수익 관계를 시각적인 지도로 제시하여, 투자자가 자신의 투자 성향에 맞는 가장 완벽한 투자 조합을 선택하도록 돕는 역할을 한다.
장점	과거 데이터가 아닌 AI의 미래 예측 데이터를 사용하므로 더 정교하고 미래지향적인 자산 배분이 가능하며, 분산 효과를 과학적으로 극대화할 수 있다는 장점을 가진다.
단점	포트폴리오의 성과가 전적으로 AI가 예측한 기대수익률과 위험, 상관관계의 정확성에 의존하므로, AI의 예측이 빗나갈 경우 최적화가 실패할 수 있다는 단점이 있다.
도시부동산 활용 예시	국내 경기에 민감한 오피스와 해외 관광객 수에 민감한 호텔처럼 상관관계가 낮은 자산을 조합하여 포트폴리오의 안정성을 높이는 데 활용된다.

1.2. 가상사례: AI가 제안하는 '은퇴 준비형' 부동산 포트폴리오

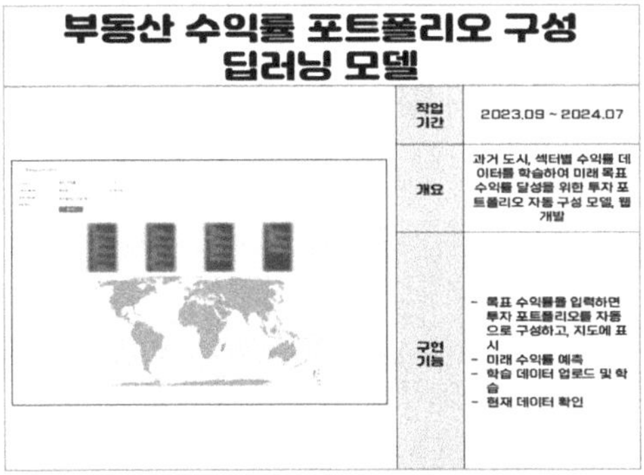

https://kmong.com/portfolio/view/165710

1) 현안 과제: 안정적인 현금흐름을 추구하는 50대 은퇴 준비 투자자를 위해, AI 포트폴리오 최적화 모델 'Portfolio-AI'가 10억 원의 자산으로 최적의 부동산 포트폴리오를 구성하는 가상 사례를 제시한다.

2) AI의 자산별 미래 예측(향후 5년): 'Portfolio-AI'는 4개의 부동산 자산군에 대해 미래 기대수익률, 위험(수익률의 표준편차), 그리고 상호 상관관계를 다음과 같이 예측했다.

자산군	AI 예측 연평균 수익률	AI 예측 위험(표준편차)
A: 서울 강남 아파트	7.0%	12.0%
B: 성수동 오피스	9.0%	18.0%
C: 수도권 물류센터	6.0%	8.0%
D: 부산 해운대 호텔	12.0%	25.0%

상관관계 매트릭스(AI 예측): (A-B: 0.4), (A-C: 0.1), (A-D: -0.2), (B-C: 0.2), (B-D: 0.3), (C-D: -0.1)

- 해석: 강남 아파트(A)와 해운대 호텔(D)은 경기에 반대로 움직이는 음(-)의 상관관계를 보여 분산 효과가 매우 클 것으로 예측된다.

3) 효율적 투자선 도출 및 최적 포트폴리오 선택:

'Portfolio-AI'는 이 데이터를 바탕으로 수만 개의 포트폴리오를 시뮬레이션 하여 효율적 투자선을 도출했다. 투자자의 목표가 '연평균 8%의 위험(표준편차) 수준에서 기대수익률을 최대화'하는 것이므로, AI는 효율적 투자 선 위의 해당 지점을 정확히 찾아냈다.

AI 추천 최적 포트폴리오	자산 배분 비율	투자 금액	포트폴리오 특성
A: 서울 강남 아파트	30%	3억 원	안정적 자산 가치 상승을 담당한다.
B: 성수동 오피스	20%	2억 원	성장성과 안정성의 균형을 맞춘다.
C: 수도권 물류센터	40% (가장 높은 비중)	4억 원	낮은 위험 대비 준수한 수익률로 포트폴리오의 안정성을 책임진다.
D: 부산 해운대 호텔	10%	1억 원	다른 자산과의 음의 상관관계를 통해 전체 포트폴리오의 위험을 낮추는 역할을 한다.

4) 포트폴리오 성과 예측(가상수치):

항목	개별 투자 시 (B: 100%)	AI 최적 포트폴리오 투자 시	결과 비교
기대수익률	9.0%	7.7%	수익률은 다소 낮아진다.
위험 (표준편차)	18.0%	8.0%	위험이 절반 이하로 극적으로 감소한다.
샤프 지수 (위험 대비 수익)	0.39	0.71	위험을 고려한 투자 효율성은 월등히 향상된다.

5) 결론: 이 가상사례는 포트폴리오 이론과 AI의 결합이 어떻게 투자의 패러다임을 바꾸는지를 명확히 보여준다. AI는 단순히 가장 높은 수익률을 내는 자산을 추천하는 것이 아니다. 각 자산 간의 복잡한 관계를 분석하여, 투자자가 설정한 위험의 한도 내에서 가장 현명하고 안정적인 부의 성장 경로를 설계한다. 이는 더 이상 감이나 운에 의존하지 않고, 과학과 확률에 기반하여 자신의 자산을 지키고 불려 나가는, 진정한 의미의 '스마트 투자' 시대가 열렸음을 의미하는 것이다.

2. AI 기반 다목적 최적화 알고리즘(MOOA)을 이용한 도시부동산 투자 의사결정과 가상사례

2.1. 'AI 기반 다목적 최적화 알고리즘'은 상충하는 여러 목표 사이에서 어느 하나를 희생하지 않고는 다른 하나를 더 좋게 할 수 없는 최적의 해답들의 집합, 즉 '파레토 최적해(Pareto Optimal Solutions)'를 찾아내는 의사결정 지원 도구이다.

현실 세계의 부동산 투자는 단순히 '수익률 극대화'라는 단 하나의 목표만으로 이루어지지 않는다. 투자자는 높은 수익을 원하면서도 동시에 낮은 위험을 추구하고, 때로는 사회적 가치나 환경적 기여까지 고려해야 하는 복잡한 다목적(Multi-objective) 의사결정 문제에 직면한다. 'AI 기반 다목적 최적화 알고리즘(Multi-Objective Optimization Algorithm, MOOA)'은 바로 이러한 상충하는 여러 목표 사이에서 어느 하나를 희생하지 않고는 다른 하나를 더 좋게 할 수 없는 최적의 해답들의 집합, 즉 '파레토 최적해(Pareto Optimal Solutions)'를 찾아내는 가장 진보된 의사결정 지원 도구이다.

다목적 최적화 알고리즘은 하나의 정답이 아닌, 여러 목표 간의 '균형점'들을 찾아내는 것을 목표로 한다. 예를 들어, 어떤 개발 프로젝트에서 수익성을 높이면(목표 1) 필연적으로 분양가가 상승하여 저렴한 주택 공급(목표 2)은 줄어들고, 녹지 공간(목표 3)은 축소될 수 있다. AI는 이러한 상충 관계를 인식하고, 수백만 가지의 개발 시나리오를 시뮬레이션 하여 세 가지 목표를 각기 다른 방식으로 조합한 최적의 대안들을 하나의 '지도'처럼 펼쳐 보여준다. 이 지도가 바로 '파레토 전선(Pareto Front)'이다.

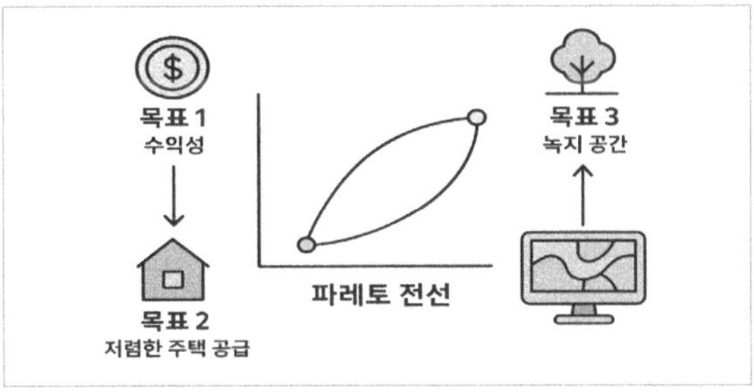

파레토 전선(Pareto Front)'(drawn by ChatGPT)

이 지도 위에서, '수익성은 최고지만 공공성은 최저인 A안', '수익성은 중간이지만 공공성과 환경성이 균형 잡힌 B안', '수익성은 낮지만 공공성이 극대화된 C안' 등 다양한 특성을 가진 여러 최적의 대안들을 한눈에 비교할 수 있다. 이는 마치 레스토랑 메뉴판에서 가격, 맛, 건강이라는 세 가지 기준을 고려하여 여러 '최고의 메뉴' 후보 중에서 최종 선택을 하는 것과 같다. 결국 AI는 정답을 강요하는 대신, 각기 다른 장점을 가진 여러 개의 현명한 선택지를 제시함으로써, 최종 의사결정권자인 인간이 자신의 철학과 가치관에 따라 가장 전략적인 결정을 내릴 수 있도록 돕는 것이다.

■ **AI 기반 다목적 최적화 알고리즘의 목표, 분석방법 및 기술, 역할, 장단점, 도시부동산 활용예시**

구분	내용
목표	수익성, 공공성 등 서로 상충하는 여러 목표들 사이의 균형점을 찾고, 최적의 해답들로 구성된 집합, 즉 '파레토 최적해'를 도출하는 것을 목표로 한다.
분석 방법 및 기술	수백만 가지의 개발 시나리오를 시뮬레이션 하여, 각 목표 간 상충 관계를 나타내는 최적의 대안들을 '파레토 전선(Pareto Front)'이라는 지도의 형태로 시각 화하는 기술을 사용한다.
역할	단 하나의 정답을 강요하는 대신, 각기 다른 장점을 가진 여러 개의 현명한 선택지를 메뉴판처럼 제시하여, 최종 의사결정권자가 전략적 결정을 내리도록 돕는 역할을 한다.

장점	복잡한 현실 세계의 의사결정 문제를 현실적으로 모델링할 수 있으며, 각 대안의 장단점과 상충 관계를 명확하게 비교 분석할 수 있다는 강력한 장점을 가진다.
단점	여러 목표 함수와 제약 조건을 정의하는 과정이 매우 복잡하고, 최종적인 하나의 안을 선택하는 것은 결국 인간의 주관적인 판단에 의존해야 한다는 한계가 있다.
도시부동산 활용 예시	특정 부지 개발 시 '수익 극대화 안', '공공성 중시 안', '균형 성장 안' 등 다양한 최적 포트폴리오를 제시하여, 가장 합리적인 개발 방향을 선택하는 데 활용된다.

2.2. 가상사례: '서울역 북부역세권' 개발의 파레토 최적해 탐색

서울역 북부역세권 복합개발, 상반기 첫 삽 | 한국경제

1) 현안 과제: 서울역 북부역세권 유휴부지의 대규모 복합개발 프로젝트를 대상으로, AI 다목적 최적화 모델 'Decision-Architect'가 최적의 개발 방향을 탐색하는 가상 사례를 제시한다.

2) 다목적 목표 설정: 프로젝트 시행사는 공공과 민간의 가치를 모두 만족시키기 위해 다음과 같은 4가지 핵심 목표를 'Decision-Architect'에 입력했다.

목표 1(경제성): 총 개발이익(NPV) 극대화

목표 2(공공성): 공공임대주택 공급 면적 최대화

목표 3(환경성): 단지 내 녹지 및 오픈스페이스 비율 최대화

목표 4(효율성): 총 건설 기간 최소화

3) AI의 파레토 전선 도출: 'Decision-Architect'는 용적률, 용도 배분, 건물 배치 등 수백 개의 변수를 조합하여 10만 개의 개발 시나리오를 생성 및 평가하고, 최종적으로 4가지 목표를 최적으로 만족시키는 100개의 '파레토 최적해' 포트폴리오를 도출했다. 그중 특성이 뚜렷한 3가지 대표 대안은 다음과 같다.

구분	대안 A: 사업성 극대화 모델	대안 B: 공공성 중시 모델	대안 C: 균형 성장 모델 (AI 추천)
개발 컨셉	초고층 오피스 및 고급 레지던스 중심	중층 임대주택 및 대규모 중앙공원	중고층 오피스/주거 및 저층부 개방형 상업시설 혼합
총 개발이익	1조 2,000억 원	4,500억 원	9,500억 원
공공임대주택	5,000㎡(최소)	50,000㎡(최대)	25,000㎡
녹지 비율	15%(최소)	40%(최대)	30%
건설 기간	48개월	60개월	52개월

4) 최종 의사결정 및 인사이트:

AI가 제시한 파레토 전선을 통해, 시행사는 각 대안의 명확한 장단점과 상충 관계를 객관적으로 파악하고 최종 의사결정을 내릴 수 있었다.

(1) A안 선택 시: 막대한 개발 이익을 얻을 수 있지만, 지자체의 인허가 과정에서 공공성 부족으로 인한 난항과 장기적인 도시 가치 하락의 리스크를 감수해야 한다.

(2) B안 선택 시: 높은 사회적 기여를 할 수 있지만, 낮은 사업성으로 인해 프로젝트의 재무적 안정성이 크게 위협받을 수 있다.

(3) C안 선택 시(최종 결정): A안에 비해 개발이익이 2,500억 원 감소

하지만, 그 대가로 20,000㎡의 추가 임대주택과 15%의 추가 녹지 공간을 확보하여, 사업성과 공공성의 '윈-윈'을 달성하는 가장 합리적인 선택이 될 수 있다.

5) 결론: 이 가상사례는 AI 다목적 최적화가 어떻게 복잡하고 상충하는 목표들 사이에서 '하나의 정답'이 아닌 '여러 개의 현명한 해답'을 찾아내는지를 보여준다. AI는 '개발이익 1억 원을 포기하면, 시민들을 위한 공원 10㎡를 더 얻을 수 있다'와 같이 트레이드오프 관계를 명확한 숫자로 제시한다. 이는 더 이상 제로섬 게임이 아닌, 모든 이해관계자가 만족할 수 있는 최적의 합의점을 찾아가는, 미래 도시를 위한 가장 지혜롭고 민주적인 의사결정 방식이 될 것이다.

3. AI 기반 통합 의사결정 지원 모델을 통한 포트폴리오 최적화와 가상사례

3.1. AI 기반 통합 의사결정 지원 모델 시스템은 시장 분석, 자산 가치 평가, 리스크 식별, 그리고 포트폴리오 최적화 등 부동산 투자의 전 과정을 하나의 거대한 워크플로우로 연결한다.

개별 AI 알고리즘이 특정 분야의 전문가처럼 작동한다면, 'AI 기반 통합 의사결정 지원 모델(Integrated Decision Support System)'은 이 모든 전문가들을 한자리에 모아 가장 중요한 최종 결정을 조율하는 오케스트라의 지휘자와 같다. 이 시스템은 시장 분석, 자산 가치 평가, 리스크 식별, 그리고 포트폴리오 최적화 등 부동산 투자의 전 과정을 하나의 거대한 워크플로우(Workflow)로 연결한다. 즉, 여러 AI 모델들이 산출한 분석 결과를 유기적으로 결합하여, 인간 의사결정자가 단편적인 정보가 아닌 종합적인 통찰에 기반하여 최적의 포트폴리오를 구성하도록 돕는 궁극의 투자 플랫폼인 것이다.

통합 모델의 프로세스는 체계적인 파이프라인으로 구성된다. 첫 번째 단계에서는 시장 분석 AI가 위성 이미지, 유동인구, 소셜미디어 데이터 등을 분석하여 성장 잠재력이 높은 유망 투자 지역과 자산군(주거, 오피스, 물류 등)을 발굴한다. 두 번째 단계에서는 발굴된 개별 자산에 대해 멀티모달 가치평가 AI가 숫자, 이미지, 텍스트 데이터를 종합하여 정밀한 내재가치와 잠재 리스크를 산출한다. 세 번째 단계에서는 리스크 분석 AI가 기후 변화, 정책, 사회적 여론 등 눈에 보이지 않는 거시적 위험 요인을 식별하고 계량화한다.

마지막으로, 앞선 모든 분석 결과를 입력 받은 다목적 최적화 AI가 최종적인 포트폴리오를 구성한다. 이 단계에서 투자자는 자신의 투자 목표, 예를 들어 '목표수익률 연 8% 이상, 총위험도 10% 이하, ESG(환경·사회·지배구조) 점수 70점 이상'과 같은 다 차원적인 조건을 제시할 수 있다. 그러면 AI는 이 모든 조건을 만족시키면서 최적의 균형을 이루는 자산 배분 전략을 도출해낸다. 이는 인간의 직관과 경험만으로는 결코 도달할 수 없는, 데이터 기반의 가장 과학적이고 합리적인 의사결정의 정점이라 할 수 있는 것이다.

■ **AI 기반 통합 의사결정 지원 모델의 목표, 분석방법 및 기술, 역할, 장단점, 도시부동산 활용예시**

구분	내용
목표	부동산 투자의 전 과정을 하나의 워크플로우로 연결하고, 여러 AI의 분석 결과를 유기적으로 결합하여 종합적 통찰에 기반한 최적 포트폴리오 구성을 목표로 한다.

분석 방법 및 기술	시장 분석, 가치 평가, 리스크 식별 AI가 순차적으로 분석한 결과를 다목적 최적화 AI에 입력하여, 다차원적 투자 목표를 모두 만족시키는 최종 자산 배분 전략을 도출하는 기술을 사용한다.
역할	여러 전문가 AI를 조율하는 오케스트라 지휘자와 같이, 각 분석 단계의 결과를 종합하여 인간 의사결정자가 가장 합리적인 최종 결정을 내리도록 돕는 궁극의 투자 플랫폼 역할을 한다.
장점	인간의 직관과 경험만으로는 도달할 수 없는 데이터 기반의 과학적이고 합리적인 의사결정의 정점에 이를 수 있으며, 다양하고 복잡한 투자 목표를 동시에 만족시킬 수 있다는 장점을 가진다.
단점	여러 AI 모델을 결합한 시스템이므로 개발 및 유지보수의 복잡성이 매우 높으며, 파이프라인의 초기 단계 분석(시장 분석 등)에서 오류가 발생하면 최종 결과의 신뢰도가 크게 훼손될 수 있다는 단점이 있다.
도시부동산 활용 예시	"유망 자산 군 발굴(1단계) → 개별 자산 가치 평가(2단계) → 거시 위험 분석(3단계) → '수익률, 위험, ESG' 목표 동시 만족 포트폴리오 구성(4단계)"의 통합된 과정을 자동화하는 데 활용된다.

3.2. 가상사례: AI 오케스트라가 지휘하는 '지속가능성장' 부동산 펀드

1) **현안 과제:** 한 자산운용사가 '연평균 7% 수익률, 중위험, ESG 성과 우수'를 목표로 하는 1,000억 원 규모의 신규 부동산 펀드를 조성하는 과정에 통합 의사결정 AI 'Maestro-Invest'를 활용하는 가상 사례를 제시한다.

2) Step 1: 시장 분석 AI의 유망 자산군 발굴

- AI 분석: 'Maestro-Invest'의 시장 분석 모듈은 친환경 에너지 수요 증가, 이커머스 시장 성장, 고령화 사회 진입이라는 3대 메가 트렌드를 포착했다.
- 추천 자산 군: 이 트렌드에 가장 부합하는 자산군으로 ① 신재생 에너지 발전시설 부지, ② 스마트 물류센터, ③ 시니어 헬스케어 시설을 최우선 투자 검토 대상으로 선정했다.

3) Step 2: 개별 자산 가치 및 리스크 평가: AI는 추천된 자산 군 내 10개의 후보 자산에 대해 멀티모달 가치 및 리스크 평가를 수행했다.

후보자산	가치평가 AI(내재가치 대비 저평가 수준)	리스크 평가 AI(종합 위험도 점수)	ESG 평가 AI(환경/사회 점수)
A: 전남 해남 태양광 부지	+15%(고)	35점(낮음)	95점(최우수)
B: 경기도 용인 물류센터	+12%(고)	45점(중하)	75점(우수)
C: 서울 강남 헬스케어 타운	+8%(중)	25점(매우 낮음)	80점(우수)
...(7개 자산 추가)	...	...	...

4) Step 3: 다목적 최적 포트폴리오 구성(AI 최종 지휘)

펀드매니저는 AI에 '목표 수익률 7% 이상, 종합 위험도 40점 이하, ESG 점수 80점 이상'이라는 최종 목표를 입력했다. 'Maestro-Invest'는 앞선 분석 결과를 바탕으로 이 3가지 목표를 동시에 만족시키는 최적의 자산 배분 포트폴리오를 다음과 같이 도출했다.

최적 포트폴리오 구성	배분 비율	투자 금액	AI의 배분 논리(지휘자의 해석)
A: 전남 해남 태양광 부지	20%	200억 원	가장 높은 ESG 점수로 포트폴리오의 친환경 정체성을 확보한다.
B: 경기도 용인 물류센터	40%	400억 원	저평가 수준이 높아 수익성을 견인하는 핵심 자산 역할을 한다.
C: 서울 강남 헬스케어 타운	30%	300억 원	가장 낮은 위험도로 포트폴리오의 안정성을 높이는 방어적 자산이 된다.
현금 및 기타	10%	100억 원	유동성 확보 및 추가 기회 탐색을 위한 예비 자금이다.
포트폴리오 총계	100%	1,000억 원	예상 수익률 7.8%, 위험도 38점, ESG 점수 81점으로 모든 목표를 달성한다.

5) 결론: 이 가상사례는 AI 통합 모델이 어떻게 서로 다른 목표와 제약조건이라는 복잡한 악보를 해석하고, 각 자산이라는 악기들의 장점을 극대화하여 완벽한 하모니를 만들어내는지를 보여준다. AI는 더 이상 개별적인 연주자가 아니다. 전체를 조망하며 최상의 결과를 이끌어내는 지휘자이다.

주제 9

가상현실과 메타버스가 만드는 부동산 새로운 가치

1. VR/AR 기술을 활용한 도시부동산 투자 가치 검토와 가상사례

1.1. 데이터를 체험하다: 가상현실 속 미래 부동산

전통적인 부동산 투자는 지도, 도면, 조감도, 그리고 현장 답사라는 물리적이고 평면적인 정보에 크게 의존해왔다. 투자자는 서류상의 숫자와 개발자의 청사진, 그리고 자신의 공간적 상상력을 동원하여 아직 존재하지 않는 건물의 미래 가치를 가늠해야만 했다.

그러나 이제 우리는 시공간의 제약을 뛰어넘어, 데이터로 구축된 미래

VR과 AR은 무엇이 다를까, 그리고 어떨 때 쓰면 좋을까? | 요즘IT
https://yozm.wishket.com/magazine

를 직접 거닐고 체험하며 투자의 본질을 꿰뚫어 보는 시대를 맞이하고 있다. 그 중심에 바로 가상현실(VR)과 증강현실(AR) 기술이 존재한다.

VR/AR 기술은 AI 알고리즘이 분석하고 예측한 방대한 데이터를 인간이 가장 직관적으로 이해할 수 있는 '경험'의 형태로 변환시키는 궁극의 인터페이스가 된다. AI가 예측한 미래의 조망권, 계절별 일조량 변화, 주변 개발 계획에 따른 스카이라인의 변동과 같은 추상적인 데이터는 더 이상 보고서 안의 글자와 숫자에 머무르지 않는다. 투자자는 VR 헤드셋을 착용하는 순간, 10년 뒤 완공될 아파트의 거실에 서서 창밖으로 펼쳐질 한강의 경치를 감상하고, 시간대를 조절하며 오후 3시의 햇살이 얼마나 깊숙이 들어오는지 직접 확인할 수 있는 것이다.

이는 단순히 건물을 3차원으로 구현하는 것을 넘어선다. AI가 분석한 교통 데이터에 기반하여 출퇴근 시간대의 주변 소음을 가상으로 체험하고, 인근에 들어설 대형 쇼핑몰이 조망을 얼마나 가리는지 시뮬레이션해 볼 수 있다. 즉, AI의 예측(Prediction)이 VR/AR의 시각화(Visualization)와 결합하여, 투자 리스크를 최소화하고 자산 가치를 극대화할 수 있는 '경험적 데이터 분석(Experiential Data Analysis)'의 시대를 여는 것이다.

■ **VR/AR 기술을 활용한 도시부동산 투자 가치 검토 분석표**

구분	내용
목표	물리적, 시간적 제약을 초월하여 부동산의 잠재적 가치를 '경험적'으로 검증하고, 데이터 기반의 직관적 의사결정을 지원함으로써 투자 리스크를 최소화하고 수익성을 극대화하는 것이다.
분석 방법 및 기술	• 하드웨어: VR 헤드셋(HMD), AR 글래스, 스마트폰, 태블릿 PC 등을 활용한다. • 소프트웨어: BIM, CAD, 스케치업 등 3D 모델링 데이터와 언리얼 엔진, 유니티 등 게임 엔진을 사용하여 가상공간(디지털 트윈)을 구축한다. • 데이터 융합: AI가 분석한 미래 조망 권 예측, 시간대/계절별 일조량 시뮬레이션, 주변 개발계획 연동 스카이라인 변화, 교통량 기반 소음 예측 등 정량적 데이터를 가상공간에 시각적으로 통합한다.

역할	• 데이터 시각화 도구: 복잡한 수치와 보고서를 투자자가 즉각적으로 이해할 수 있는 3차원 공간 정보로 변환하는 역할을 수행한다. • 미래 시뮬레이터: 아직 건설되지 않은 건물이나 미래 도시의 변화 모습을 사전에 시뮬레이션 하여 잠재적 기회와 리스크를 검토하는 가상 플랫폼이 된다. • 의사결정 지원 인터페이스: 투자자가 가상 환경과 상호작용하며 다양한 시나리오를 직접 테스트하고 최적의 투자 대안을 탐색하도록 돕는다.
장점	• 이해도 증진: 평면 도면이나 조감도로는 파악하기 어려운 공간감, 채광, 조망 등을 직관적으로 이해할 수 있어 투자 판단의 정확도가 향상된다. • 리스크 감소: 설계 단계의 오류나 미래 개발에 따른 조망 권 침해 등 잠재적 문제점을 조기에 발견하여 손실을 예방할 수 있다. • 원격 검토 가능: 국내외 투자자들이 현장을 직접 방문하지 않고도 생생한 현장 검토(Virtual Site Visit)가 가능하여 시간과 비용을 획기적으로 절감한다. • 마케팅 효과 극대화: 투자자나 잠재 임차인에게 강력하고 설득력 있는 경험을 제공하여 자금 유치 및 선 임대 활동에 매우 효과적이다.
단점	• 높은 초기 비용: 고품질의 가상현실 콘텐츠와 디지털 트윈을 제작하기 위한 초기 개발 비용 및 전문 인력 확보에 대한 부담이 존재한다. • 현실과의 괴리: 가상 환경이 실제와 완벽하게 일치하지 않을 수 있으며, 지나친 보정은 오히려 투자자의 판단을 흐리게 할 수 있다. • 기술 접근성: VR/AR 장비의 보급 수준 및 사용자의 기술 숙련도에 따라 경험의 질적 차이가 발생할 수 있으며, 일부 사용자는 어지럼증(멀미)을 느낄 수 있다.
도시부동산 활용 예시	• 신축 아파트/오피스텔: 미분양 자산의 가상 모델하우스를 구축하여 잠재 매수자가 시간과 장소에 구애 받지 않고 내부 구조, 자재, 조망 등을 체험하게 한다. • 오피스 빌딩: 특정 층과 호실을 선택하여 입주사 업종에 맞게 인테리어를 가상으로 배치(Virtual Staging)하고, 미래 시점의 외부 조망을 시뮬레이션 하여 임차 유치 활동에 활용한다. • 대규모 도시개발: 재개발 또는 신도시 프로젝트의 미래 모습을 VR로 구현하여 투자자, 정부 기관, 잠재적 주민들에게 개발 비전을 효과적으로 제시하고 공감대를 형성한다. • 상업 시설(리테일): 특정 공간의 유동인구 데이터, 시간대별 혼잡도 등을 AR로 시각화 하여 보여줌으로써 입점 예정인 임차인에게 상권의 가치를 설득력 있게 증명한다.

1.2. 가상사례: G밸리 재개발 프로젝트: '더 G-타워'의 숨은 가치를 찾아서

서울시 구로구 G밸리 G-Square 건립공사 - 세리위드 주식회사
http://seriwith.com

1) 사례 개요

(1) **투자 대상:** 서울 구로디지털단지(G밸리)의 노후 공장 부지에 신축될 최첨단 오피스 빌딩 '더 G-타워(The G-Tower)'.

(2) **투자자:** 신흥 기술 기업에 투자를 고려 중인 '김 대표'. 그는 사옥 마련을 겸한 부동산 투자를 검토하고 있다.

(3) **과제:** '더 G-타워'의 여러 층 중, 미래 가치가 가장 극대화될 수 있는 '로열 플로어(Royal Floor)'를 선별하여 최적의 투자를 집행하는 것이다.

김 대표는 '더 G-타워'의 분양사무실이 아닌, AI 데이터 시각화 전문 기업의 'VR 투자 분석실'을 방문한다. 그가 VR 헤드셋을 착용하자, 눈앞에는 공사 현장의 소음 대신 웅장한 로비와 최첨단 설비를 갖춘 '더 G-타워'의 디지털 트윈(Digital Twin)이 펼쳐진다.

2) **AI 예측 데이터의 가상 시각화:** 김 대표가 15층으로 가상 이동하자, AI가 분석한 핵심 투자 지표들이 반투명한 정보 창 형태로 눈앞에 나타난다.

(1) AI 예측 미래가치(5년 후): 15% 상승

(2) AI 예측 평균 공실률: 3.5% 미만

(3) AI 분석 예상 임대수익률: 연 5.5%

이 숫자들은 단순한 추정치가 아니다. G밸리 내 유사 오피스 빌딩의 지난 10년간 임대료 데이터, 주변 상권 변화, 교통 인프라 확장 계획, 입주 예상 기업들의 업종별 성장률 등 수백만 개의 변수를 AI가 종합 분석하여 도출한 확률적 결과이다.

3) 조망권과 일조량의 동적 시뮬레이션: 김 대표는 가장 중요한 가치 요소인 조망과 일조량을 검토하기 시작한다. 그는 VR 컨트롤러를 조작하여 시간과 계절을 자유자재로 변경한다.

(오후 2시, 여름): 서향에 배치된 15층 사무실의 창으로 눈부신 햇살이 쏟아져 들어온다. AI 분석에 따르면, 이 호실의 하계 오후 일조량은 다른 호실 대비 30% 이상 높아, 에너지 효율은 물론 근무자들의 만족도에도 긍정적 영향을 줄 것으로 예측된다.

(오전 9시, 겨울): 동향의 다른 사무실에서는 멀리 관악산의 설경이 파노라마처럼 펼쳐진다. 이것이 현재의 조망이다. 이때 분석 담당자가 "5년 후 시뮬레이션을 시작하겠습니다"라고 말한다.

4) 미래 도시계획 연동: 변화하는 스카이라인 체험: 시뮬레이션이 시작되자, 눈앞의 풍경이 미세하게 변하기 시작한다. 현재는 공터인 전방의 부지에 흐릿했던 건물이 점차 선명해지며 30층 높이의 새로운 지식산업센터가 들어서는 것이 시각적으로 구현된다.

(1) 10층에서의 5년 후 조망: 신축 건물이 시야를 상당 부분 가리게 되어 자산 가치 상승에 부정적 영향을 줄 것으로 AI는 예측한다. 예측 조망권 가치 하락률은 -8%로 수치 화되어 표시된다.

(2) **15층에서의 5년 후 조망:** 놀랍게도 15층의 조망은 신축 건물의 옥상 너머로 펼쳐져 거의 영향을 받지 않는다. 오히려 새로운 랜드마크가 들어서면서 주변 경관이 더욱 도시적으로 변모하는 효과를 가진다. AI는 이 층의 조망권 가치가 오히려 +4% 상승하는 '조망 프리미엄'을 가질 것이라고 분석 결과를 제시한다.

5) **최종 투자 결정:** 김 대표는 VR 헤드셋을 벗는다. 그는 단순히 도면을 보고 상상할 때와는 전혀 다른 차원의 확신을 얻게 되었다. 그는 서류상으로는 동일한 가치를 가졌던 10층과 15층이 5년 후에는 전혀 다른 자산이 될 것임을 직접 '체험'한 것이다.

그는 AI와 VR의 융합 분석을 통해 '더 G-타워'의 15층부터 20층까지가 신축 건물의 영향을 받지 않으면서도, 최적의 일조량과 미래 조망 프리미엄을 동시에 누릴 수 있는 진정한 '로열 플로어'임을 확신하게 된다. 그리고 분양가의 5%를 추가 지급하더라도 해당 층들을 우선적으로 매입하는 과감한 결정을 내린다. 이는 감이나 추측이 아닌, 데이터 기반의 가상 체험을 통해 검증된 최적의 투자 전략인 것이다.

이처럼 AI와 VR/AR 기술의 융합은 부동산 투자의 패러다임을 '분석'에서 '체험'으로, '예측'에서 '예지'의 영역으로 끌어올리는 혁명적인 변화를 이끌고 있다. 미래의 투자자는 더 이상 종이 지도 위를 헤매지 않고, 데이터가 그려낸 가상의 도시 속에서 가장 빛나는 기회를 발견하게 될 것이다.

2. 메타버스 플랫폼에서의 가상 부동산 투자 및 수익 창출과 가상사례

2.1. 코드로 지어진 땅: 디지털 대항해시대의 개막

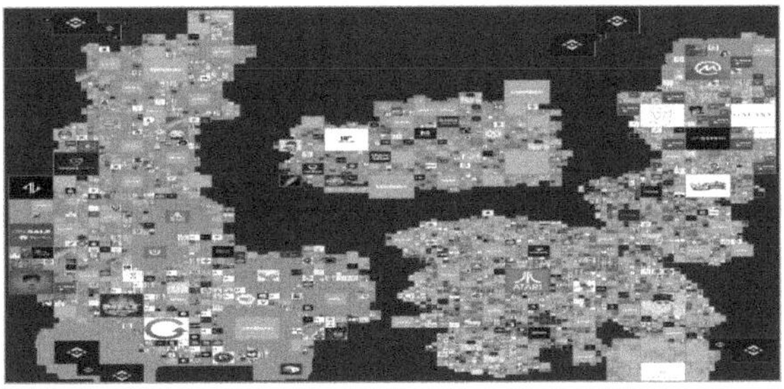

메타버스 부동산 판매 5억달러 돌파...올해 2배 예상 - 파이낸셜뉴스

인류의 역사는 언제나 '땅'을 중심으로 펼쳐졌고, 그 가치는 물리적 '입지'에 의해 결정되어 왔다. 그러나 이제 우리는 물리적 법칙이 아닌 코드와 네트워크의 법칙이 지배하는 새로운 대륙, '메타버스(Metaverse)'를 마주하고 있다. 메타버스 부동산, 즉 디지털 랜드(Digital Land)는 물리적 실체 없이 오직 디지털로만 존재하는 새로운 형태의 자산이며, 그 가치는 현실의 입지가 아닌 '연결'과 '트래픽'에 의해 결정된다.

메타버스에서의 '좋은 땅'이란, 현실의 강남역 사거리처럼 유동인구가 많은 곳이 아니라, 수많은 유저가 모이는 가상의 광장, 유명 디지털 아티스트의 갤러리, 글로벌 브랜드의 플래그십 스토어와 인접한 곳이다. 현실 부동산의 가치가 접근성에 기반한다면, 메타버스 부동산의 가치는 관심과 트래픽의 경제(The Economy of Traffic)에 기반하는 것이다. 이곳의 토지는 유한하게 발행되는 NFT(대체불가토큰) 기술을 통해 소유권이 증명되며, 이는 디지털 세계에 '희소성'이라는 가치를 부여하는 핵심적인 기술적 기반이 된다.

투자자는 가상의 땅을 매입하여 단순히 시세 차익을 노리는 것을 넘어, 그 위에 상상 속의 건축물을 올리고 다양한 수익 모델을 창출할 수 있다. 가상 콘서트홀을 지어 입장료를 받거나, 거대한 광고판을 세워 글로벌 기업에 임대해주고, 혹은 유명 브랜드의 신제품 쇼케이스를 위한 가상 쇼룸을 만들어 임대 수익을 얻는 등 그 가능성은 무한하다. 이는 전통적 부동산 투자의 경계를 허물고, 창의성과 기획력이 곧 자산 가치로 직결되는 새로운 투자 패러다임의 시작을 의미한다.

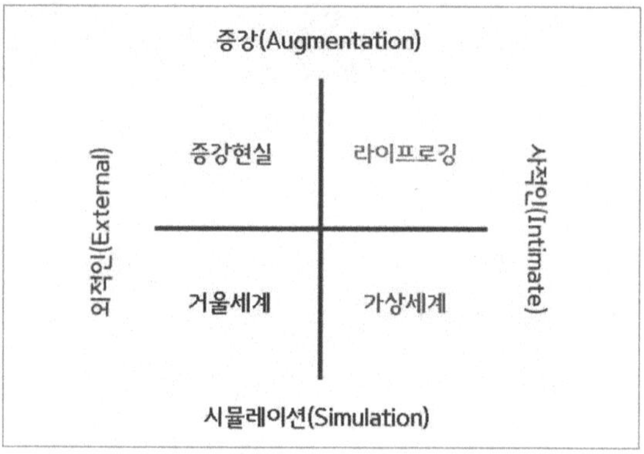

M이코노미뉴스, https://www.m-economynews.com/news

■ **메타버스 플랫폼에서의 가상 부동산 투자 및 수익 창출의 목표, 분석방법 및 기술, 역할, 장단점, 도시부동산 활용예시**

구분	내용
목표	디지털 희소성을 가진 가상 자산을 선점하고, 플랫폼의 성장과 트래픽 증대에 기반한 시세차익을 추구한다. 또한, 가상 토지 위에서 광고, 임대, 이벤트 개최 등 새로운 형태의 비즈니스 모델을 구축하여 지속적인 수익을 창출하는 것을 목표로 한다.

분석 방법 및 기술	• 핵심 기술: NFT(대체불가토큰)를 통해 소유권을 증명하고, 블록체인(Blockchain) 상에 거래 기록을 투명하게 저장한다. 3D 빌딩 툴과 개발 엔진을 사용하여 가상 건축물을 건설한다. • 분석 방법: 특정 플랫폼의 사용자 수(MAU), 거래량, 커뮤니티 활성도 등 온체인(On-chain) 데이터를 분석한다. AI 기반 트래픽 분석 툴을 사용하여 미래 유저 집중 지역(Hot Spot)을 예측하며, 소셜미디어상의 여론 및 관련 프로젝트 로드맵을 분석하여 잠재 가치를 평가한다.
역할	• 신규 투자 자산: 주식, 채권, 실물 부동산을 잇는 새로운 개념의 디지털 자산 클래스(Asset Class) 역할을 한다. • 브랜드 마케팅 공간: 기업들이 미래 잠재 고객과 소통하고 브랜드 세계관을 홍보하는 3차원 마케팅 및 브랜딩 플랫폼이 된다. • 크리에이터 경제 기반: 개인 개발자나 아티스트들이 자신의 창작물을 기반으로 새로운 경제 활동을 펼치는 기반(Infrastructure)을 제공한다.
장점	• 높은 성장 잠재력: 시장이 초기 단계에 있어 플랫폼이 성공적으로 성장할 경우, 투자 자산 가치가 기하급수적으로 상승할 가능성을 내포한다. • 글로벌 접근성: 국경이나 물리적 제약 없이 전 세계 누구나 인터넷을 통해 24시간 투자가 가능하며 시장 진입이 용이하다. • 창의적 수익 모델: 현실의 물리적 법칙에 얽매이지 않으므로, 광고, 게임, 공연 등 상상력에 기반한 다채로운 수익 모델을 자유롭게 시도할 수 있다. • 소유권 투명성: 블록체인 기술을 통해 소유권 이전 내역이 위·변조 불가능하게 기록되어 전통적 부동산 등기보다 높은 투명성을 확보한다.
단점	• 극심한 변동성: 시장 전체가 매우 투기적이며, 거시 경제 상황이나 기술 트렌드, 특정 플랫폼의 이슈에 따라 자산 가치가 급등락하는 등 변동성이 극도로 높다. • 플랫폼 종속 리스크: 가상 부동산의 가치는 전적으로 해당 메타버스 플랫폼의 성공 여부에 달려있다. 플랫폼이 인기를 잃거나 서비스를 종료하면 자산 가치가 0에 수렴할 수 있다. • 낮은 유동성: 자산을 원하는 시점에 즉시 현금화하기 어려울 수 있으며, 구매 희망자를 찾지 못할 경우 거래 자체가 성사되지 않는 유동성 리스크가 존재한다. • 기술 및 보안 리스크: 해킹으로 인한 디지털 지갑 탈취, 플랫폼의 기술적 오류, 스마트 컨트랙트의 취약점 등 기술적 위험에 항상 노출된다.
메타버스 활용 예시	• 브랜드 플래그십 스토어: 패션, 자동차 등 글로벌 브랜드들이 자사의 가상 플래그십 스토어를 건설하여 신제품 홍보, 한정판 NFT 판매, 고객 커뮤니티 공간으로 활용한다. • 가상 공연 및 이벤트 홀: 유명 아티스트의 콘서트, 기업의 신제품 발표회, 대학의 입학식 등 대규모 이벤트를 개최하고 입장료나 관련 아이템 판매로 수익을 창출한다. • 디지털 아트 갤러리: NFT 아티스트들이 자신의 작품을 전시하고 판매하는 가상 갤러리로 활용하며, 방문객들은 아바타를 통해 작품을 감상하고 구매한다. • 체험형 게임 및 소셜 공간: 토지 소유주가 직접 미니 게임, 방탈출, 클럽 등 독창적인 콘텐츠를 개발하여 유저들에게 유료로 제공하거나 커뮤니티 공간으로 운영한다.

2.2. 가상사례: '플래닛 카이로스'에서의 디지털 랜드 개발 성공기

1) 사례 개요

(1) **투자 플랫폼**: 글로벌 월간 활성 사용자(MAU) 1억 명을 돌파한 메타버스 플랫폼 '플래닛 카이로스(Planet Kairos)'.

(2) **투자자**: 미래 기술 동향에 민감한 데이터 분석가 '박 연구원'.

(3) **과제**: 제한된 예산으로 잠재력 높은 가상 토지를 매입하여, 개발을 통해 능동적으로 가치를 상승시키고 수익을 창출하는 것이다.

박 연구원은 '플래닛 카이로스'의 중앙 광장인 '제네시스 플라자' 주변의 땅값이 이미 천정부지로 치솟았다는 사실을 파악한다. 그는 AI 기반 트래픽 분석 툴을 활용하여, 유저들의 이동 패턴과 관심사 데이터를 분석하기 시작한다. 분석 결과, 세계적인 미디어 아티스트 '네오(NEO)'가 자신의 상설 작품관인 '네오 뮤지엄'을 건립할 예정지로 발표한 '아트 클러스터 7구역'의 잠재적 트래픽 증가율이 향후 6개월 내 1,200%에 달할 것이라는 예측 데이터를 발견한다.

2) 잠재 가치 기반의 토지 매입: 박 연구원은 즉시 '네오 뮤지엄' 부지에서 두 블록 떨어진 곳에 위치한 미개발 토지(#77B 구역, 32x32m)를 5 이더리움(ETH)(당시 시세 약 2,000만 원)에 매입한다. 아직은 허허벌판이지만, 그는 데이터가 예견하는 미래의 유동인구를 보고 과감한 결정을 내린 것이다.

3) 트래픽을 수익으로 전환하는 개발: 그는 토지를 방치하지 않고, 추가로 1 ETH(약 400만 원)를 투자하여 3D 빌더를 통해 심플하지만 세련된 '디지털 라운지 및 빌보드 타워'를 직접 건설한다. 이 건물은 1층 라운지에서 유저들이 소통하고, 상층부의 거대한 디지털 빌보드를 통해 광고를 송출할 수 있도록 설계되었다.

4) 수익 창출의 시작:

(1) 광고 임대 수익: 3개월 후, '네오 뮤지엄'이 개관하자 주변 지역의 트래픽은 폭발적으로 증가한다. 박 연구원의 예측 대로였다. 한 글로벌 스포츠 브랜드가 자사의 한정판 NFT 운동화를 홍보하기 위해 그의 빌보드 타워에 한 달간 광고를 게시하는 조건으로 월 0.5 ETH(당시 시세 약 200만 원)의 임대료를 지불한다.

(2) 이벤트 기반 수익: 박 연구원은 여기서 멈추지 않고, 인디 뮤지션을 섭외하여 자신의 디지털 라운지에서 소규모 메타버스 콘서트를 개최한다. 아바타 입장료(0.01 ETH) 판매를 통해 하룻밤만에 1 ETH(약 400만 원)의 추가 수익을 창출하게 된다.

5) 자산 매각을 통한 투자 회수(Exit): 1년 후, #77B 구역은 '플래닛 카이로스' 내에서 가장 활기찬 상업지구로 변모한다. 박 연구원의 토지는 단순한 땅이 아니라, 월간 수십만 명의 유저에게 노출되는 '검증된 광고 매체'이자 '문화 공간'이라는 유틸리티(Utility)를 갖춘 우량 자산이 되었다. 이때, 한 대형 미디어 기업이 자사의 메타버스 본사 건립을 위해 박 연구원에게 해당 토지를 50 ETH(당시 시세 약 2억 원)에 매입하겠다는 파격적인 제안을 한다.

- 총 투자금: 5 ETH(매입) + 1 ETH(개발) = 6 ETH(약 2,400만 원)
- 총 수익: 3 ETH(임대, 6개월) + 1 ETH(이벤트) + 50 ETH(매각) = 54 ETH
- 최종 수익(매각 차익 + 운영 수익): 54 ETH - 6 ETH = 48 ETH(약 1억 9,200만 원)
- 투자수익률(ROI): 약 800%

박 연구원은 1년 만에 투자 원금 대비 8배에 달하는 경이로운 수익률을 기록하게 된다. 이는 미래 트래픽을 예측하는 AI 데이터 분석 능력과, 트래픽을 수익으로 전환하는 창의적인 개발 기획력이 결합하여 만들어낸 디지털 부동산 투자의 성공적인 사례가 된다.

6) **결론**: 결론적으로 메타버스 부동산은 높은 변동성과 예측 불가능성이라는 명백한 리스크를 내포하지만, 동시에 기존의 물리적 제약을 뛰어넘는 새로운 부의 창출 기회를 제공하는 미지의 영역이다. 이곳에서는 데이터 분석에 기반한 선구안과 상상력이 가장 강력한 투자 무기가 될 것이다.

3. 디지털 자산으로서 가상 부동산 및 NFT 시장과 가상사례

3.1. 블록체인 위의 등기부등본: NFT와 가상 부동산의 소유

블록체인·NFT·메타버스…고정관념 허문 新부동산 투자 - 리얼푸드 REALFOODS

현실 세계에서 부동산의 가치는 그것이 자리한 물리적 위치와 소유권을 증명하는 법적 문서에 의해 보장된다. 그렇다면 형태가 없는 디지털 세계에서의 '소유'는 어떻게 증명하며, 그 가치는 어디에서 비롯되는 것인가? 이 질문에 대한 해답이 바로 'NFT(Non-Fungible Token, 대체불가토큰)'와 그것이 기록되는 블록체인(Blockchain) 기술이다.

블록체인 핵심기술

기술명	특징
P2P(Peer to Peer) 네트워크	네트워크에 참여하는 사람들이 동등한 계층으로 연결되어 각 참여자가 개별 서버이자 거래 당사자가 되어 블록을 검증·합의하는 방식.
분산 원장	거래 내역 및 거래 관련 정보들을 저장하고 있는 블록을 의미하며, 네트워크 참여자들 사이에서 검증·합의된 블록이 기존 블록과 연결된 후 공유됨.
합의 알고리즘	새로운 거래로 블록이 생성될 때 해당 블록에 대한 참여자들의 합의 방식을 뜻하며, 대표적으로 PoW(Proof of work, 작업증명방식)와 PoS(Proof of stake, 지분증명방식)가 있음.
데이터 암호화	블록 데이터를 암호화하여 네트워크 참여자가 아니면 열람할 수 없도록 하는 핵심기술로 전자서명이 함께 되어 있어, 거래 부인방지와 데이터 무결성 등을 보장함.

https://www.kca.kr/hot_clips

NFT는 '디지털 등기부등본'이라 할 수 있다. 특정 디지털 파일(이미지, 영상, 건축물 설계도, 가상 토지 등)의 소유주가 누구인지, 언제 누구에게서 이전되었는지 등의 고유한 정보가 암호화되어 블록체인이라는 공개된 디지털 공공장부에 영원히 기록된다. 이 장부는 전 세계 수많은 컴퓨터에 분산 저장되기에 위조나 변조가 사실상 불가능하며, 누구나 그 기록을 열람할 수 있어 소유 관계가 명명백백하게 증명된다.

이러한 기술적 신뢰를 바탕으로, 가상 부동산은 단순한 컴퓨터 그래픽이 아닌 '배타적 소유권이 인정되는 디지털 자산(Digital Asset)'으로 탄생하게 된다. 투자자는 메타버스 플랫폼 안의 특정 토지를 NFT 형태로 구매함으로써 그곳에 건물을 짓거나, 광고판을 설치하거나, 다른 유저에게 임대하는 등의 현실 부동산과 유사한 경제 활동을 할 수 있는 권리를 소유하게 되는 것이다. 이는 자산의 개념이 원자와 비트의 경계를 넘어, 희소성과 유용성, 그리고 사회적 합의가 존재하는 모든 영역으로 확장되고 있음을 보여주는 명백한 증거이다.

〈 NFT(Non-Fungible Token)와 FT(Fungible Token) 특성 비교 〉

특성	Token	
	NFT(Non-Fungible Token)	FT(Fungible Token)
고유성	• 각각의 토큰에 출처, 발행 시간, 소유자 정보, 링크 등 고유한 정보를 보유 • 같은 유형의 토큰이라도 각각 다른 정보와 속성으로 인해 서로 구분이 가능	• 소유자에 대한 정보를 명시할 수 없으며, 서로 구별이 불가능 • 같은 유형의 토큰은 다른 유형의 토큰과 같은 기능을 지님
상호 교환성	• 하나의 토큰은 고유한 정보와 접근권한을 갖기에 다른 토큰으로 대체 불가능	• 토큰은 동일한 값을 가지는 토큰과 1:1로 교환이 가능
분할성	• 소수점 단위의 분할 불가능 • NFT 하나에 대체 가능한 토큰 N개를 발행하여 소유권을 1/N로 나누는 방식은 가능	• 소수점 단위의 분할 가능 • 총합이 동일한 가치를 가지고 있으면 어떤 단위든 분할하여 사용 가능
적용 사례	• 토큰화된 디지털 자산 (게임, 미술품, 디지털 수집품, 디파이 등)	• 암호화폐(비트코인, 이더리움 등)

※ 자료: 정보통신기획평가원(IITP)

이슈분석: S&T GPS, https://www.kistep.re.kr

[학습 코너: 가상 부동산 NFT]

가상 부동산 NFT는 메타버스 플랫폼 내에서 소유권을 증명하는 디지털 자산으로, 블록체인 기술을 통해 고유한 소유권과 거래 이력을 관리한다. NFT는 가상 부동산의 '등기부등본'과 같은 역할을 하며, 특정 메타버스 플랫폼 내에서 거래되고 활용될 수 있다. 하지만 법적으로 자산으로 인정받지 못하며, 관련 기술의 취약점이나 사기 위험이 존재하므로 투자 시 주의가 필요하다.

[가상 부동산 NFT의 특징]

- 소유권 증명: 블록체인 기술을 통해 가상 부동산에 대한 고유한 소유권을 증명하고 관리합니다.
- 대체불가능토큰(NFT) 역할: 부동산의 등기부등본처럼 가치와 거래 이력을 기록하여 소유권을 명확히 합니다.
- 메타버스 플랫폼 내 활동: 특정 메타버스 플랫폼 내에서만 유효하며, 해당 플랫폼 안에서 거래, 전시, 활용 등이 이루어집니다.
- 디지털 자산: 현실 세계의 부동산과는 별개이며, 메타버스 안에서의 경제 활동을 위한 가상 자산의 일종입니다.

[가상 부동산 NFT의 투자 이유]

- 미래 가치 투자: 메타버스 시장이 성장하면서 가상 부동산에 대한 관심이 높아지고 있으며, 미래 가치 상승을 기대한 투자가 이루어집니다.
- MZ세대 관심: 디지털 네이티브인 MZ세대에게 가상 공간에서의 활동과 투자가 매력적으로 다가갑니다.

(출처: https://www.google.com/search)

■ **디지털 자산으로서 가상 부동산 및 NFT 시장의 목표, 분석방법 및 기술, 역할, 장단점, 도시부동산 활용예시**

구분	내용
목표	블록체인 기술을 통해 희소성을 가진 디지털 자산의 고유한 소유권을 확립하고 증명한다. 이를 기반으로 자본 이득을 추구하고, 새로운 수익 모델을 창출하며, 창작자에게는 자신의 디지털 창작물에 대한 경제적 보상을 제공하는 새로운 자산 시장을 구축하는 것을 목표로 한다.
분석 방법 및 기술	• 핵심 기술: 소유권 증명을 위한 NFT(대체불가토큰), 거래 기록의 투명성과 보안을 위한 블록체인(Blockchain), 그리고 계약 조건의 자동 이행을 위한 '스마트 컨트랙트(Smart Contract)'가 핵심 기술이 된다. • 분석 방법: 거래량, 지갑 분포, 가격 변동 등 '온체인 데이터(On-chain Data)'를 분석하여 시장 동향을 파악한다. 또한 AI를 활용하여 소셜미디어상의 '여론 및 관심도(Social Sentiment)'를 분석하거나, NFT의 속성별 '희소성(Rarity Trait)'을 평가하여 가치를 산정한다.
역할	• 디지털 소유권 증명: 인터넷상에 존재하는 모든 디지털 콘텐츠(가상 부동산, 예술품, 아이템 등)에 대한 배타적 소유권을 증명하는 '디지털 등기' 역할을 수행한다. • 새로운 금융 시장: 기존 금융 시스템 밖에서 형성된 새로운 디지털 자산군에 대한 투자, 거래, 파생상품 생성을 가능하게 하는 금융 시장으로 기능한다. • 창작자 경제(Creator Economy) 활성화: 중개인 없이 창작자가 전 세계 소비자와 직접 연결되어 자신의 작품을 판매하고, 2차 거래 시에도 지속적으로 로열티 수익을 얻을 수 있는 경제적 기반을 제공한다.

장점	• 소유권 증명 및 투명성: 모든 거래 기록이 블록체인에 영구적으로 기록되어 자산의 소유권과 거래 이력(Provenance)이 투명하게 증명되고 위조가 불가능하다. • 글로벌 유동성: 전 세계 사용자를 대상으로 24시간 거래가 가능하여 전통적 자산 대비 높은 유동성을 가질 수 있으며, P2P(개인 간) 거래가 용이하다. • 프로그래밍 가능성: NFT에 특정 권리(커뮤니티 입장권, 투표권, 아이템 사용권 등)를 부여하는 등, 단순 소유를 넘어 다양한 유틸리티(Utility)를 프로그래밍하여 부가 가치를 창출할 수 있다. • 창작자 수익 보장: 스마트 컨트랙트를 통해 자산이 재 판매될 때마다 원작자에게 자동으로 로열티가 지급되도록 설정할 수 있다.
단점	• 높은 가격 변동성: 시장이 초기 단계이며 투기적 수요가 높아 자산 가격이 단기간에 급등락하는 등 극심한 변동성을 보인다. • 보안 및 해킹 위험: 개인 키(Private Key) 분실 시 자산을 영원히 잃게 되며, 피싱, 악성 코드, 거래소 해킹 등 다양한 보안 위협에 노출된다. • 환경 문제: 작업증명(PoW) 방식의 블록체인은 막대한 에너지를 소비하여 환경적 논란이 지속적으로 제기된다(지분증명(PoS) 전환 등으로 개선 중이다). • 법적·제도적 불확실성: 가상 자산에 대한 법적 정의, 과세 기준, 규제 등이 아직 명확하게 확립되지 않아 제도적 리스크가 존재한다.
도시부동산 활용 예시	• 부동산 자산의 토큰화(STO): 고가의 상업용 빌딩이나 토지의 소유권을 다수의 NFT로 분할(지분화)하여 판매함으로써, 소액 투자자들이 부동산에 간접 투자하고 그 지분을 자유롭게 거래하게 한다. • 디지털 트윈 및 관리 권한: 특정 건물(아파트, 오피스 등)의 디지털 트윈(Digital Twin)에 대한 접근 및 관리 권한을 NFT 형태로 부여하여 효율적인 건물 관리를 지원한다. • 멤버십 및 이용권: 특정 고급 주거 시설이나 리조트의 커뮤니티 시설(피트니스, 라운지 등) 이용 권한을 NFT로 발행하여, 소유자들 만이 누리는 배타적 멤버십으로 활용한다. • 개발 프로젝트 자금 조달: 부동산 개발 프로젝트의 미래 소유권이나 수익의 일부를 약속하는 NFT를 발행하여, 다수의 대중으로부터 프로젝트 개발 자금을 조달하는 수단으로 사용된다.

3.2. 가상사례: 가상 건축물 NFT '솔라리스 타워'의 가치 재창조

살지도 못하는 '디지털 집'이 5.6억원에 팔려…가상현실로 체험 | 연합뉴스
https://www.yna.co.kr

1) 사례 개요

(1) **투자 대상:** 메타버스 플랫폼 '아카디아 프라임'의 초창기에 유명 디지털 건축가 '헬리오스'가 설계한 가상 랜드마크 '솔라리스 타워' NFT. 현재는 잊힌 건축물이다.

(2) **투자자:** 도시공학을 전공한 신진 기획자 '이 소장'. 그녀는 역사적 가치를 지닌 디지털 자산의 잠재력에 주목한다.

(3) **과제:** 저평가된 가상 건축물 NFT의 내재 가치를 발굴하고, AI 분석과 창의적 기획을 통해 자산 가치를 극대화하는 것이다.

이 소장은 '아카디아 프라임'의 NFT 마켓플레이스에서 '솔라리스 타워'가 10 이더리움(ETH)(당시 시세 약 4,000만 원)이라는 비교적 저렴한 가격에 거래되고 있는 것을 발견한다. 그녀는 즉시 AI 기반 디지털 자산 분석 솔루션을 활용하여 이 NFT의 잠재 가치를 다각도로 분석한다.

2) AI를 통한 잠재 가치 분석

(1) **소셜 언급량 분석:** AI가 지난 3년간의 소셜미디어 데이터를 분석한 결과, '초기 메타버스 건축'에 대한 담론이 최근 3개월간 400% 이상 급증하고 있음을 확인한다. 이는 시장의 관심이 이동하고 있음을 시사하는 중요한 지표이다.

(2) **연관 지갑 분석:** '솔라리스 타워'를 과거에 소유했거나, '헬리오스'의 다른 작품을 보유한 지갑(Wallet)들의 활동을 분석한다. AI는 이들 중 70%가 최근 영향력 있는 '디지털 아트 컬렉터 DAO(탈중앙화 자율조직)'에 가입했음을 밝혀낸다. 이는 잠재적 수요층이 조직화되고 있음을 의미한다.

(3) **예상 트래픽 시뮬레이션:** 이 소장은 '솔라리스 타워'를 가상 박물관으로 리모델링하는 시나리오를 설정한다. AI는 현재의 소셜 데이터와 연관 지갑 분석 결과를 토대로, 해당 박물관이 개관할 경우 첫 달에 약 "8만 명"의 순 방문자(Unique Visitors)를 유치할 수 있다고 예측한다.

3) **가치 상승을 위한 능동적 기획:** 데이터를 통해 확신을 얻은 이 소장은 '솔라리스 타워' NFT를 매입한다. 그녀는 이 자산을 단순 보유하는 대신, 가치를 증폭시키기 위한 프로젝트를 가동한다.

(1) **가상 리모델링 및 전시회 개최:** 그녀는 유명 미디어 아티스트와 협업하여 '솔라리스 타워'를 '빛과 시간의 박물관'이라는 테마로 리모델링하고, 그 안에서 '헬리오스 회고전'을 개최한다. 이 전시회는 AI가 예측한 대로 폭발적인 흥행을 기록한다.

(2) **2차 창작물(NFT) 발행:** 전시회의 성공에 힘입어, 그녀는 '솔라리스 타워'의 다양한 시간대별 모습을 담은 '타임 슬라이스(Time Slice)' NFT 200개를 한정판으로 발행한다. 개당 0.2 ETH에 판매된 이 NFT는 완판되어 총 40 ETH(당시 시세 약 1억 6,000만 원)의 추가 수익을 안겨준다.

4) 투자 회수 및 수익 실현: '솔라리스 타워'는 이 소장의 기획을 통해 단순한 과거의 유산이 아니라, 활발한 트래픽과 스토리를 가진 '살아있는 랜드마크'로 재탄생한다. 1년 후, 메타버스 내에 하이엔드 가상 부동산을 전문으로 개발하는 글로벌 기업이 자사의 메인 허브(Hub)로 사용하기 위해 이 소장에게 '솔라리스 타워' NFT를 100 ETH(당시 시세 약 4억 원)에 인수하겠다는 제안을 한다.

- 총 투자금: 10 ETH(약 4,000만 원)
- 총 수익: 40 ETH(2차 NFT 판매) + 100 ETH(자산 매각) = 140 ETH
- 최종 수익: 140 ETH - 10 ETH = 130 ETH(약 5억 2,000만 원)
- 투자수익률(ROI): 1,300%

5) 시사점: 이 사례는 디지털 자산의 가치가 단순히 그 기술적 희소성에만 머무르지 않음을 보여준다. AI를 통한 정확한 가치 분석과 도시공학적 관점의 창의적인 공간 기획력이 결합될 때, 가상 부동산과 NFT는 상상을 초월하는 부가가치를 창출하는 새로운 시대의 투자 대상이 되는 것이다.

4. 혼합현실(MR) 기술을 활용한 부동산 개발 프로젝트 관리와 가상사례

4.1. 도면을 현실에 겹쳐보다: 건설 현장의 디지털 혁명

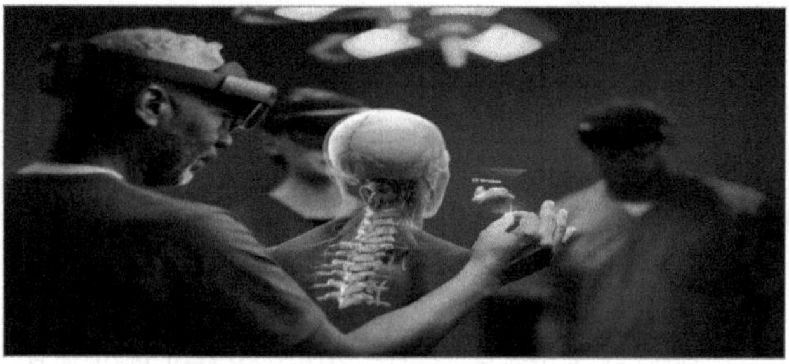

혼합현실(MR)이 뭐기에···애플·MS·메타, 경쟁 불붙었다 - 경향신문

지금까지의 부동산 개발 프로젝트는 설계자의 머릿속에 있는 3차원적 비전을 2차원의 평면 도면으로 옮기고, 시공자는 이를 다시 3차원의 현실 공간에 구현하는 복잡한 번역의 과정이었다. 이 과정에서 발생하는 정보의 손실과 오해석은 곧 시공 오류, 재작업, 공사 기간 지연, 그리고 막대한 추가 비용의 직접적인 원인이 되어왔다. 그러나 이제 디지털 청사진(BIM)을 현실의 건설 현장 위에 홀로그램처럼 겹쳐보는 혼합현실(Mixed Reality, MR) 기술이 등장하며, 이 모든 비효율의 고리를 끊어내고 있다.

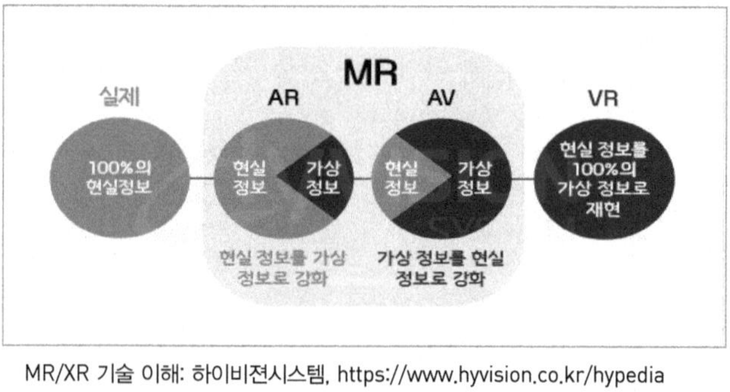

MR/XR 기술 이해: 하이비젼시스템, https://www.hyvision.co.kr/hypedia

혼합현실(MR)은 사용자가 완전히 가상 세계로 들어가는 가상현실(VR)이나, 현실 위에 단순 정보를 덧씌우는 증강현실(AR)에서 한 걸음 더 나아간 개념이다. MR 기기(마이크로소프트의 홀로렌즈 등)를 착용한 현장 관리자와 작업자는 실제 크기의 3D 설계 모델(BIM)이 실제 현장 구조물 위에 완벽하게 정렬되어 구현되는 경이로운 경험을 하게 된다. 아직 설치되지 않은 배관이나 전선이 어디로 지나갈지 눈으로 직접 보면서 걸을 수 있고, 철근 배치가 설계와 1cm라도 어긋나면 시스템이 즉시 경고를 보낸다.

이는 더 이상 '시공 후 검사'가 아닌 '실시간 검증 시공' 패러다임으로의 전환을 의미한다. 설계 도면은 서류 캐비닛에서 잠자는 박제된 정보가 아니라, 현장 작업자의 눈앞에서 살아 움직이는 동적인 가이드가 된다. 해외의 설계 전문가가 홀로그램 아바타의 형태로 현장에 순간 이동하여 문제점을 직접 지적하고 해결책을 제시하는 등, 시공간을 초월한 협업 역시 가능해진다. 이처럼 MR 기술은 부동산 개발 프로젝트의 불확실성을 획기적으로 줄이고, 디지털 비전을 한 치의 오차 없이 현실로 구현하는 가장 강력한 관리 도구이다.

혼합현실, 인공지능을 AR·VR에 융합하다 - 포브스코리아(Forbes Korea)
https://www.forbeskorea.co.kr/

■ 혼합현실(MR) 기술을 활용한 부동산 개발 프로젝트 관리의 목표, 분석방법 및 기술, 역할, 장단점, 도시부동산 활용예시

구분	내용
목표	디지털 설계 모델(BIM)과 물리적 건설 현장을 실시간으로 동기화하여 정보의 비대칭을 해소한다. 이를 통해 시공 오류를 원천적으로 방지하고, 공정 효율성을 극대화하며, 프로젝트의 비용, 기간, 품질 등 핵심 성공 요소를 종합적으로 관리하는 것을 목표로 한다.
분석 방법 및 기술	• 핵심 기술: 3D 디지털 모델을 현실 공간에 투영하는 MR 헤드셋(HMD), 건물의 모든 정보를 담고 있는 BIM(빌딩 정보 모델링), 그리고 이 둘을 현장에서 실시간으로 연동시키는 클라우드 기반 MR 플랫폼이 핵심 기술이다. 디지털 정보를 현실 좌표에 고정시키는 공간 정합(Spatial Anchoring) 기술이 정확도를 담보한다. • 분석 방법: 시공된 결과물과 3D 설계 모델의 불일치를 즉시 감지하는 '실시간 간섭 검토(Clash Detection)'를 수행한다. 작업 진행 상황을 시각적으로 기록하고 분석하는 공정 모니터링 및 원격 품질 검수(Remote Audit) 등의 방법으로 활용된다.
역할	• 상호작용 가능한 3차원 설계도: 현장에서 살아 움직이는 동적인 3차원 설계도의 역할을 수행하며, 2D 도면의 한계를 극복한다. • 실시간 품질 관리(QC) 시스템: 설계와 시공 간의 오차를 실시간으로 감지하고 경고하여, 오류가 후속 공정으로 확산되는 것을 방지하는 즉각적인 품질 관리 시스템이 된다. • 다자간 협업 플랫폼: 현장 작업자, 사무실의 관리자, 해외의 전문가 등 모든 프로젝트 참여자가 시공간을 초월하여 동일한 정보를 공유하고 소통하는 통합 협업 플랫폼으로 기능한다.
장점	• 시공 오류 및 재작업 비용 감소: 설계와 다른 부분을 조기에 발견하여 수정함으로써, 막대한 손실을 유발하는 재작업을 획기적으로 줄일 수 있다. • 생산성 및 시공 정확도 향상: 복잡한 설비(MEP)나 구조물의 설치 위치와 순서를 작업자에게 직관적으로 안내하여 작업 속도와 정확도를 크게 향상시킨다. • 현장 안전 관리 강화: 눈에 보이지 않는 위험 요소(매설 배관, 전기선 등)나 불안정한 구조물을 시각적으로 표시하여 작업자의 안전사고를 예방할 수 있다. • 의사소통 효율 증대: 모든 이해관계자가 동일한 시각 정보를 기반으로 소통하여 오해의 소지를 줄이고 신속하고 정확한 의사결정을 지원한다.

단점	• 높은 초기 도입 비용: MR 하드웨어, 전문 소프트웨어 라이선스, 플랫폼 구축 등 초기 시스템 도입에 상당한 비용이 소요된다. • 기술 숙련도 요구: 현장 작업자를 포함한 모든 사용자가 MR 장비와 소프트웨어를 효과적으로 사용하기 위한 전문적인 교육과 훈련이 필요하다. • 하드웨어의 제약: 배터리 수명, 시야 각(Field of View), 야외의 밝은 환경에서의 인식률 저하 등 건설 현장의 거친 환경에서 사용하기에는 하드웨어의 성능적 제약이 존재한다. • 데이터 처리 부담: 대용량의 BIM 데이터를 현장에서 실시간으로 원활하게 처리하기 위한 안정적인 통신 인프라와 데이터 관리 체계가 요구된다.
도시부동산 활용 예시	• 초고층/비정형 건축물 시공: 복잡한 커튼 월, 철골 구조물 등의 설치 위치와 각도를 3D 모델과 비교하며 오차 없이 정밀하게 시공한다. • 플랜트 및 설비(MEP) 공사: 건물 내부의 복잡한 배관, 공조 덕트, 전기 시스템을 홀로그램 가이드에 따라 정확하게 설치하여 공정 간섭을 사전에 방지한다. • 인테리어 및 리모델링: 빈 공간에 가구, 칸막이, 조명 등의 최종 배치 모습을 미리 시각 화하여 건축 주 및 디자이ㅁ너의 의사결정을 돕고 시공에 반영한다. • 시설물 유지보수(FM): 완공 후 건물의 벽이나 바닥 너머에 있는 배관이나 전선의 위치를 MR을 통해 투시하여 확인하며, 정확하고 효율적인 유지보수 작업을 수행한다.

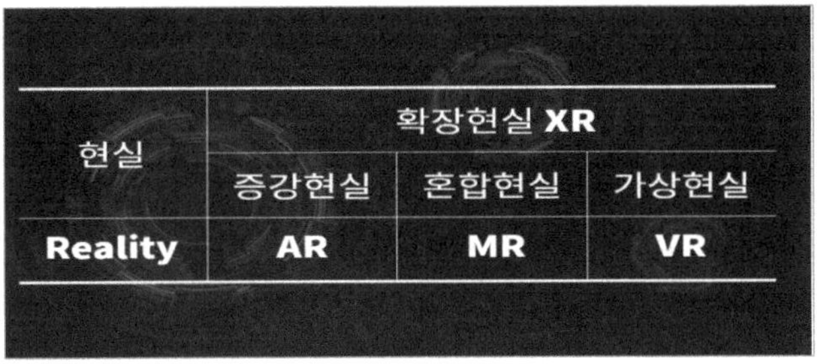

홀로렌즈는 MR(혼합 세계) 기반? AR, MR, VR 알아보기: 네이버 블로그
https://blog.naver.com

4.2. 가상사례: 복합 쇼핑몰 '에테르 파크' 건설의 MR 기반 공정 혁신

1) 사례 개요

(1) **프로젝트:** 서울 도심에 건설되는 비정형 곡면 디자인의 초대형 복합 쇼핑몰 '에테르 파크(Aether Park)'. 복잡한 설계로 인해 높은 시공 난이도가 예상된다.

(2) **도입 기술:** BIM 모델과 완벽하게 연동되는 혼합현실(MR) 프로젝트 관리 플랫폼.

(3) **과제:** MR 기술을 활용하여 시공 오류를 최소화하고, 공사 기간을 단축하며, 전체 프로젝트 비용의 효율성을 극대화하는 것이다.

'에테르 파크' 건설 컨소시엄은 총공사비 3,000억 원 규모의 이 프로젝트에서 발생할 수 있는 재작업 비용을 전통적 방식으로는 약 4%(120억 원)로 추산했다. 이들은 리스크 감소를 위해 과감하게 8억 원을 투자하여 MR 관리 플랫폼을 도입한다.

2) **설계-시공 간 오차의 실시간 감지:** 프로젝트 초반, 건물의 핵심 기둥 철근 배근 작업이 한창이다. 현장 품질 관리자는 MR 헤드셋을 쓰고 기둥을 바라본다. 그의 눈에는 실제 철근 위로 설계 도면상의 3D 철근 홀로그램이 정확히 겹쳐 보인다. 이때, 특정 구간에서 홀로그램과 실제 철근이 15cm가량 어긋나 있는 것이 붉은색 경고로 표시된다.

(1) **전통 방식의 경우:** 이 오류는 콘크리트 타설 후 상부 구조물을 올리는 과정에서 발견될 가능성이 높다. 이 경우 해당 기둥을 파쇄하고 재시공해야 하며, 약 1억 5천만 원의 손실과 1주일의 공기 지연이 발생하게 된다.

(2) **MR 방식의 경우:** 오류는 현장에서 즉시 발견되어 2시간 만에 수정된다. 발생 비용은 거의 없으며, 공기 지연 또한 전무하다.

3) 복잡한 설비(MEP) 공사의 생산성 향상: 수백 갈래의 배관, 공조 덕트, 전선 트레이가 거미줄처럼 얽히는 지하 기계실 공사는 가장 오류가 잦은 구간이다. MR 플랫폼은 각 팀의 작업자에게 그들이 설치해야 할 설비의 경로를 실제 공간에 1:1 크기의 홀로그램으로 정확하게 안내한다.

- 효율성 증대: 작업자들은 더 이상 2D 도면을 번갈아 보며 고민할 필요가 없어진다. MR 가이드라인을 따라 작업한 결과, 설비 공사의 전체 공정 시간은 기존 방식 대비 25% 단축되고, 작업자 간 간섭으로 인한 재작업률은 90% 이상 감소한다.

4) 원격 전문가와의 초현실적 협업: '에테르 파크'의 상징인 곡면 유리 파사드(Façade) 설치 중, 현장에서 예측하지 못한 문제가 발생한다. 현장 책임자는 즉시 독일에 있는 파사드 전문 컨설턴트에게 MR 원격 협업을 요청한다. 컨설턴트는 자신의 사무실에서 현장 책임자가 보고 있는 시야를 실시간으로 공유받고, 홀로그램 아바타 형태로 현장에 나타난다. 그는 문제의 패널 부분을 함께 보며, 손으로 허공의 디지털 도면을 수정하고 확대하며 해결책을 제시한다.

- 기회비용 절감: 컨설턴트의 해외 출장에 소요될 3일의 시간과 700만 원의 경비가 절약된다. 무엇보다, 문제 해결 지연으로 인해 발생할 수 있었던 수억 원대의 공정 지연 손실을 원천적으로 차단하게 된다.

5) 프로젝트 최종 성과 분석: '에테르 파크'는 MR 플랫폼의 성공적인 활용 덕분에 최종적으로 재작업으로 인한 손실 비용을 예상치(120억 원)의 15% 수준인 18억 원으로 막아낸다. 또한, 전체 공사 기간을 계획보다 4개월 앞당겨 조기 개장함으로써 막대한 금융 비용을 절감하고 추가 영업이익을 창출한다.

- MR 투자 대비 효과: 초기 투자비 8억 원을 통해 재작업 비용 102억 원을 절감하고, 공기 단축으로 인한 부가 가치까지 창출하며 수십 배의 투자수익률(ROI)을 기록한 것이다.

6) 시사점: 이 사례는 혼합현실 기술이 더 이상 미래의 상상이 아닌, 복잡한 도시부동산 개발 프로젝트의 성공을 담보하는 핵심적인 현실 기술임을 명확하게 증명한다.

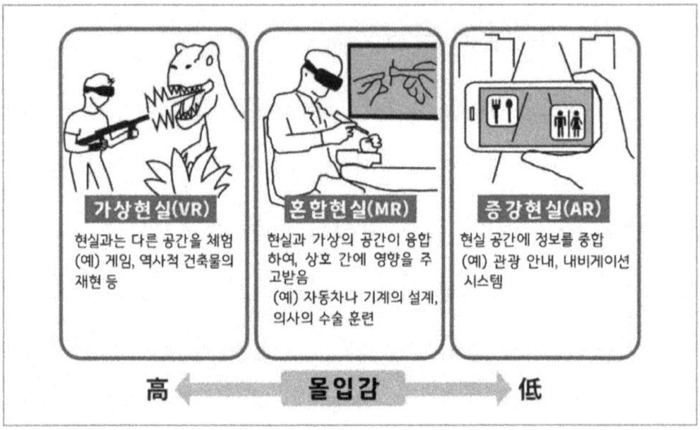

가상현실(VR) vs 증강현실(AR) vs 혼합현실(MR) vs 확장현실(XR) vs 대체현실(SR)
https://wroom.tistory.com/entry

주제 10

블록체인(Block Chain)과 부동산 토큰화 투자 혁명

1. 부동산 토큰화의 개념과 투자 접근성 향상과 가상사례

1.1. 강남 빌딩의 주인이 되는 새로운 방법: 부동산 증권 토큰(STO)

5 블록체인의 세 가지 분류와 개념 - 스터디노트
https://wikidocs.net

부동산은 역사적으로 가장 안정적이고 매력적인 자산 중 하나였지만, 동시에 소수의 거액 자산가만이 접근할 수 있는 '그들 만의 리그'였다. 수십, 수백억 원에 달하는 초기 투자 비용, 복잡하고 느린 거래 절차, 그리고 한번 투자하면 현금화하기 어려운 낮은 유동성은 일반 투자자들에게 넘을 수 없는 거대한 장벽으로 작용해왔다. 그러나 블록체인 기술에 기반한 '부동산 토큰화(Real Estate Tokenization)'는 이 견고한 장벽을 허물고,

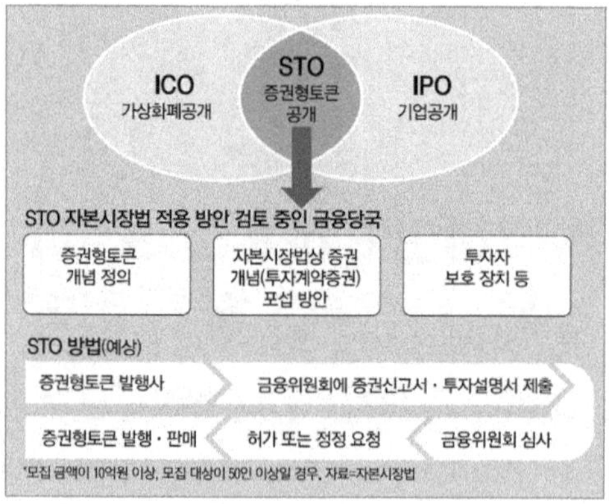

가상화폐, 증권형 토큰으로 제도권 첫발…투자자 보호 길 열어 - MBN

누구나 스마트폰 터치 몇 번으로 우량 부동산의 주주가 될 수 있는 시대를 열고 있다.

부동산 토큰화란, 특정 부동산 자산(빌딩, 상가 등)의 소유권을 블록체인 기술을 활용하여 잘게 쪼개어 디지털 증표인 '증권형 토큰(Security Token)'으로 발행하는 것을 의미한다. 이는 마치 거대한 금괴를 수만 개의 작은 금 조각으로 나누어 누구나 쉽게 사고팔 수 있게 만드는 것과 같다. 각 토큰은 해당 부동산에 대한 분할된 소유권(지분)을 나타내는 디지털 증서이며, 이는 금융 당국의 규제 안에서 발행되고 거래되는 합법적인 '증권'이다.

이러한 혁신을 통해 투자자는 단돈 몇만 원으로도 강남의 프라임 오피스 빌딩이나 성수동의 트렌디한 상업 시설에 투자할 수 있게 된다. 토큰 보유자는 보유 지분에 비례하여 건물의 임대 수익을 주기적으로 배당받고, 향후 부동산 가치가 상승했을 때 토큰을 매도하여 시세 차익을 얻을 수 있다. 주식처럼 24시간 운영되는 디지털 자산 거래소에서 소액으로 분할 매매가 가능해져, '부동산은 현금화가 어렵다'는 오랜 통념 역시 깨지게 된다. 즉, 부동산 토큰화는 인류가 만들어낸 가장 오래된 자산인 부동산에 디지털 시대의 접근성, 유동성, 투명성을 부여하는 금융 혁신인 것이다.

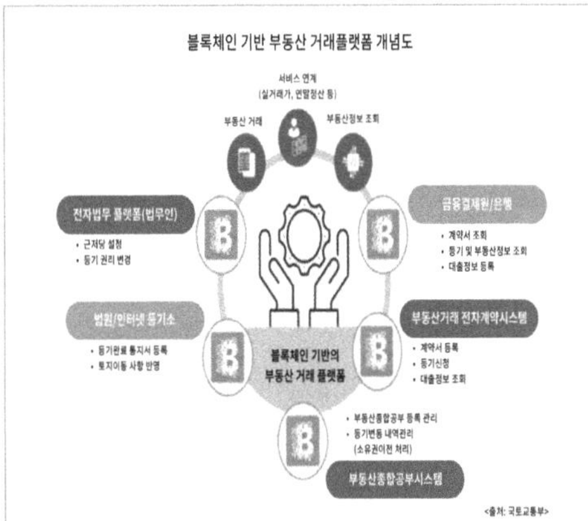

[커넥팅랩] 블록체인 기술로 부동산 사기를 예방할 수 있을까? - 업비트 투자자보호센터
https://m.upbitcare.com

[학습 코너: 블록체인(Blocj Chain)]

블록체인이란 P2P(Peer to Peer) 네트워크를 통해서 관리되는 분산 데이터베이스의 한 형태로, 거래 정보를 담은 장부를 중앙 서버 한 곳에 저장하는 것이 아니라 블록체인 네트워크에 연결된 여러 컴퓨터에 저장 및 보관하는 기술로 다양한 분야에 활용이 가능한 기술이다.

블록체인이 왜 중요한가요?

기존 데이터베이스 기술은 금융 거래를 기록하는 데 몇 가지 문제를 보입니다. 예를 들어 부동산 매각을 생각해 보겠습니다. 돈이 교환되면 부동산 소유권이 구매자에게 이전됩니다. 구매자와 판매자 모두 개별적으로 금전 거래를 기록할 수 있지만, 어느 출처도 신뢰할 수 없습니다.

판매자는 돈을 받았는데도 받지 못했다고 쉽게 주장할 수 있고, 구매자는 돈을 지불하지 않았는데도 돈을 지불했다고 똑같이 주장할 수 있습니다.

잠재적으로 일어날 수 있는 법적 문제를 방지하려면 신뢰할 수 있는 제3자가 거래를 감독하고 검증해야 합니다. 이 중앙 기관의 존재는 거래를 복잡하게 할 뿐만 아니라 단일 취약점을 만듭니다. 중앙 데이터베이스가 손상되면 양쪽 모두가 피해를 입을 수 있습니다.

블록체인은 거래를 기록하는 탈중앙화 변조 방지 시스템을 만들어 이러한 문제를 완화합니다. 부동산 거래 시나리오에서 블록체인은 구매자와 판매자 각각에 대해 하나의 원장을 생성합니다. 모든 거래는 양 당사자의 승인을 받아야 하며 두 원장에서 실시간으로 자동 업데이트됩니다. 과거 거래에서 일어난 모든 손상은 전체 원장을 손상시킵니다. 블록체인 기술의 이러한 속성은 Bitcoin과 같은 디지털 통화의 생성 등 다양한 분야의 사용으로 이어졌습니다.(출처: https://aws.amazon.com)

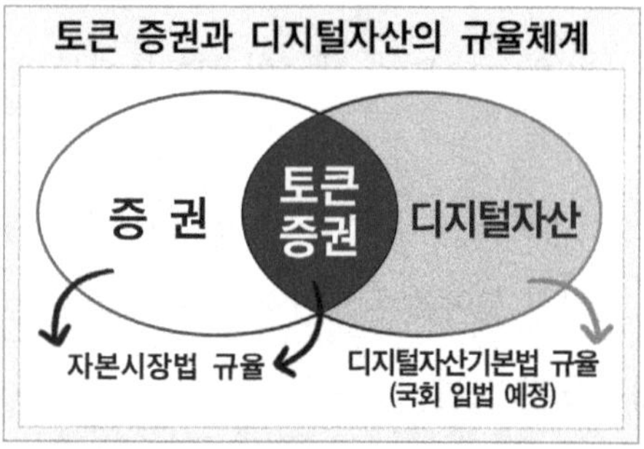

금융위, 증권형 토큰 '토큰 증권'으로 정리, https://www.lawtimes.co.kr

■ 부동산 토큰화(STO)의 개념과 투자 접근성 향상 분석의 목표, 분석방법 및 기술, 역할, 장단점, 도시부동산 활용예시

구분	내용
목표	전통적인 부동산 자산이 가진 높은 진입장벽과 낮은 유동성의 한계를 블록체인 기술을 통해 극복한다. 이를 통해 자산 소유권을 디지털 지분(토큰)으로 분할하여 누구나 소액으로 우량 부동산에 투자할 수 있도록 '부동산 투자의 민주화'를 실현하는 것을 핵심 목표로 한다.
분석 방법 및 기술	• 핵심 기술: 자산의 권리를 디지털 화하는 증권형 토큰(Security Token), 거래 기록의 투명성과 보안을 보장하는 블록체인(Blockchain), 그리고 배당금 지급 등 계약 조건을 자동 이행하는 '스마트 컨트랙트(Smart Contract)'가 핵심 기술이다. • 분석 방법: 기초자산인 부동산의 가치를 평가하는 '전통적 감정평가 방법론(수익환원법, 거래사례비교법 등)'이 기본이 된다. 이와 함께 토큰의 거래량, 시장 가격 등을 분석하는 디지털 자산 시장 분석 및 스마트 컨트랙트의 안정성을 검증하는 '코드 감사(Audit)'가 병행된다.
역할	• 투자 진입장벽 해소: 거액의 자본 없이는 불가능했던 우량 부동산 투자의 문턱을 낮춰, 소액 투자자도 시장에 참여할 수 있도록 하는 역할을 수행한다. • 자산 유동성 공급: 매각에 수개월이 걸리는 실물 부동산을 24시간 거래 가능한 디지털 증권으로 전환하여 자산의 유동성을 획기적으로 증ㅁ대 시킨다. • 금융과 부동산의 융합: 전통적인 실물 자산인 부동산과 혁신적인 디지털 금융 기술을 결합하여 새로운 투자 시장 및 금융 생태계를 창출하는 매개체가 된다.
장점	• 소액 투자 가능 (지분 소유): 자산을 수만, 수백만 개의 토큰으로 분할하여 소액으로도 우량 부동산의 지분을 소유할 수 있다. • 높은 유동성: 증권형 토큰 거래소를 통해 주식처럼 24시간 언제든지 원하는 만큼의 지분을 쉽고 빠르게 매매하여 현금화할 수 있다. • 거래의 투명성 및 효율성: 모든 거래 기록이 블록체인에 투명하게 기록되며, 스마트 컨트랙트를 통해 임대수익 배당 등이 자동화되어 거래 비용과 관리의 비효율이 감소한다. • 글로벌 자금 조달: 지리적 제약 없이 전 세계 투자자들을 대상으로 자금을 조달할 수 있어 자금 조달 채널이 획기적으로 확장된다.
단점	• 규제 불확실성: 증권형 토큰의 발행 및 유통에 대한 법률 및 규제 환경이 아직 완전히 정립되지 않은 국가가 많아 제도적 리스크가 존재한다. • 시장 성숙도 및 유동성 부족: 아직 시장이 초기 단계에 있어 토큰 거래소의 거래량이 충분하지 않을 경우, 원하는 시점에 원하는 가격으로 매매하기 어려울 수 있다. • 사이버 보안 위험: 디지털 지갑, 거래소 해킹 등 온라인 환경에서 발생할 수 있는 사이버 공격으로 인해 자산을 탈취당할 위험에 노출된다. • 기술적 복잡성: 블록체인, 스마트 컨트랙트 등 기반 기술에 대한 이해가 부족할 경우 투자자가 잠재적 위험을 인지하기 어렵다.

도시부동산 활용 예시	• 프라임급 오피스 빌딩: 강남, 광화문 등 핵심업무지구(CBD)에 위치한 수천억 원대 오피스 빌딩을 토큰 화하여, 일반 대중이 해당 건물의 임대수익을 공유하는 주주가 될 수 있게 한다. • 고급 호텔 및 리조트: 운영 수익이 발생하는 호텔 자산을 토큰으로 발행하여, 투자자들이 호텔 운영 성과에 따른 수익을 배당 받는 투자 상품으로 활용한다. • 대규모 개발 프로젝트: 신규 아파트 단지나 복합 쇼핑몰 건설에 필요한 자금을 토큰 발행(STO)을 통해 다수의 대중으로부터 조달하고, 향후 발생할 분양 수익이나 운영 수익을 투자자에게 배분한다. • 역사적 건축물 보존: 보존 가치가 있는 역사적 건축물을 매입 및 유지보수하기 위한 자금을 토큰 발행으로 마련하고, 해당 건물을 활용한 수익사업(카페, 갤러리 등)의 이익을 토큰 보유자와 공유한다.

1.2. 가상사례: 대학생도 투자하는 '을지로 라이트하우스' 빌딩 토큰화 프로젝트

1) 사례 개요

(1) 투자 대상: MZ세대의 핫플레이스로 떠오르는 서울 을지로의 리모델링 상업 빌딩 '을지로 라이트하우스'. 감각적인 F&B 브랜드들이 입점해 있다.

(2) 자산 가치: 총 50억 원.

을지로 3가, 노포와 청년문화 공존하는 공간으로 변신한다 - 헤럴드경제
https://mbiz.heraldcorp.com

(3) **토큰화 목적**: 건물주가 추가 리모델링 및 운영 자금을 유치하고, 자산 유동성을 확보하기 위해 증권형 토큰 발행(STO)을 결정한다.

(4) **과제**: 소액 투자자들이 토큰 투자를 통해 어떻게 부동산 자산에 접근하고 수익을 창출하는지 구체적으로 보여주는 것이다.

2) **증권형 토큰(LHT) 발행**: '을지로 라이트하우스'의 자산운용사는 건물의 소유권을 총 50만 개의 토큰(LHT)으로 분할하여 발행한다.

- 1 LHT 토큰당 가격: 50억 원/500,000개 = 10,000원.
- 최소 투자 금액: 1 LHT(10,000원).

이제 이 빌딩에 대한 투자는 더 이상 수십억 원의 자산가가 아닌, 소액의 여유 자금을 가진 누구나 참여할 수 있는 기회가 된다.

3) 다양한 투자자들의 참여

(1) **대학생 김지훈**: 아르바이트로 모은 돈 30만 원으로 '을지로 라이트하우스'의 미래 가치를 보고 30 LHT를 매수한다. 그는 난생처음으로 서울 핵심 상권의 건물주 중 한 명이 된다.

(2) **사회초년생 이수진**: 주식 외에 안정적인 배당 수익을 원했던 그녀는, 자신의 예금 중 500만 원을 투자하여 500 LHT를 매수한다.

(3) **은퇴자 박철민**: 노후 자금의 안정적인 현금 흐름을 위해 1억 원을 투자하여 10,000 LHT를 매수한다.

4) **임대 수익 배당 및 가치 상승**: '을지로 라이트하우스'는 연간 2억 5,000만 원의 순 임대수익을 창출하며, 이 수익은 토큰 보유자들에게 분기별로 배당된다.

(1) **토큰당 연간 배당금**: 2억 5,000만 원/500,000 LHT = 500원. (연 5% 배당수익률)

(2) 투자자별 연간 배당:

• 김지훈(30 LHT): 15,000원

• 이수진(500 LHT): 250,000원

• 박철민(10,000 LHT): 5,000,000원

2년 후, 을지로 상권이 더욱 활성화되고 빌딩의 가치가 상승하여 자산 평가액이 60억 원으로 증가한다. 이에 따라 디지털 자산 거래소에서 LHT 토큰의 시장 가격 역시 12,000원으로 상승한다.

5) 투자 수익 실현: 급하게 목돈이 필요해진 이수진은 보유하고 있던 500 LHT를 시장가인 12,000원에 매도하기로 결정한다. 그녀는 스마트폰 앱을 통해 단 몇 분 만에 거래를 완료하고 현금화에 성공한다.

(1) 매각 대금: 500 LHT × 12,000원 = 600만 원.

(2) 총 투자 수익:

• 시세 차익: 600만 원 - 500만 원 = 100만 원.

• 2년간 받은 배당금: 25만 원 × 2년 = 50만 원.

• 최종 수익: 150만 원(2년간 총 30%의 수익률).

6) 시사점: 이 사례는 부동산 토큰화가 어떻게 개인의 투자 포트폴리오를 혁신하는지를 명확히 보여준다. 과거에는 상상할 수 없었던 소액으로 우량 실물 자산에 투자하여 안정적인 현금흐름과 자본 이득을 동시에 추구할 수 있게 된 것이다. 이는 자산 시장의 민주화를 이끌고, 도시의 성장에 따른 과실을 더 많은 사람과 공유하는 시대를 여는 중요한 첫걸음이 된다.

2. 스마트 컨트랙트를 활용한 부동산 거래 자동화와 가상사례

2.1. 인간의 신뢰를 넘어, 코드의 신뢰로: 부동산 계약의 진화

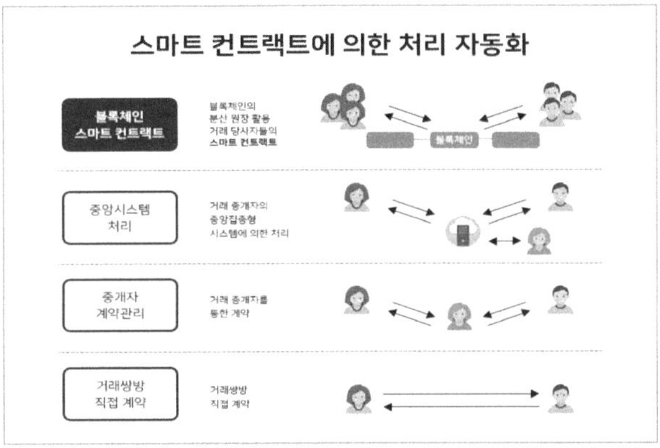

스마트 컨트랙트, 스마트 계약: 네이버 블로그, https://blog.naver.com

부동산 거래는 인류 역사상 가장 복잡하고 신중을 요하는 계약이다. 매수인과 매도인, 중개인, 법무사, 은행 등 수많은 이해관계자가 얽혀 있으며, 이들 사이의 '신뢰'를 담보하기 위해 복잡한 서류 작업과 긴 시간이 소요된다. 계약금과 잔금을 주고받는 과정, 소유권이 이전되는 찰나의 순간에는 항상 위험이 도사리고 있다. 그러나 만약 인간의 약속이나 제3자의 보증이 아닌, 수학적 알고리즘과 코드가 계약의 이행을 완벽하게 보장한다면 어떨까? 이 혁신적인 상상이 바로 '스마트 컨트랙트(Smart Contract)'를 통해 현실이 되고 있다.

스마트 컨트랙트는 계약 당사자 간의 합의 내용을 컴퓨터 코드 형태로 작성하여 블록체인 상에 올리는 '자동 실행 계약'이다. 이는 특정 조건이 충족되면, 인간의 개입이나 해석 없이 계약 내용이 자동으로 실행되는 것을 의미한다. 마치 특정 금액을 투입하면 무조건 음료수를 내어주는 자판

기처럼, 스마트 컨트랙트는 'IF(만약 A라는 조건이 충족되면), THEN(B라는 결과를 실행하라)'는 명확한 조건부 논리에 따라 움직인다.

부동산 거래에 이를 적용하면, '매수인이 잔금을 모두 입금하고, 등기 서류가 확인되면, 소유권(디지털 증서 형태)을 즉시 매수인에게 이전하고, 동시에 매도인에게 대금을 지급하라'는 명령을 코드로 구현할 수 있다. 계약의 모든 과정과 결과는 블록체인이라는 누구도 위·변조할 수 없는 공공 거래 장부에 영원히 기록된다. 이는 거래의 투명성과 안정성을 극대화하여 중개인을 최소화하고, 수 주에서 수 개월까지 걸리던 거래 기간을 단 며칠로 단축하며, 무엇보다 인간의 실수나 의도적인 계약 불이행의 위험을 원천적으로 제거하는 부동산 거래의 패러다임 전환을 이끄는 것이다.

■ **스마트 컨트랙트를 활용한 부동산 거래 자동화의 목표, 분석방법 및 기술, 역할, 장단점, 도시부동산 활용예시**

구분	내용
목표	부동산 거래 과정에 필연적으로 개입하는 중개인(은행, 법무사, 부동산 중개업소 등)의 역할을 최소화하고, 계약 조건의 이행을 코드로 자동화한다. 이를 통해 거래 비용과 시간을 획기적으로 절감하며, 인간의 실수나 사기 위험이 배제된 투명하고 안전한 거래 환경을 구축하는 것을 최종 목표로 한다.
분석 방법 및 기술	• 핵심 기술: 계약이 실행되는 기반이 되는 블록체인(Blockchain), 계약 조건을 코드로 구현한 스마트 컨트랙트(Smart Contract), 소유권을 나타내는 디지털 부동산 증서(NFT), 그리고 거래 대금을 위한 '스테이블코인(Stablecoin)'이 핵심 기술 요소이다. 또한, 등기부등본 확인 등 현실 세계의 데이터를 블록체인으로 가져오는 '오라클(Oracle)'이 필요하다. • 분석 방법: 계약 코드의 논리적 오류나 보안 취약점을 검증하는 '코드 감사(Code Audit)'가 필수적이다. 거래 실행 전 다양한 시나리오를 테스트하는 시뮬레이션 분석 및 계약의 진행 상황을 블록체인 상에서 실시간으로 추적하는 온체인 모니터링이 활용된다.

역할	• 자동화된 에스크로(Escrow): 거래 대금을 안전하게 보관하고, 모든 계약 조건이 충족되었을 때 자동으로 지급하는 신뢰 기반의 디지털 금고 역할을 수행한다. • 계약 이행의 강제자: 인간의 감정이나 의도와 관계없이, 사전에 합의된 코드의 논리에 따라 계약 내용을 기계적으로 실행하여 계약의 이행을 강제한다. • 투명한 공증 시스템: 거래의 모든 단계와 결과가 위·변조 불가능한 블록체인 원장에 영원히 기록되어, 모든 참여자가 신뢰할 수 있는 투명한 공증 시스템으로 기능한다.
장점	• 비용 절감: 중개 수수료, 에스크로 서비스 비용, 법무 비용 등 각종 제3자 개입으로 발생했던 부대 비용을 획기적으로 줄일 수 있다. • 거래 속도 향상: 서류 검토, 자금 이체 확인 등 수동으로 처리되던 절차들이 자동화되어, 수 주 이상 소요되던 거래 기간을 수일, 혹은 수 시간 이내로 단축시킨다. • 투명성 및 보안 강화: 모든 거래 과정이 블록체인에 투명하게 공개되며, '코드'에 의해 계약이 실행되므로 사기나 계약 불이행의 위험이 원천적으로 감소한다. • 동시 이행(Atomic Swap) 보장: 자금의 지급과 소유권의 이전이 하나의 트랜잭션으로 동시에 일어나므로, 어느 한쪽만 의무를 이행하는 위험(Counterparty Risk)이 완벽하게 제거된다.
단점	• 코드의 비가역성: 한번 블록체인에 배포된 스마트 컨트랙트의 코드는 수정이 거의 불가능하다. 만약 코드에 오류나 버그가 존재할 경우, 되돌릴 수 없는 금전적 손실로 이어질 수 있다. • 오라클 의존성: 현실 세계의 데이터를 블록체인으로 전달하는 오라클의 정확성과 보안성에 전체 시스템의 신뢰도가 의존하게 된다. 오라클이 해킹당하면 계약이 잘못 실행될 수 있다. • 법적·제도적 미비: 스마트 컨트랙트의 법적 효력, 분쟁 발생 시 해결 절차 등이 아직 명확하게 규정되지 않아 법적 불확실성이 존재한다. • 사용자 접근성 문제: 디지털 지갑 사용법, 개인 키 관리 등 블록체인 기술에 대한 이해가 부족한 일반인이 사용하기에는 기술적 장벽이 높다.
도시부동산 활용 예시	• 아파트 및 오피스텔 매매: 표준화된 주거용 부동산의 매매 계약을 스마트 컨트랙트로 구현하여, 개인 간(P2P)의 빠르고 안전한 거래를 지원한다. • 임대차 계약 자동화: 임대차 계약을 스마트 컨트랙트화하여, 매월 지정된 날짜에 임차인의 지갑에서 임대인의 지갑으로 월세가 자동 이체되도록 설정하고, 계약 종료 시 보증금을 자동 반환한다. • 상업용 부동산(CRE) 거래: 권리관계가 복잡한 대형 상업용 부동산의 매매 과정을 자동화하여 거래의 투명성을 높이고 비용을 절감한다. • 토지 및 부동산 등기 시스템: 정부의 등기 시스템과 연동하여, 스마트 컨트랙트로 매매가 완료되는 순간 소유권(NFT) 정보가 국가 등기 전산망에 자동으로 업데이트되는 차세대 등기 시스템을 구축한다.

2.2. 가상사례: 판교 테크노밸리 오피스텔의 스마트 컨트랙트 매매 계약

1) 사례 개요

(1) **거래 자산:** 경기도 성남시 판교 테크노밸리에 위치한 60㎡ 오피스텔. 소유권은 NFT(대체불가토큰) 형태의 '디지털 부동산 증서(Title NFT #Pangyo123)'로 등록되어 있다.

(2) **거래 당사자:** 매수인(스타트업 개발자 '김혁신'), 매도인(해외 거주자 '박세진').

(3) **과제:** 지리적으로 멀리 떨어져 있고 서로를 알지 못하는 두 사람이, 중개인 없이 스마트 컨트랙트만으로 안전하고 신속하게 부동산 거래를 완료하는 것이다.

판교제2테크노밸리 소형 오피스텔 'LH 오피스텔' 공급 초읽기 들어갔다 - 국토일보
https://www.ikld.kr/news

2) **스마트 컨트랙트 생성 및 조건 설정:** 김혁신과 박세진은 블록체인 부동산 플랫폼에서 매매 조건에 합의하고, 다음과 같은 규칙이 담긴 스마트 컨트랙트를 생성한다.

(1) **매매 대금:** 5억 원(원화 연동 스테이블코인 'KRWc' 기준).

(2) 계약 조건(자동 실행 트리거):

- [조건 1] 매수인이 총 매매 대금의 100%(5억 KRWc)를 스마트 컨트랙트의 디지털 에스크로 계정에 입금해야 한다.
- [조건 2] 공인된 제3자 데이터 검증 서비스(오라클)가 해당 부동산의 건축물대장 및 등기부등본에 압류 등 권리 변동이 없음을 확인해야 한다.

(3) 실행 내용: 위 두 조건이 모두 충족되는 즉시, 스마트 컨트랙트는 아래의 두 명령을 동시에 자동 실행한다.

- [실행 A] 에스크로에 보관된 5억 KRWc를 매도인의 디지털 지갑으로 전송한다.
- [실행 B] 매도인이 소유한 'Title NFT #Pangyo123'을 매수인의 디지털 지갑으로 이전한다.

3) 계약의 자동화된 진행

(1) 1일 차: 김혁신이 자신의 디지털 지갑에서 5억 KRWc를 스마트 컨트랙트의 에스크로 주소로 이체한다. 이 거래는 블록체인에 투명하게 기록되며, [조건 1]이 충족되었음을 누구나 확인할 수 있다.

(2) 2일 차(오전 10:00): 스마트 컨트랙트는 예정된 시간에 자동으로 '오라클'을 호출하여 부동산의 권리 변동 상태를 확인한다. 오라클은 정부 데이터베이스와 연동하여 해당 부동산의 등기부가 깨끗함을 검증하고, '이상 없음' 신호를 스마트 컨트랙트로 보낸다. [조건 2]가 충족된다.

4) 계약의 동시 이행 및 완결

- 2일 차(오전 10:00:01): 모든 조건이 충족된 것을 확인한 스마트 컨트랙트는 단 1초의 지연도 없이 [실행 A]와 [실행 B]를 동시에 처리한다. 매도인의 지갑에 5억 KRWc가 입금되는 것과, 매수인의 지갑에 오피스텔 소유권 NFT가 들어오는 것이 하나의 거래로 완결된다.

5) 결과 분석

(1) 비용 절감: 법무사 수수료, 은행 에스크로 서비스 수수료, 중개 수수료 등 전통적 거래에서 발생했을 수백만 원의 부대 비용이, 단 몇천 원 수준의 블록체인 네트워크 수수료(가스비)로 대체된다.

(2) 시간 단축: 해외 거주자와의 거래임에도 불구하고, 계약 합의부터 소유권 이전까지 모든 과정이 단 48시간 만에 완료된다. 이는 통상 수 주가 걸리는 전통적 방식과 비교할 수 없는 속도이다.

(3) 위험 제거: 매수인은 잔금을 치렀는데 소유권을 받지 못할 위험, 매도인은 소유권을 넘겼는데 잔금을 받지 못할 위험이 '동시 이행' 원칙의 코드화를 통해 완벽하게 제거된다.

6) 시사점: 이 사례는 스마트 컨트랙트가 어떻게 부동산 거래의 신뢰 구조를 '사람'에서 '코드'로 이전시키며, 더 빠르고, 저렴하고, 안전한 시장을 만들어내는지를 명확하게 보여준다. 이는 미래 도시의 자산이 거래되는 방식에 대한 근본적인 청사진을 제시하는 것이다.

3. 크라우드펀딩과 블록체인 기반 부동산 투자 플랫폼과 가상사례

3.1. 십시일반, 도시를 개발하다: 집단지성의 금융 혁명

하나의 도시를 상징하는 랜드마크 빌딩과 대규모 개발 프로젝트는 언제나 거대 자본을 보유한 소수 기관 투자자들의 전유물이었다. 일반 대중은 그들이 개발한 공간을 소비하는 주체에 머물렀을 뿐, 도시의 미래를 결정하는 개발 과정에 직접 참여하고 그 이익을 공유할 기회는 원천적으로 차단되어 있었다. '크라우드펀딩(Crowdfunding)'은 이러한 구도를 바꾸는 첫 번째 시도였으며, 여기에 블록체인(Blockchain) 기술이 결합되면서 비로소 진정한 '부동산 투자의 민주화'가 완성 단계에 이르고 있다.

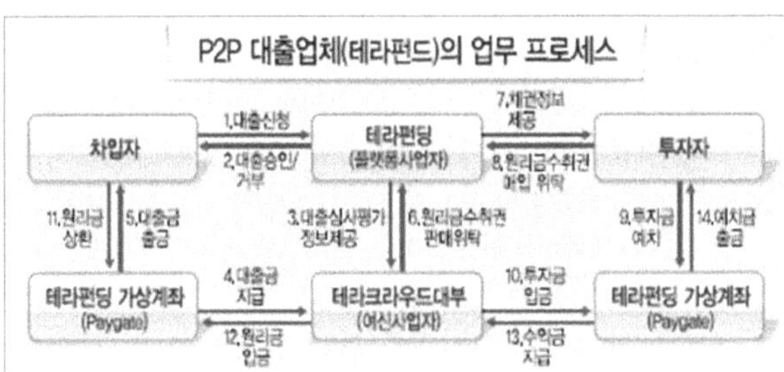

부동산 대안투자로 떠오른 '부동산 크라우드펀딩' - 플래텀, https://platum.kr

크라우드펀딩은 다수의 대중으로부터 십시일반으로 자금을 모아 특정 프로젝트를 완성하는 집단 금융 방식이다. 이는 소액 투자자들도 부동산 개발 프로젝트의 주주가 될 수 있는 길을 열었다. 그러나 기존의 중앙화된 플랫폼은 운영의 투명성 부족, 높은 중개 수수료, 그리고 한번 투자하면 장기간 자금이 묶이는 낮은 유동성이라는 명백한 한계를 가지고 있었다.

블록체인 기반 투자 플랫폼은 이러한 한계를 극복하는 완벽한 해결책이 된다. 블록체인은 모든 투자 내역과 자금의 흐름, 소유권 관계를 누구도 위조할 수 없는 분산원장에 투명하게 기록하여 신뢰 문제를 해결한다. 또한 스마트 컨트랙트를 통해 수익 배당과 같은 절차를 자동화하여 운영 비용을 획기적으로 절감한다. 가장 중요한 혁신은 투자자의 지분을 '증권형 토큰'으로 발행하여, 24시간 운영되는 디지털 자산 거래소에서 주식처럼 자유롭게 사고팔 수 있도록 만든 것이다. 이는 부동산이라는 가장 비유동적인 자산에 강력한 유동성을 부여하는 혁명적 변화이다. 이로써 대중은 단순한 자금 제공자를 넘어, 도시 개발의 능동적인 참여자이자 투명한 수익 공유자가 되는 것이다.

■ 크라우드펀딩과 블록체인 기반 부동산 투자 플랫폼의 목표, 분석방법 및 기술, 역할, 장단점, 도시부동산 활용예시

구분	내용
목표	크라우드펀딩의 '집단 금융' 모델과 블록체인의 '분산 신뢰' 기술을 융합한다. 이를 통해 부동산 개발 및 투자의 재정적, 정보적 장벽을 허물고, 다수의 대중이 투명하고 유동성 높은 방식으로 프로젝트에 참여하여 그 이익을 공유하는 '개방형 부동산 금융 생태계'를 구축하는 것을 목표로 한다.
분석 방법 및 기술	• 핵심 기술: 자금 모집을 위한 크라우드펀딩 플랫폼, 투자 내역의 투명한 기록을 위한 블록체인, 투자자의 지분을 나타내는 증권형 토큰(STO), 그리고 수익 분배 및 의사결정 자동화를 위한 스마트 컨트랙트 및 'DAO(탈중앙화 자율조직)'가 핵심 기술이다. • 분석 방법: 프로젝트의 사업성, 입지, 예상 수익률 등을 분석하는 전통적 부동산 사업 타당성 분석이 선행된다. 여기에 플랫폼의 기술적 안정성, 토큰의 증권성, 자금 흐름의 온체인 데이터 분석 및 커뮤니티 거버넌스 활성도 분석이 추가된다.

역할	• 민주적 자금조달 채널: 소수의 기관 투자자에 의존하던 전통적 방식에서 벗어나, 불특정 다수의 대중으로부터 프로젝트 개발 자금을 조달하는 민주적 금융 채널의 역할을 한다. • 신뢰 기반의 중개자: 불투명한 자금 운용의 위험을 제거하고, 모든 거래 과정을 블록체인에 투명하게 기록함으로써 신뢰를 담보하는 자동화된 중개 플랫폼으로 기능한다. • 도시 개발의 참여 도구: 시민이나 지역 주민이 단순한 수혜자가 아닌, 자신들의 도시 공간 개발에 직접 자금을 투자하고 의사결정에 참여하며 이익을 공유하는 능동적 주체로 만들어주는 도구가 된다.
장점	• 투명성 극대화: 모든 투자금의 모집 및 집행 내역이 블록체인 상에 공개되어 자금 운용의 투명성이 비약적으로 향상된다. • 투자 접근성 향상: 최소 투자 금액을 대폭 낮추어, 소액 투자자도 이전에는 접근 불가능했던 대규모 부동산 개발 프로젝트에 참여할 수 있다. • 유동성 확보: 투자 지분이 토큰 화되어 2차 거래소에서 자유롭게 매매될 수 있으므로, 전통적인 부동산 펀드 대비 높은 유동성을 확보할 수 있다. • 비용 효율성: 스마트 컨트랙트를 통해 수익 배당, 투표 등의 과정이 자동화되어 플랫폼 운영 비용이 절감되고, 이는 투자자의 수익률 증대로 이어진다.
단점	• 프로젝트 자체의 사업 위험: 블록체인 기술은 투명성을 보장할 뿐, 기초자산인 부동산 프로젝트 자체의 성공을 보장하지는 않는다. 프로젝트가 실패할 경우 투자금 손실 위험이 존재한다. • 복합적인 규제 문제: 부동산 법규와 자본시장법(증권 규제)을 동시에 준수해야 하므로 규제 환경이 복잡하고, 국가별로 상이하여 법적 불확실성이 있다. • 기술적 진입장벽: 투자자가 디지털 지갑을 생성하고 토큰을 관리하는 등 블록체인 기반 플랫폼을 이용하기 위한 최소한의 기술적 이해가 요구된다. • 시장 변동성: 2차 시장에서의 토큰 가격은 기초자산의 가치 뿐만 아니라, 암호화폐 시장 전반의 변동성에도 영향을 받을 수 있다.
도시부동산 활용 예시	• 도시재생 프로젝트: 지역 주민과 외부 투자자들이 함께 자금을 모아 방치된 공장이나 창고를 복합문화공간, 청년 창업 허브 등으로 재생하고 운영 수익을 공유한다. • 사회주택 및 협동조합주택: 주택 문제 해결에 관심 있는 시민들이 십시일반으로 투자하여 저렴한 임대료의 사회주택을 공급하고, 지속가능한 운영 수익을 추구한다. • 지역 상권 활성화: 특정 골목이나 상권의 발전을 위해 다수의 투자자가 자금을 모아 앵커 스토어(핵심 점포)를 유치하거나 건물을 매입하여 '젠트리피케이션'을 방지하고 상생을 도모한다. • 신재생에너지 인프라: 건물 옥상이나 유휴부지에 태양광 발전 시설 등 친환경 인프라를 설치하는 프로젝트를 크라우드펀딩으로 진행하고, 전력 판매 수익을 투자자들에게 배분한다.

3.2. 가상사례: '시티즌펀드' 플랫폼을 통한 낙후 공장지대 재생 프로젝트

1) 사례 개요

(1) **프로젝트:** 수십 년간 방치된 서울 외곽의 낡은 염색공장을 매입하여, 청년 창업가들을 위한 복합 문화 공간 '크리에이티브 아크(Creative Ark)'로 재생하는 도시재생 프로젝트.

(2) **플랫폼:** 블록체인 기반 부동산 조각투자 플랫폼 '시티즌펀드(CitizenFund)'.

(3) **과제:** 지역 주민을 포함한 일반 대중이 크라우드펀딩을 통해 도시재생 프로젝트에 직접 참여하고, 블록체인 기술을 통해 투명한 수익 분배와 유동성을 확보하는 과정을 보여주는 것이다.

2) **프로젝트 펀딩 및 토큰 발행:** '크리에이티브 아크' 프로젝트팀은 공장 매입 및 리모델링에 필요한 자금 30억 원을 조달하기 위해 '시티즌펀드' 플랫폼에 프로젝트를 공개하고, "증권형 토큰 '아크(ARK)'"를 발행한다.

- 총 발행량: 30만 ARK
- 1 ARK 토큰당 공모 가격: 10,000원
- 최소 참여 금액: 1 ARK(10,000원)

펀딩은 폭발적인 반응을 얻으며, 지역 발전을 염원하는 주민, 프로젝트의 사회적 가치를 지지하는 청년, 안정적인 배당 수익을 기대하는 소액 투자자 등 다양한 참여자들 덕분에 단 2주 만에 목표 금액 30억 원을 달성한다.

3) **투명한 자금 집행과 블록체인 기반 거버넌스:** 모집된 자금의 모든 집행 내역(부지 매입, 설계 비용, 공사비 지급 등)은 블록체인에 실시간으로 기록되어 모든 토큰 보유자들이 자신의 스마트폰으로 투명하게 확인

할 수 있다. 또한, 건물에 입주할 청년 기업을 선정하거나, 공간의 운영 규칙을 정하는 등 주요 의사결정은 토큰 보유자들의 온라인 투표(DAO 거버넌스)를 통해 민주적으로 이루어진다.

4) 수익 창출 및 자동 배당: 1년간의 리모델링 끝에 문을 연 '크리에이티브 아크'는 성공적으로 지역의 랜드마크로 자리 잡는다. 입주 기업들의 임대료와 공간 대관 수익 등으로 연간 2억 4,000만 원의 순 운영 수익이 발생한다.

(1) **수익 자동 분배:** 매 분기 말, 스마트 컨트랙트는 정해진 로직에 따라 순이익을 계산하고, 별도의 관리자 개입 없이 자동으로 각 토큰 보유자들의 디지털 지갑으로 배당금을 이체한다.

(2) **토큰당 연간 배당금:** 2억 4,000만 원/300,000 ARK = 800원(연 8% 배당수익률).

5) 유동성을 통한 투자금 회수: 대학생 투자자 박선우는 펀딩 초기 100만 원을 투자하여 100 ARK를 보유하고 있었다. 2년간 그는 총 16만 원(8만 원 x 2년)의 배당금을 받았다. 3년 차에 접어들어 '크리에이티브 아크'의 자산 가치가 크게 상승하여, 초기 30억 원이었던 평가액이 45억 원으로 증가한다. 이 가치 상승은 '시티즌펀드' 내의 2차 거래소에서 ARK 토큰의 시장 가격에 반영되어 개당 15,000원에 거래된다.

박선우는 유럽 여행 자금을 마련하기 위해 보유 토큰 중 절반인 50 ARK를 매도하기로 결정한다. 그는 거래소 앱에서 단 몇 번의 클릭만으로 매도 주문을 체결하고 즉시 현금화에 성공한다.

- 매각 대금: 50 ARK × 15,000원 = 75만 원.
- 초기 투자 원금(50 ARK): 50만 원.
- 시세 차익: 25만 원.

6) 시사점: 이 사례는 블록체인과 크라우드펀딩의 결합이 어떻게 개인의 삶과 도시를 바꾸는지를 보여준다. 개인은 더 이상 수동적인 관찰자가 아니라, 도시의 미래를 만드는 주체적 투자자가 되며, 그 과정은 투명하고, 수익은 공정하게 공유되고, 투자는 유동성을 갖게 된다. 이는 도시 개발의 패러다임이 소수의 독점에서 다수의 참여로 전환되는 위대한 시작인 것이다.

4. 블록체인 기술을 활용한 부동산의 스마트 계약과 부동산 등기의 미래 전망과 가상사례

4.1. 위조 불가능한 디지털 등기부: 블록체인과 부동산의 결합

부동산의 가치는 그 물리적 실체뿐만 아니라, 누가 소유하고 있는지를 공적으로 증명하는 '등기' 시스템에 의해 완성된다. 그러나 중앙화된 서버나 종이 문서에 의존하는 전통적인 등기 제도는 해킹, 위조, 행정적 오류, 그리고 거래 과정의 비효율이라는 본질적 한계를 안고 있었다. 만약 모든 거래 기록이 전 세계 수천 대의 컴퓨터에 동시에 기록되어 그 누구도 수정하거나 삭제할 수 없는 '공공 거래 장부'가 있다면 어떨까? 이 상상을 현실로 만든 기술이 바로 '블록체인(Blockchain)'이다.

블록체인은 거래 데이터를 '블록'이라는 단위로 묶고, 이를 '사슬'처럼 연결하여 모든 참여자가 공동으로 관리하는 분산형 공개 장부이다. 한번 기록된 거래는 암호학적으로 연결되어 위·변조가 불가능하며, 모든 기록은 투명하게 공개되어 누구나 확인할 수 있다. 이러한 블록체인 기술을 부동산 등기 시스템에 적용하면, 인류는 역사상 가장 안전하고 투명한 '디지털 등기부'를 갖게 되는 것이다.

여기서 한 걸음 더 나아가, 블록체인은 단순한 기록의 공간을 넘어 '스마트 컨트랙트(Smart Contract)'라는 '자동 계약 프로그램'을 실행하는 무대가 된다. 부동산의 소유권을 고유한 NFT(대체불가토큰) 형태로 만들어 '디지털 부동산 증서'로 활용하고, '매수인이 대금을 완납하면, 이 증서를 즉시 매수인에게 이전하라'는 계약 조건을 스마트 컨트랙트로 구현할 수 있다. 이는 등기 이전 신청, 서류 검토, 등기 완료까지 수많은 인력과 시간이 소요되던 전통적 방식을 완전히 대체한다. 즉, 계약의 체결과 이행, 그리고 그 결과인 소유권 이전 등기가 하나의 자동화된 프로세스로 통합되어, 찰나의 순간에 오류 없이 완결되는 부동산 거래의 새로운 시대가 열리는 것이다.

[학습 코너: 블록체인]

블록체인은 데이터 분산처리시술이다. 네트워크에 참여하는 모든 사용자가 모든 거래 내역 등의 데이터를 분산, 저장하는 기술을 말한다. 블록들을 체인 형태로 묶은 형태 이므로 블록 체인이란 이름이 붙었다.

나무에 의하면 P2P 방식을 기반으로 하여 소규모 데이터들이 사슬 형태로 무수히 연결되어 형성된 '블록'이라는 분산 데이터 저장 환경에 관리 대상 데이터를 저장함으로써 누구도 임의로 수정할 수 없고 누구나 변경의 결과를 열람할 수 있게끔 만드는 기술이다.

블록에는 해당 블록이 발견되기 이전에 사용자들에게 전파되었던 모든 거래 내역이 기록되어 있고, 이것은 P2P 방식으로 모든 사용자에게 똑같이 전송되므로 거래 내역을 임의로 수정하거나 누락시킬 수 없다. 블록은 발견된 날짜와 이전 블록에 대한 연결 고리를 가지고 있으며 이러한 블록들의 집합을 블록체인이라 칭한다. 쉽게 말하자면 수많은 기록을 그

냥 한 묶음으로 만들어 버리는 기술이다.

기존에 전자 화폐로 거래할 때 중앙 서버에 거래 기록을 보관하는 것과는 달리, 블록체인은 모든 사용자에게 거래 기록을 보여주며 서로 비교해 위조를 막는다.(출처: https://namu.wiki)

[블록체인의 주요 특징]

- 탈중앙화(Decentralization): 중앙 서버 없이 네트워크 참여자(노드)들이 데이터를 공유하고 관리합니다.
- 분산 저장(Distributed Storage): 데이터를 여러 컴퓨터에 분산하여 저장하므로, 특정 컴퓨터 해킹으로 데이터가 조작될 위험이 적습니다.
- 불변성(Immutability): 한번 블록에 기록된 데이터는 수정하거나 삭제할 수 없어, 변경이 불가능한 기록을 만듭니다.
- 투명성(Transparency): 네트워크 참여자들은 거래 기록을 투명하게 확인할 수 있어 신뢰도를 높입니다.
- 보안성(Security): 각 블록은 암호화 기술(해시)을 통해 이전 블록과 안전하게 연결되어, 데이터의 무결성을 보장합니다.

[작동 방식]

- 거래 발생: 새로운 거래가 발생하면 네트워크에 전파됩니다.
- 검증: 네트워크의 여러 노드들이 거래의 유효성을 검증합니다.
- 블록 생성: 검증된 거래들이 모여 하나의 블록을 형성합니다.
- 체인 연결: 새로운 블록은 이전 블록의 해시 값을 포함하여 체인에 연결됩니다.
- 분산 저장: 생성된 블록체인은 네트워크의 모든 참여자에게 복제 및 저장됩니다. (출처: https://www.google.com)

■ 블록체인 기반 부동산 스마트 계약 및 등기 시스템의 목표, 분석방법 및 기술, 역할, 장단점, 도시부동산 활용예시

구분	내용
목표	부동산 거래 계약의 이행(스마트 계약)과 그 결과인 소유권 이전의 공적 증명(등기)을 블록체인 기술을 통해 하나의 자동화된 프로세스로 통합한다. 이를 통해 거래의 신뢰도를 극대화하고, 비용과 시간을 최소화하며, 위·변조가 불가능한 차세대 부동산 소유권 관리 시스템을 구축하는 것을 최종 목표로 한다.
분석 방법 및 기술	• 핵심 기술: 모든 기록의 기반이 되는 블록체인(분산원장기술), 고유한 부동산 소유권을 나타내는 NFT(디지털 등기권리증), 계약 이행을 자동화하는 스마트 컨트랙트, 그리고 외부 데이터(정부 승인 등)를 연결하는 '오라클(Oracle)'이 핵심 기술이다. 사용자는 암호화 키와 디지털 지갑을 통해 자산을 관리한다. • 분석 방법: 스마트 컨트랙트 코드의 보안성을 검증하는 코드 감사(Audit), 부동산 NFT의 소유권 이전 이력을 추적하는 온체인 이력(Provenance) 분석, 그리고 디지털 등기 시스템과 실정법 간의 정합성을 검토하는 법률 및 규제 분석이 요구된다.
역할	• 통합 거래 및 등기 플랫폼: 계약 체결, 대금 지급(에스크로), 소유권 이전, 등기 기록의 역할을 단일 플랫폼에서 통합적으로 수행한다. • 절대적 신뢰의 원천(Single Source of Truth): 특정 기관의 서버가 아닌, 분산된 네트워크 참여자 모두가 공유하고 검증하는 유일하고 신뢰할 수 있는 소유권 원장(Ledger)의 역할을 한다. • 자동화된 권리 집행 시스템: 법률이나 행정 절차가 아닌, 사전에 합의된 코드(Code)의 논리에 따라 소유권 이전 등 부동산 권리를 기계적으로 집행하는 시스템이 된다.
장점	• 완벽에 가까운 보안 및 사기 방지: 분산원장의 특성상 등기 기록의 위·변조나 해킹, 이중 거래의 가능성이 원천적으로 차단된다. • 실시간 거래 및 등기 완료: 계약 조건이 충족되는 즉시, 대금 지급과 소유권(NFT) 이전이 동시에 일어나므로, 등기 완료까지 기다리는 시간이 사라진다. • 비용 및 절차의 혁신적 감축: 등기소, 법무사, 에스크로 등 전통적 등기 과정에 필요했던 수많은 중개 기관의 역할이 자동화되어 관련 비용과 절차가 대폭 축소된다. • 명확한 소유 이력(Provenance): 해당 부동산의 최초 생성부터 모든 소유권 이전 이력이 블록체인에 투명하고 영구적으로 기록되어 완벽한 이력 추적이 가능하다.

단점	• 거래의 비가역성: 블록체인에 한번 기록된 거래는 되돌릴 수 없다. 착오로 소유권을 잘못 이전했더라도 이를 취소할 중앙 기관이 존재하지 않는다. • 기존 시스템과의 연동 문제: 기존의 중앙 화된 정부 등기 시스템 및 법률 체계와 탈중앙화된 블록체인 시스템을 연동하는 것은 매우 복잡한 기술적, 정책적 과제이다. • 개인 키 분실 위험: 소유권을 증명하는 개인 키(Private Key)를 분실하면 해당 부동산 자산에 대한 접근 및 처분 권한을 영원히 잃게 된다. • 높은 초기 구축 비용 및 사회적 합의: 국가 단위의 블록체인 등기 시스템을 구축하기 위해서는 막대한 초기 투자 비용이 필요하며, 새로운 시스템에 대한 폭넓은 사회적, 법적 합의가 선행되어야 한다.
도시부동산 활용 예시	• 차세대 국가 부동산 등기 시스템: 정부 주도로 국가의 모든 토지 및 건물 정보를 블록체인 기반의 디지털 등기 시스템으로 전환하여 관리한다. • 스마트시티 자산 관리: 신규로 조성되는 스마트시티 내 모든 부동산의 소유권을 최초부터 NFT로 발행하고, 모든 거래와 허가 절차를 해당 도시의 블록체인 위에서 처리한다. • 자동화된 상속 및 증여: 피상속인의 사망 증명서가 오라클을 통해 확인되면, 유언 스마트 컨트랙트가 자동으로 작동하여 상속인에게 부동산 소유권 NFT를 이전한다. • 부동산 담보대출(P2P): 부동산 소유자가 자신의 소유권 NFT를 담보 스마트 컨트랙트에 예치하고, P2P 금융 플랫폼을 통해 개인들로부터 자동으로 대출을 실행하며, 채무 불이행 시 담보권이 자동 실행된다.

4.2. 가상사례: 스마트시티 '솔라리스'의 블록체인 기반 아파트 매매 및 등기

의정부역 스마트시티' 의정부 최고 59층 높이 대단지 랜드마크 아파트, 의정부역 바로 앞 위치 - 환경일보

1) 사례 개요

(1) **거래 자산:** 미래형 스마트시티 '솔라리스'에 위치한 신축 아파트 '퓨처 타워' 701호. 소유권은 '부동산 소유권 토큰(Property Title NFT #S701)'으로 시 정부의 공식 블록체인에 등록되어 있다.

(2) **거래 당사자:** 생애 최초 주택 구매자 '최미래', 시공사 '솔라리스 건설'.

(3) **과제:** 제3의 중개 기관 없이, 스마트 컨트랙트를 통해 아파트 분양 대금 지급과 소유권 이전 등기가 동시에 자동으로 처리되는 과정을 보여주는 것이다.

2) **스마트 컨트랙트 생성 및 조건 설정:** 최미래와 솔라리스 건설은 '솔라리스 스마트 부동산 포털'에서 분양 계약 조건에 합의하고, 아래 조건이 담긴 스마트 컨트랙트를 블록체인 상에 생성한다.

(1) **분양 대금:** 8억 원(원화 연동 스테이블코인 'KRWc').

(2) **계약 조건(자동 실행 트리거):**

- [조건 1] 매수인(최미래)이 분양 대금 전액(8억 KRWc)을 스마트 컨트랙트의 디지털 에스크로에 예치해야 한다.
- [조건 2] 시 정부 건축과가 발행하는 '준공 및 사용승인' 허가가 공식 오라클을 통해 블록체인 상에 공표되어야 한다.

(3) **실행 내용:** 위 두 조건이 모두 충족되면, 스마트 컨트랙트는 아래의 명령을 지연이나 오차 없이 동시에 실행한다.

- [실행 A] 에스크로의 8억 KRWc를 시공사(솔라리스 건설)의 지갑으로 이전한다.
- [실행 B] 시공사가 보유한 '#S701' 소유권 토큰을 매수인(최미래)의 지갑으로 이전한다.

3) 계약의 진행과 자동 등기 이전

(1) **계약 후 1일:** 최미래는 디지털 자산 은행에서 대출받은 자금을 포함한 8억 KRWc를 스마트 컨트랙트의 에스크로 주소로 전송한다. 블록체인 탐색기를 통해 [조건 1]이 충족되었음이 투명하게 확인된다.

(2) **계약 후 15일:** '퓨처 타워'가 마침내 시 정부의 최종 사용승인을 받는다. 건축과 담당자가 승인 버튼을 누르는 순간, 이 정보는 암호화 서명과 함께 오라클을 통해 블록체인 네트워크에 전파된다. 스마트 컨트랙트는 이 신호를 즉시 감지하여 [조건 2]가 충족되었음을 인지한다.

4) **계약의 완결:** 거래와 등기가 하나가 되다

(1) **모든 조건 충족 직후(0.1초 이내):** 스마트 컨트랙트가 자동으로 활성화되어 [실행 A]와 [실행 B]를 동시에 처리한다.

(2) **결과:** 시공사는 분양 대금을 수령하고, 최미래는 자신의 디지털 지갑에 들어온 '#S701' 소유권 토큰을 확인한다. 이 토큰의 소유권 이전 기록이 블록체인이라는 공공 등기부에 영원히 기록되는 순간, 등기 이전 절차는 완벽하게 끝난 것이다. 별도의 등기소 방문이나 서류 제출, 대기 시간은 존재하지 않는다.

5) 결과 분석

(1) **비용 절감:** 법무사 수수료, 등기 신청 수수료, 은행 부대 비용 등 전통적 방식에서 발생했을 수백만 원에서 천만 원대의 거래 비용이, 단 몇천 원의 블록체인 네트워크 수수료로 대체된다.

(2) **시간 단축:** 잔금 지급부터 등기 완료까지 통상 1~2주가 걸리던 절차가, 조건 충족 후 단 몇 초 만에 완료된다.

(3) 완벽한 보안: 등기 서류 위조나 소유권 분쟁의 가능성이 기술적으로 원천 차단된다. 부동산의 소유 이력 전체가 블록체인 상에 투명하게 기록되어 있어 누구나 그 진위를 검증할 수 있다.

6) 시사점: 이 사례는 블록체인 기술이 부동산 계약과 등기 시스템을 어떻게 하나의 완결된 디지털 프로세스로 통합하는지를 보여준다. 이는 단순히 거래를 편리하게 만드는 것을 넘어, 부동산이라는 가장 중요한 자산의 소유권을 가장 안전하고 투명하게 보호하는 차세대 사회적 신뢰 시스템의 등장을 예고하는 것이다.

5. 블록체인 기반 부동산 투자의 법적 이슈 및 대응 방안과 가상사례

5.1. 미래 기술과 현재 법률의 만남: 보이지 않는 규제의 벽

블록체인 기술이 부동산 시장에 가져올 투명성, 효율성, 접근성이라는 혁신적인 미래는 의심의 여지가 없다. 그러나 아무리 뛰어난 기술이라도 현실 세계의 법률과 규제라는 틀 안에서 작동해야만 실질적인 가치를 가

블록체인 부동산 거래시스템, 내년초 제주부터 시범 실시 - 매일경제
https://www.mk.co.kr/news

질 수 있다. 현재의 부동산 관련 법규는 수백 년에 걸쳐 물리적인 '땅'과 '종이 서류'를 기반으로 발전해왔다. 탈중앙화되고, 국경이 없으며, 코드로 작동하는 블록체인 기술을 이 전통적인 법체계에 적용하려 할 때, 우리는 피할 수 없는 여러 법적 딜레마와 마주하게 된다.

가장 핵심적인 법적 이슈는 다음과 같다. 첫째, 부동산 토큰의 법적 성격 문제이다. 부동산 지분을 나타내는 토큰은 단순한 암호화폐가 아닌, 투자자의 권리가 담긴 '증권'으로 해석될 가능성이 매우 높다. 이는 토큰의 발행과 유통이 자본시장법과 같은 엄격한 금융 규제의 대상이 되어야 함을 의미한다.

둘째, 소유권 공시의 효력 문제이다. 블록체인 원장이 기술적으로 아무리 완벽한 소유권 증명서가 된다 하더라도, 현행법상 부동산 소유권의 최종적인 법적 효력은 국가가 관리하는 '부동산 등기부'에서 나온다. 만약 블록체인 원장의 소유자와 등기부상의 소유자가 다를 경우, 법원은 등기부의 손을 들어줄 수밖에 없다. 이는 블록체인 등기가 법률적으로 인정받기 전까지 '이중 장부'의 문제가 발생할 수 있음을 시사한다.

셋째, 스마트 컨트랙트의 계약법적 지위이다. 코드에 오류가 있거나, 해킹을 당했을 때 그 법적 책임은 누구에게 있는가? 또한 계약 과정에서의 착오나 사기 등 민법상의 문제들을 경직된 코드가 어떻게 반영할 수 있는가에 대한 깊은 고민이 필요하다.

이러한 법적 이슈들은 블록체인 기술의 도입을 가로막는 장벽이 아니라, 우리가 반드시 해결하고 넘어가야 할 과제이다. 기술의 잠재력을 현실에 안전하게 안착 시키기 위해서는, 기존 법체계를 존중하면서도 기술의 특성을 반영하는 새로운 규제와 '법적 안전장치'를 설계하는 지혜가 요구된다.

■ 블록체인 기반 부동산 투자의 법적 이슈 및 대응 방안 분석표

구분	내용
법적 이슈 발생 배경	탈중앙성, 익명성, 국경의 초월성이라는 특성을 가진 혁신 기술(블록체인)이, 중앙 집권적이고 속지주의에 기반한 기존의 부동산 법률 및 금융 규제 체계와 충돌하면서 법적 불확실성이 발생하는 것이다. 즉, 기술의 발전 속도를 법과 제도가 따라가지 못하는 데에서 근본적인 원인을 찾을 수 있다.
개요	블록체인 기술을 부동산 투자에 접목하여 효율성과 투명성을 높이고자 하나, 이 과정에서 발생하는 자산의 법적 성격, 소유권 공시의 효력, 계약의 유효성, 투자자 보호 등 다양한 법적 쟁점을 분석한다. 이를 통해 기술과 법률이 조화를 이루는 안정적인 투자 환경을 구축하기 위한 제도적 대응 방안을 모색하는 것을 목적으로 한다.
분석방법 및 기술	• 핵심 기술: 블록체인(분산원장), 스마트 컨트랙트, 증권형 토큰(STO) 등 기술적 요소를 분석한다. • 분석 방법: 특정 법률 쟁점에 대한 국내외 비교 법제 분석, 새로운 사업 모델을 시험하는 규제 샌드박스(Regulatory Sandbox) 운영 사례 분석, 그리고 스마트 컨트랙트 코드와 법률 계약서 간의 정합성을 검토하는 기술-법률 연계 분석(RegTech) 등이 활용된다.
법적 이슈 유형	1. 자산의 법적 성격: 부동산 지분 토큰이 자본시장법상 '증권'에 해당하는지에 대한 이슈이다. 2. 소유권 공시의 효력: 블록체인 원장의 소유권 기록과 국가 법률이 인정하는 부동산 등기부의 기록이 충돌할 경우, 법적 효력의 우위 문제이다. 3. 계약의 법적 효력: 스마트 컨트랙트가 민법상 계약으로서의 법적 효력을 온전히 인정받을 수 있는지, 코드 오류 시 책임 소재는 누구에게 있는지에 대한 문제이다. 4. 투자자 보호 및 분쟁 해결: KYC/AML(고객확인/자금세탁방지) 의무, 개인 키 분실 시 구제 방안, 국제적 분쟁 발생 시의 재판 관할 및 준거법 문제이다.
대응 방안	1. (증권성) 자본시장법 편입: 부동산 토큰을 명확히 '증권'으로 정의하고, 금융 당국의 인가를 받은 합법적인 STO 플랫폼을 통해서만 발행 및 유통되도록 규제한다. 2. (소유권) 신탁 기반의 이중 구조: 건물의 법적 소유권은 인가 받은 신탁회사가 보유(등기부 등재)하고, 투자자는 그로부터 발생하는 수익권을 토큰 형태로 소유하는 이중 구조를 통해 법적 안정성을 확보한다. 3. (계약 효력) 법률 계약과의 연동: 스마트 컨트랙트의 기술적 한계를 보완하기 위해, 코드의 실행을 규율하는 별도의 '오프체인(Off-chain) 법률 계약서(전자약관 등)'를 체결하여 분쟁 시 법적 해석의 근거로 삼는다. 4. (투자자 보호) 규제 내 제도화: 플랫폼 사업자에게 엄격한 KYC/AML 의무를 부과하고, 투자자 예치금 분리 보관, 명확한 분쟁 해결 절차 및 책임 보험 가입 등을 의무화한다.

도시부동산 활용 예시	• STO를 통한 상업용 부동산 조각투자: 법적 규제를 준수하는 STO 플랫폼을 통해, 신탁회사가 등기상 소유권을 가진 대형 오피스 빌딩의 수익권을 토큰 화하여 일반에 판매한다. • 부동산 개발 프로젝트 파이낸싱(PF): 특정 도시 개발 프로젝트의 미래 수익을 담보로 증권형 토큰을 발행하여 다수의 대중으로부터 합법적으로 자금을 조달한다. • 커뮤니티 기반 도시재생: 지역 주민들이 법적 보호장치 아래에서 협동조합을 결성하고, STO를 통해 지역 내 유휴 부동산을 매입하여 재생하는 프로젝트에 직접 투자한다. • 디지털 자산 담보대출: 법적으로 인정된 부동산 토큰을 담보로, 규제 샌드박스 내에서 인가 받은 금융회사를 통해 대출을 실행하고 질권을 설정한다.

5.2. 가상사례: 부동산 토큰 거래 플랫폼 '코리아 프로퍼티'의 법적 분쟁과 해결 과정

1) 사례 개요

(1) **플랫폼**: 금융위원회로부터 '증권형 토큰 발행(STO)' 혁신금융서비스로 지정 받은 블록체인 부동산 투자 플랫폼 '코리아 프로퍼티'.

(2) **프로젝트**: 서울 연남동의 40억 원 가치의 소규모 상가 건물을 토큰화하여 일반 투자자들에게 판매.

(3) **분쟁 상황**: 투자자 '나보호' 씨는 3,000만 원을 투자하여 해당 건물의 지분 토큰을 매입했으나, 스마트 컨트랙트의 코드 오류로 인해 약속된 2분기 임대수익 배당금 45만 원을 받지 못하는 사고가 발생한다. 블록체인 상의 거래는 이미 잘못 실행되어 되돌릴 수 없는 상황이다.

2) **법적 대응 방안의 사전 설계: '안전장치'의 작동'**: 코리아 프로퍼티'는 플랫폼 설계 단계부터 이러한 법적 리스크를 예측하고 다음과 같은 다층적 대응 방안을 마련해 두었다.

• 대응 1: 신탁 기반의 소유권 이중 관리: 투자자들은 토큰을 통해

건물의 '수익권'을 갖지만, 건물의 법적 소유권(등기부상 명의)은 금융 당국의 인가를 받은 신탁회사가 보유하고 관리한다. 이는 블록체인 원장과 국가 등기부 사이의 법적 간극을 메우는 핵심적인 '법률적 다리' 역할을 한다.

- 대응 2: 스마트 컨트랙트를 규율하는 '오프체인' 법률 계약: 나보호 씨는 플랫폼에 가입할 때, "스마트 컨트랙트의 기술적 오류 발생 시, 블록체인 상의 결과보다 플랫폼과 투자자 간에 체결된 전자약관 및 법률 계약이 우선적인 효력을 가진다"는 조항에 동의했다. 이는 '코드가 곧 법(Code is Law)'이라는 기술적 경직성을 보완하는 결정적인 안전장치이다.

3) 분쟁 해결 절차: 나보호 씨가 배당금 미지급 문제를 제기하자, '코리아 프로퍼티'는 다음과 같은 절차에 따라 문제를 해결한다.

- 1단계(기술적 원인 규명): 플랫폼은 즉시 코드 감사를 통해 스마트 컨트랙트의 특정 버전에서 배당금 분배 주소 목록을 잘못 호출하는 버그가 있었음을 식별하고, 모든 투자자에게 이 사실을 투명하게 공지한다.
- 2단계(법률 계약에 근거한 권리 구제): 플랫폼은 '오프체인' 법률 계약에 근거하여, 나보호 씨를 포함한 미지급 피해자들에게 지급되었 어야 할 배당금을 즉시 별도의 운영 계좌에서 수동으로 이체한다. 이는 신탁회사가 법적 소유권을 가지고 있기에 가능한 조치이다.
- 3단계(거버넌스를 통한 기술적 해결): 플랫폼은 해당 스마트 컨트랙트의 오류를 수정한 새로운 버전을 개발하고, 이를 적용할지에 대해 토큰 보유자들의 DAO(탈중앙화 자율조직) 투표를 거친다.

투표에서 가결되면, 향후 모든 배당은 수정된 스마트 컨트랙트를 통해 안전하게 이루어진다.

4) **결과 분석과 시사점:** 이 사례는 블록체인 부동산 투자가 순수한 기술만으로 이루어질 수 없음을 명확하게 보여준다. 기술의 자동화와 효율성은 추구하되, 그 과정에서 발생할 수 있는 예측 불가능한 문제들은 기존 법체계와의 연동(신탁), 명확한 법률 계약, 그리고 민주적 거버넌스라는 다층적인 안전장치를 통해 해결해야 하는 것이다. 미래의 성공적인 블록체인 부동산 플랫폼은 가장 완벽한 코드를 가진 플랫폼이 아니라, 가장 견고한 법적 대응 방안을 갖춘 플랫폼이 될 것이다.

참고문헌

주제 1: 인공지능, 도시부동산 투자의 패러다임을 바꾸다
(AI, Changing the Paradigm of Urban Real Estate Investment)

1. Abid, F., & Mraihi, R. (2021). Artificial Intelligence in Real Estate: A Bibliometric Analysis. Journal of Property Investment & Finance, 39(5), 446-466.
2. Acheampong, R. A., & Cilas, C. (2020). A review of the state-of-the-art of machine learning in the real estate domain. Real Estate Finance, 37(3), 45-64.
3. Casey, B. J. (2019). The Role of Artificial Intelligence in Real Estate Investment. The Journal of Portfolio Management, 45(7), 136-144.
4. Deb, C., & Rabelo, L. (2021). A review of artificial intelligence in real estate. Journal of Real Estate Literature, 29(2), 159-188.
5. Fuerst, F., & Warren-Myers, G. (2018). The integration of artificial intelligence and traditional valuation methods. Journal of Property Investment & Finance, 36(6), 556-569.
6. Kok, N., Koponen, E., & Partanen, A. (2017). Big data in real estate? From manual appraisal to automated valuation. Journal of Portfolio Management, 43(6), 11-25.

주제 2: 도시부동산 데이터의 수집과 정제
(Collection and Refinement of Urban Real Estate Data)

7. Ahlfeldt, G. M., & Mastro, V. D. (2012). The Berlin Wall: A natural experiment to assess the effects of urban separation. Journal of Urban Economics, 72(2-3), 205-219.

8. Bhattacharya, P., & Osland, L. (2021). Web Scraping and Machine Learning for Real Estate Market Analysis. Journal of Real Estate Practice and Education, 23(1), 1-20.
9. Goodchild, M. F. (2007). Citizens as sensors: the world of volunteer geography. GeoJournal, 69(4), 211-221.
10. Hu, L., He, Z., Wu, L., & Shao, G. (2019). The utility of social media data in real estate valuation: A case study of Beijing. Land Use Policy, 89, 104207.
11. Jiang, Y., Li, Z., & Li, X. (2019). House price valuation with deep learning: an empirical study on the role of Google Street View images. Journal of Real Estate Research, 41(3), 391-418.
12. Liu, X., & Wang, L. (2019). Predicting the trend of housing prices with social media data: A case study in the Washington D.C. metropolitan area. Journal of Urban Management, 8(2), 241-252.
13. Tchuente, D. (2019). IoT applications for smart cities: A systematic review. Journal of Systems and Software, 149, 440-455.

주제 3: 도시 데이터, AI 투자의 나침반이 되다 (Urban Data, a Compass for AI Investment)

14. Batty, M. (2013). The New Science of Cities. The MIT Press.
15. Glaeser, E. L., & Gottlieb, J. D. (2009). The wealth of cities: Agglomeration economies and spatial equilibrium in the United States. Journal of Economic Literature, 47(4), 983-1028.
16. Hilber, C. A. (2015). UK housing policy and the property-owning democracy. International Journal of Housing Policy, 15(1), 5-29.
17. Koster, H. R., & van Ommeren, J. N. (2019). Place-based policies and the housing market. Journal of Urban Economics, 111, 1-17.
18. Shen, Y., & Karimi, K. (2016). Urban function and commuting: A study of the relationship between the built environment and travel to work in London. Journal of Transport and Land Use, 9(3), 143-162.
19. Zhang, L., & Li, W. (2018). The impact of subway on residential property values: a case study of Beijing. Transportation, 45(2), 335-355.

주제 4: 머신러닝 알고리즘 기반의 도시부동산 가격예측과 시장분석
(Machine Learning-Based Urban Real Estate Price Prediction and Market Analysis)

20. Antipov, E. A., & Pokryshevskaya, E. B. (2012). Mass appraisal of real estate: a review of the literature. Journal of European Real Estate Research, 5(2), 176-196.
21. Breiman, L. (2001). Random forests. Machine Learning, 45(1), 5-32.
22. Chen, T., & Guestrin, C. (2016). XGBoost: A scalable tree boosting system. Proceedings of the 22nd ACM SIGKDD International Conference on Knowledge Discovery and Data Mining, 785-794.
23. Gu, S., Kelly, B., & Xiu, D. (2020). Empirical asset pricing via machine learning. The Review of Financial Studies, 33(5), 2223-2273.
24. Hochreiter, S., & Schmidhuber, J. (1997). Long short-term memory. Neural Computation, 9(8), 1735-1780.
25. Mullainathan, S., & Spiess, J. (2017). Machine learning: an applied econometric approach. Journal of Economic Perspectives, 31(2), 87-106.

주제 5: 딥러닝 알고리즘 기반 도시부동산 가치평가와 가치예측
(Deep Learning-Based Urban Real Estate Valuation and Value Prediction)

26. Goodfellow, I., Bengio, Y., & Courville, A. (2016). Deep Learning. MIT Press.
27. He, K., Zhang, X., Ren, S., & Sun, J. (2016). Deep residual learning for image recognition. Proceedings of the IEEE Conference on Computer Vision and Pattern Recognition, 770-778.
28. Law, S., Choy, C. L., & Fu, K. W. (2019). A deep learning approach for real estate appraisal. Journal of Real Estate Finance and Economics, 59(4), 572-595.
29. LeCun, Y., Bengio, Y., & Hinton, G. (2015). Deep learning. Nature, 521(7553), 436-444.

30. Poursaeed, O., Matera, T., & Belongie, S. (2018). Vision-based real estate price estimation. Machine Vision and Applications, 29(4), 667-676.
31. Zhang, D., Wang, X., & He, J. (2020). Housing value appraisal with deep learning: A case study of Beijing. Applied Soft Computing, 95, 106511.

주제 6: 생성형 AI 알고리즘이 그리는 부동산 개발의 미래
(The Future of Real Estate Development by Generative AI Algorithms)

32. Brown, T. B., Mann, B., Ryder, N., Subbiah, M., Kaplan, J., Dhariwal, P., ... & Amodei, D. (2020). Language models are few-shot learners. Advances in Neural Information Processing Systems, 33, 1877-1901.
33. Goodfellow, I. J., Pouget-Abadie, J., Mirza, M., Xu, B., Warde-Farley, D., Ozair, S., ... & Bengio, Y. (2014). Generative adversarial nets. Advances in Neural Information Processing Systems, 27.
34. Kingma, D. P., & Welling, M. (2013). Auto-encoding variational bayes. arXiv preprint arXiv:1312.6114.
35. Radford, A., Metz, L., & Chintala, S. (2015). Unsupervised representation learning with deep convolutional generative adversarial networks. arXiv preprint arXiv:1511.06434.
36. Vaswani, A., Shazeer, N., Parmar, N., Uszkoreit, J., Jones, L., Gomez, A. N., ... & Polosukhin, I. (2017). Attention is all you need. Advances in Neural Information Processing Systems, 30.

주제 7: AI 알고리즘 기반 도시부동산 투자 타당성 분석
(Feasibility Analysis of Urban Real Estate Investment Based on AI Algorithms)

37. Baldominos, A., Blanco, I., & Moreno, A. (2021). A multi-modal deep learning approach for real estate appraisal. Knowledge-Based Systems, 230, 107386.
38. Hull, J. C. (2018). Options, Futures, and Other Derivatives. Pearson.

39. Jiao, L., & Liu, Y. (2020). Deep learning-based cash flow prediction for real estate investment. Expert Systems with Applications, 148, 113222.
40. Papke, L. E., & Wooldridge, J. M. (1996). Econometric methods for fractional response variables with an application to 401 (k) plan participation rates. Journal of Applied Econometrics, 11(6), 619-632.
41. Sagi, J., & Svirsky, M. (2020). Risk management in real estate development using artificial intelligence. Journal of Property Investment & Finance, 38(4), 337-350.

주제 8: AI 통합 의사결정 지원 모델을 통한 포트폴리오 최적화와 투자결정
(Portfolio Optimization and Investment Decision through an Integrated AI Decision Support Model)

42. Markowitz, H. (1952). Portfolio selection. The Journal of Finance, 7(1), 77-91.
43. Plaxco, D., & O'Sullivan, D. (2020). An artificial intelligence approach to real estate portfolio optimization. Journal of Property Research, 37(1), 1-21.
44. Simaan, Y., & Simaan, M. (2004). Portfolio selection with transaction costs and a risk-free asset. Annals of Operations Research, 131(1-4), 263-278.
45. Trippi, R. R., & Turban, E. (1992). Neural networks in finance and investing. Probus Publishing Company.

주제 9: 가상현실과 메타버스가 만드는 부동산 새로운 가치
(New Real Estate Value Created by Virtual Reality and the Metaverse)

46. Dionisio, J. D. N., Burns III, W. G., & Gilbert, R. (2013). 3D virtual worlds and the metaverse: Status and future possibilities. ACM Computing Surveys (CSUR), 45(3), 1-38.
47. Lee, L. H., Braud, T., Zhou, P., Wang, L., Xu, D., Lin, Z., ... & Hui, P. (2021). All one needs to know about metaverse: A complete survey on technological singularity, virtual ecosystem, and research agenda. arXiv preprint arXiv:2110.05352.

48. Ordway, N., & Rose, J. H. (2022). Real estate in the metaverse. The Journal of Alternative Investments, 24(4), 81-93.

49. Sparkes, M. (2021). What is the metaverse? New Scientist, 251(3349), 18.

주제 10: 블록체인과 부동산 토큰화 투자 혁명
(Blockchain and the Real Estate Tokenization Investment Revolution)

50. Buterin, V. (2014). A next-generation smart contract and decentralized application platform. White Paper.

51. Conley, J. P. (2017). The economics of blockchains. The Journal of Economic Perspectives, 31(3), 195-200.

52. Nakamoto, S. (2008). Bitcoin: A peer-to-peer electronic cash system. Decentralized Business Review, 21260.

53. Swan, M. (2015). Blockchain: Blueprint for a new economy. O'Reilly Media, Inc.

54. Tapscott, D., & Tapscott, A. (2016). Blockchain Revolution: How the Technology Behind Bitcoin is Changing Money, Business, and the World. Penguin.

55. Yermack, D. (2017). Corporate governance and blockchains. Review of Finance, 21(1), 7-31.

56. Zyskind, G., & Nathan, O. (2015). Decentralizing privacy: Using blockchain to protect personal data. 2015 IEEE Security and Privacy Workshops, 180-184.

【저자 약력】

원제무

저자는 한양대 공대, 서울대 환경대학원, 미국 UCLA도시건축대학원을 졸업하고, MIT도시대학원에서 도시계획 및 교통계획 박사학위를 받았다.
저자는 귀국 후 KAIST 도시교통연구본부장, 서울연구원 선임연구위원, 서울시립대 도시공학과 교수 등을 거쳐 국토도시계획학회장과 한양대 도시대학원장을 역임했다.
현재는 한양대 도시대학원 명예교수로 재직하면서 연구와 강의를 해오고 있다.

AI가 알려주는 도시부동산 투자 지도
– AI 알고리즘과 가상사례로 배우는 투자 인사이트 –

초판 인쇄 2025년 10월 25일
초판 발행 2025년 10월 30일

지은이 원제무
펴낸이 박노일

총괄기획 최준규
편 집 이상민

펴낸곳 pnc publishing and culture 피앤씨 미디어
경기도 고양시 일산동구 강송로 153, 310-1501
등록 제396-2012-000203호
전 화 070)7550-3758 팩 스 02)6280-3758
홈페이지 www.pncmedia.co.kr 이메일 pnc@pncmedia.co.kr
ISBN 979-11-7401-048-3 93500

정 가 17,000원